面向中小学的
信息科技计算思维培养

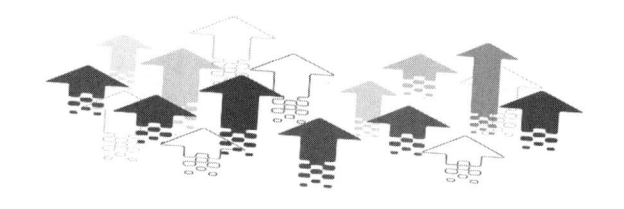

吴良辉◎主　编
谢　莉◎副主编

电子工业出版社
Publishing House of Electronics Industry
北京·BEIJING

未经许可，不得以任何方式复制或抄袭本书之部分或全部内容。
版权所有，侵权必究。

图书在版编目（CIP）数据

面向中小学的信息科技计算思维培养 / 吴良辉主编 .

北京：电子工业出版社 , 2024. 8. -- ISBN 978-7-121-48555-8

Ⅰ . G633.672

中国国家版本馆 CIP 数据核字第 2024VN4104 号

责任编辑：马　杰
文字编辑：吴宏丽
印　　刷：三河市龙林印务有限公司
装　　订：三河市龙林印务有限公司
出版发行：电子工业出版社
　　　　　北京市海淀区万寿路 173 信箱　　邮编：100036
开　　本：787×1092　1/16　印张：17.5　字数：448 千字
版　　次：2024 年 8 月第 1 版
印　　次：2024 年 8 月第 1 次印刷
定　　价：69.80 元

凡所购买电子工业出版社图书有缺损问题，请向购买书店调换。若书店售缺，请与本社发行部联系，联系及邮购电话：（010）88254888，88258888。

质量投诉请发邮件至 zlts@phei.com.cn，盗版侵权举报请发邮件至 dbqq@phei.com.cn。

本书咨询联系方式：（0532）67772605，邮箱：majie@phei.com.cn。

编 委 会

主　编：吴良辉

副主编：谢　莉

编　委：周莉萍　马　瑞　王西凯　郭恒武
　　　　李小敏　陈碧莹　吴晓茜　李辉波
　　　　赵振囡　袁裕中　邹方清　唐明东
　　　　熊潞颖　胡震寰　彭　燕　谭金旺
　　　　刘　溯　卓桂煌　谷任昕　陈俊鑫
　　　　吴雨新　汤筱玙　邢　爽　徐威振
　　　　赵焱焱

序 一

《面向中小学的信息科技计算思维培养》一书是由深圳市吴良辉等一批长期从事信息科技课程教学研究与实践的一线教师集体创作的。本书内容主要包括三个方面：计算思维的概述和核心要素、基于计算思维的信息科技课程各学段的教学内容与教学实践、计算思维评价与信息学奥赛。本书深入解读了新课标下计算思维的内涵，面向计算思维的信息科技课程各学段的教学目标、课程内容和实施建议等内容，同时提供了许多具体的教学案例及习题，完善了面向中小学计算思维的信息科技课程教学体系。本书紧密结合信息科技课程内容，用计算思维的理念解读教学目标、课程内容和教学实践，对推动基础教育计算思维的培养具有重要意义。

计算思维源于计算机科学领域，它通过界定问题、抽象特征、建立结构模型、合理组织数据，并运用合理的算法形成解决问题的方案，是计算机科学领域形成问题解决方案的过程中产生的一系列思维活动。这种思维方法可以迁移到与之相关的其他问题解决中，成为学习者必须掌握的一项基本思维方法，也是现代社会中人们需要具备的核心素养之一。计算思维已成为创新人才能力的重要组成部分，不仅是科学家，而且是现代人工作、学习和生活均应具备的重要能力。因此，从基础教育阶段开始开展计算思维教育势在必行。

通过《面向中小学的信息科技计算思维培养》一书，我们可以了解到在中小学开展计算思维教育需要解决三个基本问题，一是提高对计算思维的内涵和开展计算思维教育重要性的认识；二是设计基础教育计算思维教育的目标、内容和方式；三是开展计算思维教育的评价。

首先，我们必须对计算思维教育的意义有足够的认识。计算思维教育是提高学生科学思考问题的能力的重要途径，它可以培养学生形成高品质的思维方式。计算思维教育旨在使学生能够具有像计算机科学家那样的思维习惯，提高学生科学思考问题的能力，使学生在解决问题的过程中锻炼分析问题、建立模型、设计算法、实现程序的能力。这些能力是计算思维教育的重要体现。计算思维是培养创新思维能力的重要载体，计算思维不仅能够为人们分析和解决工作、学习和生活中的各种问题提供新视角，还能为计算机科学与其他学科的交流对话搭建桥梁。计算思维是支持个体终身发展的重要素养，它是一种新的、具有广泛意义的思想方法。将计算思维教育融入基础教育的信息科技课程中，有利于凸显基础教育的价值。计算思维培养能够提高学生应用信息技术解决问题的能力、对信息技术应用的批判能力，以及在信息社会中的自我调节能力。

其次，我们需要设计基础教育计算思维教育的目标、内容和方式，逐步完善计算思维教育理论体系的建设。计算思维培养的途径有多种，如将计算思维培养融入信息科技课程中，或逐步创建专门的计算思维课程，或采取跨学科的方式将计算思维的培养内容与专业知识的学习整合。但最好的计算思维教育平台就是信息科技课程。新课标明确指出，信息科技课程的教育目标不再是单纯的计算机操作技术的训练，而是明确强调对学生计算思维能力的培养。培养学生的计算思维能力已成为信息科技课程的核心内容，成为与信息社会人才需求相适应的信息素养的教育内容。

随着将计算思维能力培养融入信息科技课程教育实践的推进，对教师和学生的要求也有所提高。通过信息科技课程的教学推进计算思维能力培养与信息科技课程教学的融合，我们必须注重提升信息科技教师自身的专业素养。教师要针对自身在计算思维教学能力方面所存在的不足，通过知识积累、领悟，逐步提高教案设计、教学方法选择、教学实践等方面的能力。教师应注重提高自己的专业素质，不断丰富自身知识储备，通过教学反思不断提高自己的教案设计、教学方法选择等方面的能力。

第三，逐步构建完善的计算思维评价方法与评价体系。中小学计算思维教育效果评价是计算思维培养的重要组成部分，不应忽视。近年来，国内外学者从不同角度进行了研究。计算思维评价的内容通常涵盖计算思维概念的理解、计算思维技能的掌握和对计算思维的态度三个方面。

计算思维概念是指学习者在计算机编程中所用到的基本概念，包括序列、循环、事件、并行、条件、运算符、数据等。计算思维技能的掌握是指学习者在计算实践中采用哪些策略和方法来解决问题，包括渐进、迭代、调试、重用、抽象、模块化等方式。对计算思维的态度是指学习者和他人的关系以及与周围世界不断发展的密切关系，包括表达、联系和质疑等方式。

计算思维评价的方法可以是多样的，综合本书的内容，它包括问卷调查、题目测试、访谈记录、作品分析、文本分析、思维可视化分析等基本方法。评价过程应该注重量化评价和质性评价相结合，同时注重形成性评价、总结性评价和个案评价相结合。

我们相信从事基础教育信息科技课程教学的教师和其他学科教师通过阅读本书，将会对计算思维教育的重要性，计算思维的内涵，面向计算思维的信息科技课程各学段的教学目标、课程内容和实施建议等内容有更深入的理解。他们将会受益匪浅，并在自身的教学实践中发挥作用，为推动我国中小学计算思维教育发挥积极作用。

华南师范大学教育技术研究所

序 二

自《义务教育信息科技课程标准（2022年版）》发布以来，我们发现，许多课程都将"思维"写入了课程标准。例如，科学、物理、化学等课程的核心素养中有"科学思维"，地理课程的核心素养中有"综合思维"，语文课程的核心素养中有"思维能力"，数学课程则提出了"会用数学的思维思考现实世界"的要求。可见，各门课程都从过去强调"双基"教育转向关注思维教育。正如本书所阐述的，"为知识而教的教学目标与基础教育目标的长期性发生了冲突，教育需要谋求新的发展——为思维而教"。

思维教育实施的难度是显而易见的。一般认为，思维并不是可以直接由教师传递给学生并由学生完全直接接受的，它更依赖于学生自己在经验中摸索、体悟与积累，依靠学生有意识或无意识地将这些摸索与体悟进行内化，从而知道应该如何进行思维。

2017年，随着高中新课程标准的颁布，核心素养开始进入课程，我们进入了核心素养的时代。核心素养就是学生应具备的适应终身发展和社会发展的必备品格和关键能力。通俗地说，核心素养不是"基础"的素养，而是"高级"的素养。所谓"高级"，是指其高于学科知识，是品格和能力的交融，是对知识、能力、态度的综合与超越。核心素养是个体在面对复杂的、未知的、不确定的现实问题时，能够综合运用学科知识、思想方法和探究技能等发现问题并最终解决问题的综合品质。

因此，核心素养的提出为思维教育的实施提供了明确的路径。学科思维的教育教学可以在学科核心素养培养的框架下综合地实施。例如，语文课程要求培养的直觉思维、形象思维、逻辑思维等思维能力是语文学习过程中的联想想象、分析比较、归纳判断等认知的表现。语文课程的核心素养可以用"以一带三"来概括，"一"指"语言运用"，"三"指"思维能力""审美创造"和"文化自信"。语文教学则以"语言运用"为本，通过"语言运用"的教学，与其他三方面相互融合，在不断的语言运用实践中提升学生的综合能力。

考察科学课程，同样可以发现，其核心素养中的"科学思维"也不是孤立的。科学课程的核心素养由科学观念、科学思维、探究实践、态度责任四方面构成。其中，科学观念是在理解科学概念、规律、原理的基础上形成的对客观事物的总体认识，是学生的科学思维发展基础；探究实践是指在了解和探索自然、获得科学知识、解决科学问题等过程中形成的科学探究能力，是学生的科学思维发展所经历的实践过程。对科学课程核心素养的分析也印证了思维教育需要辅之以大量的具体知识，需要通过学科方法的运用开展学科实践从而提升学科思维这一事实。物理、化学等课程的核心素养也具有相似的特征，这类课程常采用的教学方法是引导学生从真实情景中通过探索实践发现自然规律、认识科学知识与科学原理，以及通过迁移应用来感悟科学思维。

同样，脱离知识学习纯粹地开展计算思维教育是难以实施的。受科学课程的核心素养启发，计算思维教育的实施可以从计算观念、计算思维、计算行动三方面开展。其中，计算观念反映了计算思维所对应的学科相关知识、概念、原理，计算行动则反映了计算思维所涉及的学科方法和运用这些学科方法所开展的探究实践行为。

需要特别注意的是，计算思维具有明显的技术和工程属性。我们知道，科学的核心在于发现，技术的核心在于发明，工程的核心在于建造。一般而言，科学家的工作是探索未知的客观世界，发现其中的自然规律。而计算思维对应的研究对象是人造物以及由人造物构成的实用世界，计算机及其程序属于人造物的代表，计算思维所指导的工作正是通过发明相应的技术来制造这些实用的人造物。例如，发明一种算法，构造一个程序；发明一种协议，构造一个系统；等等。由此可知，计算行动的重点在于人造物的制造，我们不应简单地套用科学、物理等课程的教学方法。学生所经历的计算行动是有关计算机及相关系统的人造物的制造过程，这一过程不仅能使学生体验计算思维所涉及的学科思维与学科方法的应用，还能促进其计算思维能力的形成。

在中小学推行计算思维教育，不能局限地理解成是为了突破原有的信息技术课程发展瓶颈而寻求的催化剂，而应该认同计算思维的提出及进入中小学是顺应了教育发展的趋势，即教育应当致力于促进学生思维的发展。实现这一目标最为基本的途径是以学科思维带动学科知识的教学，从而将学科课程真正教活、教懂，即通过教学向学生展现并由学生体验学科的研究工作，使学生理解而不是死记硬背，使学生不仅能够掌握具体的学科知识，也能领会其内在的思想方法。

尽管在中小学开展计算思维教育的观点已提出多年，但对于广大教师而言，无论是计算思维教育还是思维教育的实施，仍是一个全新的课题，面临的问题不仅涉及什么是计算思维，还涉及如何开展计算思维教育，以及如何构建一个适合开展计算思维教育的教学生态环境。随着新课程标准的实施，计算思维不再是一个泛泛而谈的理论或观点，而需要真刀实枪地在课程教学中落实。《面向中小学的信息科技计算思维培养》一书的作者以解决这些问题为主旨，开展了一系列的计算思维教育教学探索活动。针对课标从1年级到9年级以及高中"数据与计算""信息系统与社会"模块的学业要求，梳理与计算思维相关的学科原理、学科方法的教学内容。本书从思维教育的目标出发，倡导学科思想方法与学科知识学习相融合，引导学生经历分析、设计、实现的计算问题解决过程。书中内容以"问题＋案例"的形式编排，为广大信息科技教师开展教学提供了可操作的实践样例与丰富的教学资源。本书的出版可以为一线教师落实新课标、新教材提供及时的帮助。

愿本书作者通过不断的教学实践，汇集更多的教学智慧，提炼计算思维教育的教学内容与方法，丰富计算思维教育理论，指导一线教师理性地认识并实践计算思维教育。

2023年国庆

前　言

随着人工智能和互联网技术的飞速发展，计算机科学已渗透到社会生活的各个层面。计算机科学的演进不仅为人类社会提供了应对复杂问题的新手段，也让人类面临诸多亟待解决的挑战与问题。在这样的时代背景下，培养计算思维已成为教育领域中一个至关重要且迫切的研究课题。本书采纳了教育部2022年发布的《义务教育信息科技课程标准（2022年版）》对计算思维的定义，该定义指出：计算思维是指个体运用计算机科学领域的思想方法，在问题解决过程中涉及的抽象、分解、建模、算法设计等思维活动。具备计算思维的学生，能对问题进行抽象、分解、建模，并通过设计算法形成解决方案；能尝试模拟、仿真、验证解决问题的过程，反思、优化解决问题的方案，并将其迁移应用于解决其他问题。

近年来，我国在计算思维领域的研究与实践方面取得了一定进展，部分地区的中小学教育在培养计算思维方面取得了显著的进步，学生对计算思维的理解日渐深化，并逐渐掌握了越来越多的相关知识和技能。然而，不容忽视的是，在我国大部分地区的中小学计算思维教育中，依然存在一些亟待解决的问题。

首先，在中小学的计算思维教育中，普遍存在对计算思维的概念及其重要性的认知不足，对义务教育课程标准下计算思维各构成要素的理解不够，以及对计算思维教学不够重视的现象。例如，部分信息科技教师虽认识到计算思维是解决问题的新视角和新策略，但错误地将其等同于编程教育，这种认识误区导致其在信息科技教学实践中的教学方法和手段相对滞后。

其次，课程体系的系统性和规范性有所欠缺。目前，我国的信息科技教育尚未完全跟上相关政策法规的步伐，尽管课程标准中对计算思维有所要求，但往往侧重于课程目标的设定，而在实际教学过程中缺乏具体的实施指导和操作细则。多数地区的中小学信息科技课程体系仍需进一步完善，尤其针对计算思维教育的系统化和规范化研究相对匮乏。

再者，教学方式存在一些问题，表现为过于注重形式而轻视实质内容，过分强调"教"而忽视"学"，重在知识的传授而轻视思维方式的引导。由此导致学生无法深入理解计算思维的本质含义和价值，难以在学习和生活中有效运用计算思维。事实上，如果仅以完成编程教学任务或机械记忆计算机知识为目的，那么这样的教学显然是不成功的。

最后，评价机制不健全，对学生的学习成果缺乏有效评价和反馈，存在"有标无评"的状况。例如，仅将作品完成度或测验成绩作为衡量信息科技课堂效果的标准，过度关注陈述性知识的积累，却未能充分关注并评估学生的思维发展情况。

上述问题的出现，主要是由于我国当前的中小学信息科技教育体系仍以计算机语言、信息技术基础知识为主要教学内容，而相应的教材与教学方法未能及时跟进与更新，导致其与旨在培养计算思维能力为核心的现代教育体系存在显著差距。

鉴于上述问题的存在，本书系统性地从计算思维的概念与核心要素解析、新课标指导下的课程内容设计与教学实践策略，以及计算思维的评价方法三个方面，深度解读新课标框架下计算思维的本质内涵、各学段针对计算思维的教学目标设定、具体课程内容组织及实施建议等内容，并辅以丰富的教学实例和配套习题，旨在全方位完善我国面向中小学阶段计算思维的信息科技教育教学体系。需要指出的是，本书在关注计算思维的同时，也注重信息科技学科其他三方面的核心素养培养，即信息意识的培养，数字化学习与创新能力的提升，以及信息社会责任的引导。这些素养相辅相成，共同构成了信息科技教育的育人重任，有力地推动了信息科技核心素养在实际教学中的有效落地与实施。下面我们概述本书的主要章节内容。

全书采用思维导图的形式勾勒出章节的主要内容框架。第一部分"计算思维的概述与核心要素"由两章构成。第1章"计算思维概述"系统梳理了思维及计算思维的基本概念、特征，剖析了思维教育与计算思维教育的发展价值，强调了计算思维教育与编程教育、核心素养等理念之间的内在联系及其差异性。第2章"计算思维的核心要素"则从宏观视角出发，详细阐述了计算思维的四大核心要素（抽象、分解、建模、算法设计）的概念、相互关系及其应用场景，并将这些要素具体对应到信息科技新课标中进行深入解读。这部分内容旨在帮助教师理解思维与计算思维的理论基础，明确在中小学阶段实施计算思维教育的重要性，同时准确把握义务教育新课标下计算思维的内涵及其核心要素构成，为中小学信息科技教学提供更为清晰的目标导向。

第二部分"面向计算思维的信息科技课程内容与教学实践"是全书的核心部分，涵盖了第3章至第13章的内容。其中，第3章至第11章主要针对义务教育阶段（1~9年级，划分为4个学段）的学生，而第12章至第13章则聚焦于高中阶段信息技术课程中的必修模块内容。每一章节都与《义务教育信息科技课程标准（2022年版）》和《普通高中信息技术课程标准（2017年版2020年修订）》相对应的学段内容紧密结合。本部分内容立足于课程标准视角，深入探讨每个学段学生应当具备的计算思维能力要求，细致研究课程标准内容，为一线教师提供了在各学段教学实践中如何有效促进学生计算思维发展的策略和方法，并辅以丰富的课堂案例、习题和实践活动实例，确保学生能够达到相应学段对计算思维能力的各项要求。

第三部分"计算思维评价与信息学奥赛"包括第14章和第15章两部分内容。第14章"计算思维评价"概述了中小学阶段对学生进行计算思维评价的现状，并详尽介绍了Bebras国际计算思维挑战赛。本章通过展示典型题目和案例，生动揭示了计算思维评价工具的具体应用。第15章"计算思维与信息学奥赛"从信息学奥赛对计算思维教育的影响、信息学奥赛与Bebras国际计算思维挑战赛的区别和联系、计算思维在解决信息学奥赛问题中的应用三个层面，深刻阐述了信息学奥赛对于培养学生计算思维发展的重要意义、独特优势及其必要性，从而拓宽了教师在计算思维教育领域的认知视野。

本书的撰写与出版得到了众多学者专家的大力支持和帮助，他们提供了许多宝贵的建议。在此，我特别要向华南师范大学的李克东教授、华东师范大学的王荣良教授，以及北京师范大学的张进宝教授表达衷心的感谢。同时，我也要对南湾沙塘布学校的陈科武老师、深圳市教育科学研究院的谢莉老师、宝安区燕山学校的鲁小丽老师、深圳市教育科学研究院光明分院的王西凯老师、盐田区教育科学研究院的马瑞老师、深圳高级中学的陈碧莹老师、育才二中的吴晓茜老师，以及深圳大学赵焱焱同学等致以深深的谢意，他们在本书编写过程中给予了大力协助。

此外，还要特别鸣谢深圳市初中信息技术省级学科教研基地的教研员及全体教师积极参与本书内容的编写工作，他们提供了大量经过搜集整理的教学实践案例和参考素材。同时，感谢电子工业出版社在策划与校审阶段付出辛勤努力的各位编辑老师，他们为本书倾注了大量心血，他们的专业精神和严谨态度使得本书得以精益求精。

本书立足于信息科技课程标准，首次系统性地探讨了中小学计算思维培养过程中行之有效的实施策略和方法。尽管我在编撰过程中已对书稿内容进行了反复研讨和完善，但由于个人能力有限，书中难免存在疏漏与不足之处，敬请广大读者不吝赐教，予以批评指正！

吴良辉
深圳市教育科学研究院
2023 年 10 月

目 录

第1章 计算思维概述 ··· 1
1.1 思维的概念与特征 ·································· 2
1.2 计算思维的概念与特征 ······························ 9
1.3 中小学计算思维教育 ································ 14
1.4 计算思维的相关概念及其关系 ························ 24

第2章 计算思维的核心要素 ································ 27
2.1 抽象 ·· 29
2.2 分解 ·· 34
2.3 建模 ·· 36
2.4 算法设计 ·· 39
2.5 计算思维各要素之间的关系 ·························· 43

第3章 信息交流与分享 ···································· 45
3.1 模块概述 ·· 46
3.2 核心素养的培养 ·································· 46
3.3 关键问题 ·· 47
3.4 计算思维的测评和实践 ···························· 56

第 4 章 信息隐私与安全 ············· 59
4.1 模块概述 ············· 60
4.2 核心素养的培养 ············· 60
4.3 关键问题 ············· 61
4.4 计算思维的测评和实践 ············· 68

第 5 章 在线学习与生活 ············· 71
5.1 模块概述 ············· 72
5.2 核心素养的培养 ············· 73
5.3 关键问题 ············· 73
5.4 计算思维的测评和实践 ············· 92

第 6 章 数据与编码 ············· 99
6.1 模块概述 ············· 100
6.2 核心素养的培养 ············· 101
6.3 关键问题 ············· 101
6.4 计算思维的测评和实践 ············· 113

第 7 章 身边的算法 ············· 116
7.1 模块概述 ············· 117
7.2 核心素养的培养 ············· 117
7.3 关键问题 ············· 118
7.4 计算思维的测评和实践 ············· 137

第 8 章 过程与控制 ············· 140
8.1 模块概述 ············· 141
8.2 核心素养的培养 ············· 141
8.3 关键问题 ············· 142
8.4 计算思维的测评和实践 ············· 159

第 9 章　互联网应用与创新·····163
　9.1　模块概述·····164
　9.2　核心素养的培养·····165
　9.3　关键问题·····165
　9.4　计算思维的测评和实践·····179

第 10 章　物联网实践与探索·····183
　10.1　模块概述·····184
　10.2　核心素养的培养·····184
　10.3　关键问题·····185
　10.4　计算思维的测评和实践·····197

第 11 章　人工智能与智慧社会·····201
　11.1　模块概述·····202
　11.2　核心素养的培养·····203
　11.3　关键问题·····203
　11.4　计算思维的测评和实践·····216

第 12 章　数据与计算·····219
　12.1　模块概述·····220
　12.2　核心素养的培养·····220
　12.3　关键问题·····221
　12.4　计算思维的测评和实践·····227

第 13 章　信息系统与社会·····231
　13.1　模块概述·····232
　13.2　核心素养的培养·····232
　13.3　关键问题·····234
　13.4　计算思维的测评和实践·····240

第 14 章　计算思维评价 · 244
14.1　计算思维评价概述 · 244
14.2　Bebras 国际计算思维挑战赛 · 246

第 15 章　计算思维与信息学奥赛 · 251
15.1　计算思维与信息学奥赛的关系 · 251
15.2　信息学奥赛与 Bebras 国际计算思维挑战赛的区别和联系 · 254
15.3　计算思维在解决信息学奥赛问题中的应用 · 257

后记 · 262

第 1 章
计算思维概述

本章主要内容

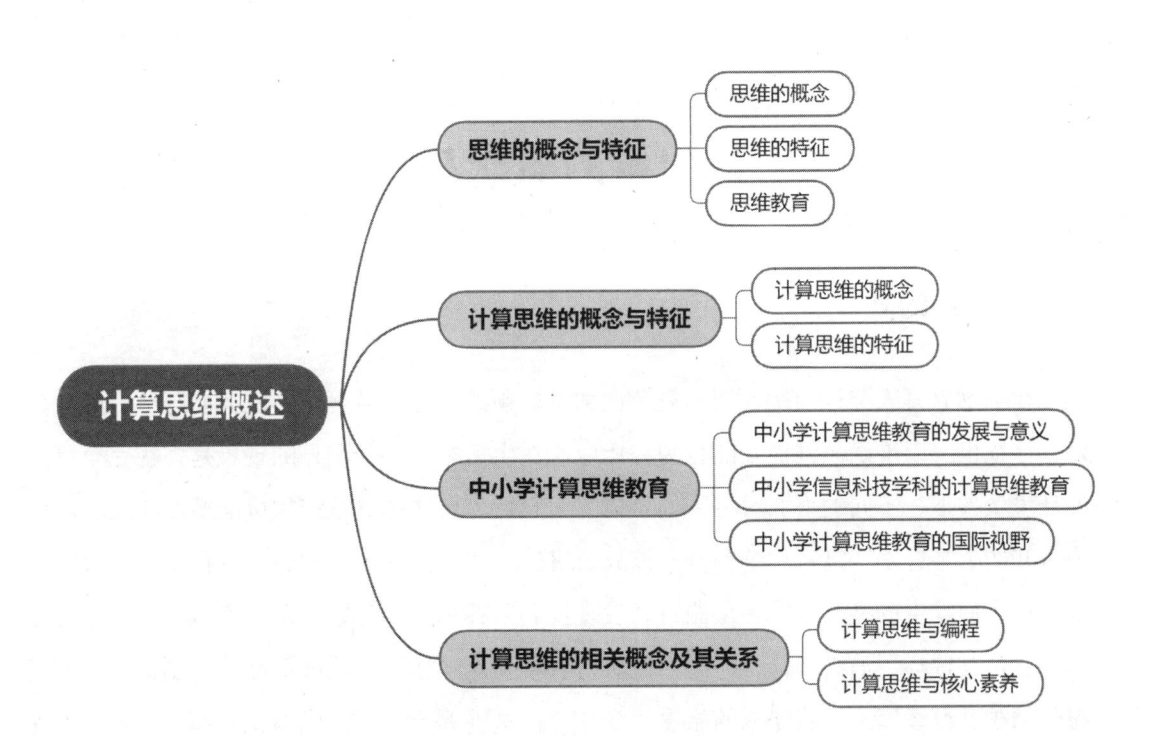

- 计算思维概述
  - 思维的概念与特征
    - 思维的概念
    - 思维的特征
    - 思维教育
  - 计算思维的概念与特征
    - 计算思维的概念
    - 计算思维的特征
  - 中小学计算思维教育
    - 中小学计算思维教育的发展与意义
    - 中小学信息科技学科的计算思维教育
    - 中小学计算思维教育的国际视野
  - 计算思维的相关概念及其关系
    - 计算思维与编程
    - 计算思维与核心素养

2022年3月25日，教育部正式发布了《义务教育信息科技课程标准（2022年版）》。此次课程标准的制定与发布，不仅是对党的二十大报告中首次提出的教育、科技、人才一体化统筹规划和部署要求的积极响应，也充分体现了教育界专业人士对信息科技教育的深度理解和社会各界对此的广泛支持，堪称信息科技学科发展历程中的一个里程碑事件。然而，对于一线教师而言，信息科技学科的教育教学工作正面临着前所未有的挑战。作为一门相对崭新的独立课程，如何明确区分义务教育阶段信息科技课程与之前综合实践活动中的信息技术课程；如何将课程标准的内容具体化、细化以确保其有效落地实施；如何合理运用各类学习资源和教学工具优化信息科技课堂教学的质量；如何在信息科技课程的教学中切实培养学生的学科核心素养等，都是摆在我们一线教育工作者面前亟待解决的课题。

本书以培养中小学生的计算思维能力为核心目标，开展了一系列针对性的教育教学研究活动，旨在通过实践经验和案例分析，为一线教师提供遵循义务教育信息科技课程标准指引的、丰富、实用的课堂实践指导，进而推动全国范围内信息科技课程标准的快速落实与推广，以有效提升青少年群体的数字素养与技能水平。作为一线教育工作者，在深入研讨具体的教学案例之前，我们需要系统地理解思维及计算思维的基本内涵及其在教育教学领域中的应用，从而深刻领会学科教学由单纯的知识技能传授向思维发展导向转型的重要意义。

1.1 思维的概念与特征

1.1.1 思维的概念

在生物界，人类行为所展现的复杂性和难以预测性尤为显著。即便我们与他人朝夕相处，往往也难以准确预判他人的行为和反应。在生活中，一个明显的现象是，在完全相同的环境条件下，不同的人面对相同的事情时，其行为模式和决策结果可能截然相反。以广为人知的"半杯水"寓言故事为例，该故事讲述了两位同样口渴的旅行者在沙漠中分别找到半杯水后发生的事情。第一位旅行者发现仅剩半杯水后，开始咒骂、抱怨，并愤而摔掉水杯，最终选择了消极等待；而第二位旅行者看到这半杯水则欣喜不已，立刻饮尽并重新振作精神，继续踏上寻找绿洲的旅途。深入分析这种差异背后的成因，我们会发现，人在面对问题时，不同的思考方式将直接导致行为表现的多样性，而这一现象的发生与思维的作用息息相关。思维作为一种借助语言、表象或动作进行的对客观事物进行抽象概括和间接认知的心理过程，是人类认知活动的高级形式。它能够揭示事物的本质属性及其内在联系，并主要体现在概念构建及问题解决的各种活动中。

1.1.2 思维的特征

1. 概括性

思维的概括性是指人们在积累了大量感性材料的基础上，能够对一类事物所共有的特征和规律进行提炼与归纳[1]。随着人们认知水平的不断提升，对事物的概括能力也相应提高。这种思维能力超越了对事物个别属性的认识，进而能够深入探索事物的本质和规律。思维的概括性包含两方面的含义：第一，思维的概括性体现在人们可以将同一类别事物中共通的、本质的特征抽离出来，进行高度概括。例如，我们通过对杜鹃花、郁金香、牡丹、绣球、月季、丁香等花卉具有的共同特点进行分析，将它们统一归类为"鲜花"。第二，思维的概括性还体现在人们可以对多次感知到的事物之间的联系和关系进行总结和概括，从而得出关于这些事物内在联系的结论。这一点可以通过一些成语所揭示的自然现象来体现，如"月晕而风""础润而雨"等，即通过观察特定现象来推断天气变化。概括性的实质在于精炼提取、整合总结。

2. 间接性

思维的间接性是指人们通过运用一定的媒介和积累的知识与经验，对客观事物进行非直接性的感知与认识。正是由于思维的这种间接性特质，人们能够超越单纯依赖于感知觉所获取的信息限制，去认知那些并未直接作用于我们感官的事物及其属性，从而揭示出事物的本质规律。从这一角度来看，思维的认知领域明显要比仅依赖感知觉的认知领域更为广阔。这一点在民间谚语中也得到了生动体现，"蚂蚁搬家蛇过道，明日必有大雨到"，这句俗语说明了动物的某些异常行为可以作为人们预判天气变化（如大雨来临）的间接依据。

3. 思维是对经验的改组

思维是一种探索和发现新事物的心理活动过程。它往往倾向于挖掘事物的新特征和新关系，这就要求人们不断更新并重组自己头脑中已有的知识与经验。思维活动通常由特定

---

1 彭聃龄. 普通心理学 [M]. 北京：北京师范大学出版社，2004.

的问题情境所激发,并致力于解决这些问题。因此,思维并非简单地复制与再现既有的经验,而是一个对已有知识与经验进行改组、重构乃至创新的过程。例如,在解决问题时,人们并不是简单地依据问题将头脑中相关的原理和经验一股脑儿搬出来,而是根据问题的具体需求,对既有知识与经验进行灵活的调整与重组,进而构思并提出各种可能的解决方案。

1.1.3 思维教育

思维是人类大脑的一种高级机能,它能够通过文字、符号等多种形式得以体现和表达。而用来记录和展现思维过程及其成果的文字、符号等元素共同构成了知识体系与解决问题的方法论。在学习过程中,思维扮演了工具性的角色,人们依赖其加工功能,可以将已有的知识持续转化为新的认知结构。与知识教育相对应,思维教育更强调将思维能力的培养作为教育的核心目标之一。尽管知识学习与教学的重要性被肯定,但思维教育主张思维方法及有效的学习策略比单纯的知识积累更为关键。

在价值取向上,思维教育关注教育内涵的发展和学习者内在学习动力的培育。在教育手段与方法上,思维教育强调通过引导学习者掌握恰当的思维方法以提升其自主学习能力和综合素质。因此,思维教育的定义可以概括为:思维教育是一种致力于提升学习者的综合思维能力,特别注重培养学习者具备质疑精神与探索发现品质的教育方式,思维教育是在整个教育过程中促进学习者实现自主学习的有效途径。

1. 思维教育的兴起

早在20世纪50年代,美国教育政策委员会就发表了关于青年学生所需教育素质的声明,明确了未来应培养具备何种"素质"的学生目标[1]。1993年,美国进一步将思维能力确立为教育的核心目标之一。实际上,在此之前,即1981年,美国课程发展与管理委员会在《教育领导力》期刊中推出了"思维技能教育"专题,标志着美国教育界正式开启了对思维教育的实践性研究[2]。

英国对思维教育的研究起步略晚于美国。1997年,英国教育部在其发布的白皮书中提出了将思维教育纳入国家课程体系的建议。2000年,英国正式将思维教育纳入了国家教育课程,并在国家课程引言部分明确指出,在所有学科领域和学校教育的不同阶段都必

---

[1] 赵中建. 美国的学生"素质"及其教改基本走向[J]. 外国教育资料,1999(02):5-6.
[2] 苏翊翔. 英美国家思维教育实践及其对我国基础阶段外语教育的启示[J]. 外国中小学教育,2012(03):13-19.

须注重对学生思维能力的培养[1]。通过系统化地运用思维技能，不仅使学生明白"是什么"，更要学会"怎样做"，也就是学习如何有效地习得知识与技能。英国的这一系列改革措施使得思维教育向前迈出了更为系统化和富有意义的一步。

在中国，思维教育的发展日益受到重视。1993年，我国发布的《中国教育改革和发展纲要》及随后发布的《关于深化教育改革 全面推进素质教育的决定》，将素质教育提升至国家顶层教育政策层面[2]。2014年，教育部出台了《关于全面深化课程改革 落实立德树人根本任务的意见》（简称《意见》）。该《意见》明确提出了优化课程体系与教学内容设计、改进考试评价机制的建议，并强调构建与学生发展核心素养相适应的学业质量标准及考试评价制度，着重指出培养学生的思维能力和学科核心素养的重要性。2015年，我国启动新一轮基础教育课程改革，特别强调在各学科教学环节中加强对学生思维能力及创新意识的培育。

基于以上背景，我国于2016年正式发布了《中国学生发展核心素养》（简称《核心素养》）。这份文件成为我国深化课程改革和提升教育质量的指导性纲要[3]。基于此，教育部门针对不同年龄段学生的身心发展特点，进一步细化了各学段、各学科的具体育人目标与任务要求，并在2022年发布了涵盖各学科的《义务教育课程方案和课程标准（2022年版）》，为系统化推进面向学科的思维教育提供了明确的方向指引。

2. 发展思维教育的原因

随着时代的发展，传统的以知识传授为核心的教育模式正面临挑战。科技的迅猛发展使得知识更新换代的速度急剧加快，人们的认知边界不断拓展。研究表明，自1990年以来，大约每4年就有约75%的知识需要更新，在计算与信息科学领域这一趋势尤为显著。这种快速的知识更迭使得仅以传授既有知识为直接目标的教育模式难以适应时代的需求，因为它会很快被不断发展的知识体系所淘汰。这一现实揭示了以传授知识为目标的教育与基础教育应当具备的长期有效性之间的内在冲突，促使教育界寻求新的发展方向，即转向培养学生的思维能力，实现从"为知识而教"向"为思维而教"的转变。

我国教育事业在取得显著成就的同时，也潜藏着一系列亟待解决的问题，其中思维教育的缺失尤为突出，这是现代教育体系中不容忽视的事实。具体问题体现在以下几个方面。

---

1 刘朔，刘颖. 英国的思维教育及对我国的启示[J]. 外国教育研究，2002(10):14–17.
2 傅禄建. 我国素质教育政策及实践的反思[J]. 教育发展研究，2011, 33(10):47–50. DOI:10.14121/j.cnki.1008-3855.2011.10.010.
3 林崇德. 中国学生核心素养研究[J]. 心理与行为研究，2017, 15(02):145–154.

首先，在当前的教育格局中，以知识传授为主导的教育仍占据着主导地位，知识量的积累仍是衡量教育进步和课堂教学效果的重要指标。尽管这本身并非负面现象，但如果过度偏重知识灌输而忽视培养学生的自主学习能力和思维能力，则会阻碍教育内涵的深化发展和对学生终身能力的培养。

其次，学校教育对学生的显性要求或评价指标主要集中在传统知识技能层面，对促进学生思维发展的重视程度尚处于起步阶段。在学生核心素养的研究框架下，对学生思维发展方面的描述往往笼统、抽象，缺乏与具体教学实践案例的结合，无法为一线教师提供清晰且可操作性强的思维教育模式示范。

再者，思维教育研究的重要性有待进一步提高并得到切实强化。当前，学校层面的教育改革虽然在一定程度上触及了教学形式及活动方式的更新，但深入探索和实践思维教育的研究工作相对稀缺，需要得到教育界更广泛的认可和支持，以推动其在实际教学中的广泛应用与实践。

我国教育体系中对思维教育的忽视背后有深刻的社会成因。长期以来，我国社会发展中的就业压力和经济发展模式与特点，催生了适应当时社会需求的以应试为导向的教育模式。然而，在面临重大的经济结构转型、经济运行方式变革和国际竞争加剧的压力时，传统教育模式的局限性逐渐显现。当前，社会发展对创新驱动的迫切需求，以及我国在核心技术领域存在的短板问题，凸显出创新人才供给不足的现状。实际上，推动创新的核心驱动力在于变革思维方式，拥有大量具备创新能力的人才对国家至关重要。因此，将思维教育提升至我国教育领域的关注焦点和主流层面，让思维教育在学校教育中占据核心地位，成为教育改革的重要方向，已是刻不容缓的任务。

3. 思维教育的实施策略

为了有效地实施思维教育，教师必须采取一系列优化策略，这些策略应当贯穿于教学内容设计、教学方式改进和教学评价体系构建等各个关键环节。首先，在教学内容设计阶段，教师应当充分关注思维知识的内在逻辑性，深入剖析不同知识点之间的关联性、逻辑结构和层级关系，从而科学合理地设定教学目标和配套的评价机制。其次，在课堂教学实践中，教师需要注重对学生思维能力的切实培养。例如，教师可以通过创设具有挑战性和趣味性的课堂情境来激发学生的好奇心与探索欲，使学生在学习过程中能够积极主动地开展思考活动。教师的角色不仅是知识的传授者，更是学生思维发展的引导者，特别强调对学生的思维发展过程进行有效引导。最后，在教学评价方面，教师应当重视对学生思维能力水平进行全面而深入的考查，从思维过程到思维结果均纳入评价范围，以避免因评价手段单一或评价视角局限而导致的结果片面化等问题。

（1）思维教育的教学内容设计

思维教育应当在教学内容中得到充分体现。教学内容需要包含对思维知识的系统教授。

① 语言使用与语言分析：语言是思维的载体，因此教学内容应包括语言的精确使用和分析。为了培养学生的严谨思维能力，教师在授课过程中应引导学生明确词语的定义，使用具体的行为动词进行精确对比，并学会用准确的语言描述事物。教师对语言进行分析的目的主要有三方面：一是让学生学会如何借助具体的词语表达思想，避免以偏概全；二是指导学生剖析问题中的关键词语以揭示问题本质；三是教会学生如何运用恰当的概念进行判断和推理。

② 逻辑规则与逻辑词语：逻辑是思维的规律，教学内容应涵盖形式逻辑规则。形式逻辑规则是关于概念、判断和推理的基本准则，它要求人们在思考时遵循同一律、矛盾律、排中律等基本定律。日常对话和教学用语中蕴含了丰富的逻辑线索，如"和""或""但是""因为"等词语就是常见的逻辑连接词。在教学中，学生通过理解与运用这些逻辑词语，可以更好地识别句子中的观点并理解观点间的逻辑关联。

③ 思维形式多样性：思维教育还应包括对不同思维形式的教授。思维形式通常被划分为若干种相互对应的形式，如求同性思维与发散性思维、分析性思维与综合性思维、反思性思维与创造性思维、抽象思维与形象思维等。不同的思维形式不仅在含义上有显著区别，更重要的是它们的具体运作方式和思考路径也有所不同。在实施思维教育的过程中，教师需清晰地认识这些差异，以便为学生的思维训练提供针对性强且明确的教学指导。

（2）思维教育的教学方式设计

课堂是实施思维教育的核心场所。在教学过程中，教师应当密切关注学生的学习状态与思维活动，鼓励他们在真实情境中积极主动地参与和思考，以期有效地提升他们的思维能力。具体来说，教师可借助以下几种方法来达成这一目标。

① 启发与诱导教学法：启发是指在学生遇到难题时，教师给予适时且恰当的引导，激发学生的联想与深入思考。而诱导则是指教师通过策略性的方式引领学生开展有深度的思维活动。显然，启发与诱导均属于积极促进学生思维发展的有效措施。如果教师忽视启发与诱导的重要性，可能会导致如下三种不良情况：一是教师单方面讲解，形成"一言堂"；二是在学生急需引导的关键时刻，教师未能及时察觉并回应其需求；三是教师直接公布问题答案，而不关注如何推理得出该答案的过程。这三种情况无疑都会阻碍学生思维能力的有效培养与发展。

② 基于问题的教学法：该方法以问题为导向，围绕问题开展教学活动，并随着问题的解决而自然结束。该方法鼓励教师与学生之间、学生与学生之间开展积极交流，这些交流可以是口头形式，也可以是书面形式，对话成了这种教学方法的核心特征。在这一过程中，教师更像是一位导航者或辅导者：教师通过提出具有启发性的问题来激发学生的思维并引发学生讨论。这类问题通常没有预设的固定答案，往往不局限于简单的对错判断；对于学生的发言，教师会给予评价、补充或引导，有时甚至会故意发表一些有争议的观点，扮演"反面"角色，以激发学生更深入的思考和讨论；当讨论偏离主题时，教师会适时发表评论或再次抛出问题，确保讨论始终聚焦于核心问题。这种方法旨在培养学生的提问意识和解决问题的能力，即提升其思维能力。

③ 展示思维过程的重要性：在思维教育的课堂教学中，教师要重视并揭示思维的具体运作过程，因为只有当学生参与实际的思维活动时，他们的思维能力才能得到有效的提升。要成功展示思维过程，首要条件是教师的教学过程必须条理清晰。这种清晰性在演示典型思维过程时尤为重要。通过具体的示范操作，学生能够明确地理解：教师是如何识别问题或问题是如何被发现和构建的；教师是如何解决问题的，即从问题的提出到答案的得出，从前提条件的设定到最终结论的推导，教师所遵循的思考步骤和行动程序是什么。只有这样，教师才能真正地向学生展示其完整的思维过程，从而引导学生掌握和运用正确的思考方法，培养他们的独立思考能力和创新意识。

④ 探究性学习：探究性学习是一种鼓励学生在学习与生活中主动发现问题、提出问题并解决问题的教学方式。探究性学习可以划分为三种基本形式：一是知识探究型学习。这种模式与传统的学科知识学习最为接近，但相比而言更为开放和自主。其典型做法包括，学生学习某一知识点后，能够针对相关主题提出有待进一步探究的问题，继而通过拓展阅读、小组讨论、实地考察或专家访谈等方式寻求答案；二是学术研究型学习。该模式要求学生经历一系列复杂的探究步骤，通过理论分析、实证研究等方法来探寻最优解。在这个过程中，学生需要运用严谨的学术方法和逻辑思维来深入探究问题；三是学科项目型学习。在这种类型的探究中，学生围绕一个具体问题，积极发挥创新思维，自主建构知识体系，设计实施行动方案，而不是被动地接受教师按照预设顺序讲授的书本内容。学生在解决实际问题的过程中自觉地锻炼和发展自己的思维能力[1]。

1　王荣良．计算思维教育[M]．上海：上海科技教育出版社，2014．

（3）思维教育的教学评价设计

当前，传统的教学评价体系往往过于单一化，主要依赖总结性评价来评估学生的思维能力水平。这种评价方式过分强调学生对知识的积累与记忆，以期在课堂问答和考试中能够直接复述，使得知识的学习被当作目的本身而非手段。这种评价方式还会造成学生在考试中面临"一考定终身"的局面。因此，为解决这一问题，在教学评价体系构建中，教师应当重视对学生思维能力发展程度及其过程的关注与引导，将评价标准从单纯衡量知识记忆的数量和牢固程度转变为侧重于检验知识运用的灵活性、创新性和批判性思维等维度，关注学生思维的深刻性、灵活性、独创性、批判性和敏捷性。

为实现这一目标，教师应该尝试将学生日常表现与学业成绩相结合，综合采用过程性评价、表现性评价和总结性评价等多种评价方式。在具体操作上，教师可以将传统的书面测验拓展至包括课堂提问、课堂观察、口头报告、开放性实践活动的参与及完成情况，并结合诸如思维导图、量表测验及游戏等多元化的思维评价工具，将它们灵活运用于教学过程中。例如，教师可以设计一些发散性试题以反映学生的思维状况。然而，这种方法在实施评测过程中也存在一定的困难，如评判标准不易统一、实施复杂度高等问题，这在一定程度上限制了其在更大范围内的推广和应用。因此，我们需要进一步研究和探索，以找到更加科学、严谨、正式和专业的教学评价设计方法，以更好地评估和培养学生的思维能力。

1.2 计算思维的概念与特征

1.2.1 计算思维的概念

计算思维（Computational Thinking）作为信息时代的重要产物，是一种运用计算机科学和信息技术手段来解决问题的思维方式，是信息社会中每个人都应当具备的基本素养[1]。周以真教授最初在对计算思维的定义中指出："计算思维是利用计算机学科的核心概念去解决各类问题、设计系统以及理解人类行为的一种方式"，可以将它视为一种独特的思维风格。随后她多次在著述中对此定义进行发展和完善，最终将计算思维界定为"一种思维过程"，即"计算思维是一个通过构思问题及其解决方案，并将解决方案表达成能

---

[1] 陈兴冶，张慧伦，杨伊. 国内外计算思维教育的研究脉络与实践比较[J]. 比较教育学报，2023(01):148-161.

够被信息处理系统有效执行的形式的思维活动"[1]。

国际教育技术协会（International Society for Technology in Education，ISTE）和计算机科学教师协会（Computer Science Teachers Association，CSTA）分别于2011年、2013年、2015年、2016年，以"计算思维的操作性定义"等形式多次给出计算思维的不同定义或解释。英国皇家学会、计算机学会Computing At School分会、我国教育部高等学校大学计算机课程教学指导委员会，以及我国教育部发布的《义务教育信息科技课程标准（2022年版）》也都对计算思维提出了各自的定义或解释，然而，这些定义存在显著差异且互不相同。

计算思维的倡导者及权威教育机构对计算思维的定义并未形成统一共识，学术界对计算思维的定义的理解和表述也一直处于动态演变之中。概括目前的研究成果，计算思维的主要解读角度大致包括思维过程论、思维风格论、学科思维论、能力要素论、知识体系论等几大类别。此外，还有研究者提出了一些不同的观点：有人认为计算思维是个复合体，准确地定义计算思维并非关键所在；有人主张计算思维涉及领域广泛，不必强求一个统一的定义，只需在各自的教学实践中明确自己的理解和应用即可；有学者则强调，理解计算思维的关键在于掌握其特有的计算特性与计算属性下的思维特质，并熟练运用其中的核心思想[2]。

客观而言，由于计算机学科拥有庞大的知识架构，计算思维的内涵深厚且复杂多样，试图用一个固定的定义或者有限的几个要素完全涵盖其内涵往往会捉襟见肘，难以面面俱到。

本书以学科思维为基础，依据《义务教育信息科技课程标准（2022年版）》中对计算思维的定义来设计和开展计算思维教育活动。《义务教育信息科技课程标准（2022年版）》将计算思维定义为：个体运用计算机科学领域的思想方法，在问题解决的过程中涉及的抽象、分解、建模、算法设计等思维活动。具备计算思维的学生，能对问题进行抽象、分解、建模，并通过设计算法形成解决方案；能尝试模拟、仿真、验证解决问题的过程，反思、优化解决问题的方案，并将其迁移运用于解决其他问题[3]。

---

[1] 陈鹏，黄荣怀，梁跃等. 如何培养计算思维——基于2006—2016年研究文献及最新国际会议论文[J]. 现代远程教育研究，2018(01):98-112.

[2] 史文崇，刘茂华，杨大志. 计算思维教育的困惑与博弈[J]. 中国远程教育，2019(08):59-67. DOI:10.13541/j.cnki.chinade.2019.08.006.

[3] 中华人民共和国教育部. 义务教育信息科技课程标准(2022年版)[S]. 北京：北京师范大学出版社，2022:46.

作为一线教育工作者，深入理解和最终将计算思维这一概念有效地融入日常教学实践中是至关重要的。为了更全面地了解计算思维的本质内涵，本书借鉴了周以真教授对计算思维的解释，进一步详细阐述计算思维的特征与应用价值。

1.2.2 计算思维的特征

2006 年，周以真教授在 *Communications of the ACM* 杂志的观点专栏中首次提出了计算思维的概念。为了帮助人们更深入地理解这一概念，她阐述了计算思维所具有的几个核心特征[1]。

1. 概念化，而非程序化

计算机科学并非仅局限于计算机编程。具备计算思维意味着超越单纯的编程技能，通常是在不涉及具体编程的情况下进行思考和设计解决方案，更多地运用抽象的设计概念，只有在确实需要将方案转化为程序时，才从程序实现的角度来考虑问题。因此，计算思维强调能够在不同抽象层次上进行思考，注重的是概念性而非程序化的思维方式。这表明，尽管计算机科学包含计算机编程，但二者并不相同。在信息科技课程的实际教学活动中，我们应当遵循这样的理念，即课堂教育不应仅仅局限在教授学生编写程序的环节，而应当引导他们理解程序背后的逻辑原理，掌握程序开发的过程，并最终具备独立编写程序的能力。例如，教师可以通过项目驱动的教学活动，鼓励学生参与真实的项目实践，亲身体验从问题分析、程序设计到形成完整解决方案的全过程，从而有效地提升学生的整体思维能力。

2. 根本的，而非刻板的技能

根本技能是指每个人都必须在现代社会中掌握的基本能力。而刻板技能则表现为机械式的重复操作。现在的计算机是按照人们预设的程序机械的执行，随着人工智能技术的发展，尽管未来可能会出现像人类一样思考的计算机，但这并不代表思维会变得机械化，且这一目标短期内难以由人工智能实现。对于学生来说，关键在于灵活掌握信息科技学科的知识内容，并能够自如地迁移应用。在教学过程中，教师应当注重引导学生不仅学习课堂中的相关知识和技能，更要培养他们灵活运用这些知识和技能的能力。教师应当灵活采取多种教学策略，或者采用跨学科的方式，将计算思维的培养内容与不同学科的知识相互融合，从而丰富计算思维的教学内涵，进而激发学生的发散性思维及创新能力。

---

1 王荣良. 中小学计算思维教育实践 [M]. 上海：上海科技教育出版社，2019.

3. 是人的，而非计算机的思维方式

计算思维作为一种人类解决问题的重要方法，其本质在于由人设计解决方案并将其转化为可在计算机上执行的程序，这是人类思维方式的实际体现。当人们操作计算机时，确实需要遵循计算机固有的规则，但这并不意味着我们必须像计算机那样机械地思考；计算机虽然在运算过程中表现得精确而有序，但人类则以其智慧和丰富的想象力赋予了计算机活力与创新的潜能。借助计算设备，人们能够解决许多在计算机科学诞生之前难以想象的问题。计算机具有强大的计算能力，我们应该充分利用这一能力以应对各种需要大规模计算的场景。在此背景下，教师在教学实践中合理地利用新技术和丰富的网络资源显得尤为重要。例如，教师可以指导学生使用协同在线工具，进行高效的分组工作和开展头脑风暴活动，同时也可以鼓励学生通过访问学习资源网站或在线学习平台实现自主学习和独立探究。

4. 数学思维和工程思维的互补与融合

计算机科学本质上植根于数学思维，如同其他所有科学一样，其形式化的基础架构在坚固的数学原理之上。同时，计算机科学又深受工程学思维模式的影响，因为我们构建的是能够与实际世界互动的系统，而硬件设备的局限性迫使计算机科学家必须将计算思维与数学思维相结合，从而超越纯粹的数学理论层面。在虚拟世界的创造中，自由使我们能够设计并实现超越物理世界限制的各种系统。这种能力使得计算机科学不仅局限于现实世界的模拟，还能探索和创造全新的概念和实体。有学者进一步指出，尽管计算思维借鉴了数学、工程学思维的部分元素，并利用了其他思维方式的相关框架，但它以独特的方式拓展了这些思维技能。因此，对计算思维的理解应当被视为一个有机整体，融入实际的教学实践中，即培养学生的计算思维需要在实际的课程教学中得以体现。这意味着，在专门的计算机科学课程中，如编程语言、程序设计等，教师应该注重培养学生的计算思维能力。同时，在应用计算机语言以及由计算机支持的其他各类课程的教学过程中，教师也应该积极促进学生计算思维能力的发展。

5. 是思想，而非人造物

计算思维的重要性不仅体现在我们创造的软件和硬件等技术工具以物理形式广泛渗透并持续影响我们的日常生活，更重要的是它所包含的计算概念、计算模式和计算方法构成了人们解决各类问题、管理日常生活、与他人沟通交流的核心能力。此外，构建有效的思想框架是确保计算思维得以有效应用的关键。在前面的讲述中，我们关注的主要是处理信

息的软硬件应用程序。在实际教学过程中，教学工具的概念应当得到进一步拓展，它涵盖了所有能够有效地帮助学生理解和解决问题的思维工具。在信息科技课程的教学过程中，教师应当重视培养学生运用多种思维工具解决问题的综合能力。例如，通过让学生参与简单的研发项目实践，亲身体验程序设计的全过程，从而深刻地理解和实践计算思维。

6. 面向所有的人、所有的地方

当计算思维切实融入人类活动的各个层面时，它便成为一种普遍存在的思维方式。在教育领域，作为一种有效的问题解决的工具，计算思维应当被广泛应用于所有情境，特别是各级学校的课堂教学中。实际上，已有研究者深入探讨了问题解决与计算思维之间的关联性。例如，Silapachote 和 Standl 的研究均证实了两者之间存在紧密联系，且学生的问题解决能力对计算思维的发展具有显著影响。基于以上理论基础，一线教育工作者可以借助问题导向的教学策略，有效地提升学生的计算思维水平。

我国学者任有群等人系统梳理了近年来相关研究机构和学术专家对于计算思维的研究成果，综合既有研究指出，计算思维是一种独特的问题解决过程，体现了计算机科学的核心思想方法。通过运用计算思维，人们能够更好地理解和解析复杂问题，构建具有形式化、模块化、自动化、系统化等计算特征的问题解决方案。计算思维的主要特征包括但不限于以下几点：一是运用抽象与分解技术将复杂问题形式化，建立结构化的模型，以形成更为高效且可执行的问题解决方案；二是采用计算机学科的基本概念与工具方法进行判断、分析与综合各类信息资源，强调个体与信息系统间的互动思考过程；三是计算思维是一种集设计、算法、批判性分析等多种思维工具于一体的独特问题解决能力的组合，通过综合运用这些工具，可以构建出系统化的问题解决方案[1]。

这一解读方式与《义务教育信息科技课程标准（2022 年版）》中对计算思维的阐述相得益彰，本书第 2 章将进一步详细阐述课标中所提及的计算思维的构成要素。

---

[1] 任友群，隋丰蔚，李锋. 数字土著何以可能？——也谈计算思维进入中小学信息技术教育的必要性和可能性 [J]. 中国电化教育，2016(01):2-8.

1.3 中小学计算思维教育

1.3.1 中小学计算思维教育的发展与意义

近年来,我国中小学计算思维教育的研究主要沿两条主线展开:理论研究与课堂实践。理论研究的一个重要任务是对计算思维的发展过程及其内涵进行梳理和解析。以钟柏昌教授等为代表的学者,在对计算思维相关文献深入研究的基础上,从中小学教育视角出发,将人们对于计算思维的理解归纳为以下七个观点。

① 问题解决说:该观点从关注计算思维过程分析与设计的角度出发,认为计算思维是关于问题解决过程的一种思维方式。

② 抽象说:该观点基于科学抽象方法的考量,比较了计算科学中的抽象与其他学科抽象的区别,强调抽象是计算思维的核心本质。

③ 自动化说:该观点重视计算思维的技术特征,不仅体现了计算思维追求效率的原则,还突出了高新技术影响下生产、生活和学习方式的变化,以及思维方式的转型。

④ 构造说:该观点从人类思维类型的划分入手,指出构造思维区别于理论思维和实验思维等一般科学思维的独特属性。

⑤ 信息表达说:该观点结合现代数字媒体的应用背景,认为计算思维也是一种重要的信息表达思维,尤其体现在可视化多媒体信息的表达上。

⑥ 社会计算说:该观点从社会科学与计算科学交叉的角度,突出计算思维所具有的广泛社会属性和社会意义,尽管其核心内容离不开抽象建模,但强调其在社会层面的影响。

⑦ 三维目标说:该观点构建了一个相对完整的框架体系,将计算思维的概念(如顺序、循环、事件、并行、条件、运算符、数据)作为第一维度,将计算思维的实践(如递增与迭代、测试与调试、抽象与模块化)作为第二维度,将计算思维的社会性内容(如表达、连接、质疑)作为第三维度,并围绕交互性媒体设计展开讨论,特别强调了计算思维的社会属性。

上述七个观点,为人们认识计算思维提供了多元化的理解和把握途径,既考虑到了计算思维本身的学科特性,又涵盖了其广泛的社会属性[1]。

近年来,我国关于计算思维教育的研究热度持续攀升,活跃度逐年增强。以2015—

---

1 钟柏昌,李艺. 计算思维的概念演进与信息技术课程的价值追求[J]. 课程.教材.教法,2015, 35(07):87-93. DOI:10.19877/j.cnki.kcjcjf.2015.07.014.

2023 年间在"中国知网"(CNKI)上发表的与"计算思维"相关的核心期刊文献作为研究样本。获取这些核心期刊文献的具体步骤如下：首先，在"中国知网"的"高级检索"功能中，设定文献来源为"期刊"，内容检索条件选择"篇名"，并输入关键词"计算思维"。接着，在文献来源筛选项中同时勾选"核心期刊"和"CSSCI"，检索日期截至 2023 年 9 月 24 日并进行检索。在剔除了非学术性和与计算思维教育主题无关的文献后，最终确定纳入分析的文献共 194 篇。通过对这些文献进行可视化分析，我们得出了计算思维相关研究文献的年度分布情况，如图 1-1 所示。

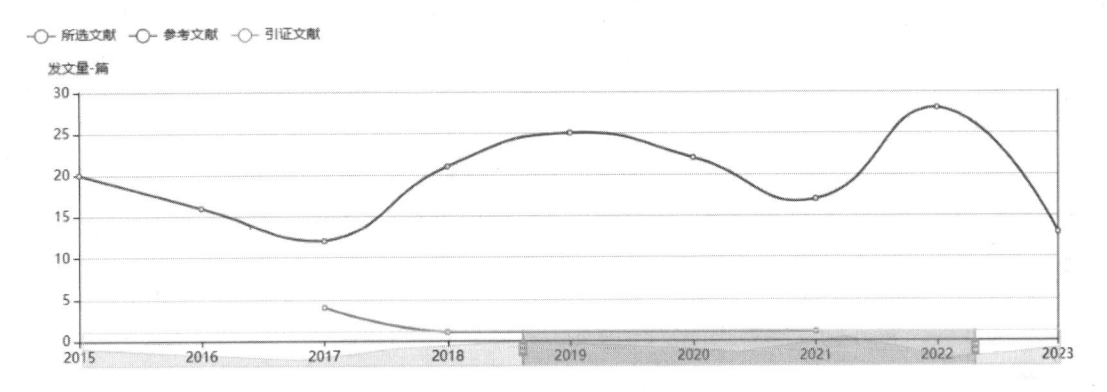

图 1-1　2015—2023 年间关于计算思维的研究文献分布情况

通过对"中国知网"上 2015—2023 年间核心期刊的检索，我们可以发现，每年有关计算思维教育的发文量大致在 10~30 篇，这充分表明每年都有大量的学者致力于计算思维教育领域的研究，且关注计算思维教育的人群正在逐渐增加，不断有新的实践研究被开展。然而，在进一步深入分析相关文献后，我们认识到我国中小学阶段的计算思维教育尚处于推广起步阶段。尽管部分学者已针对如何在信息科技课程中培养学生的计算思维能力提出了若干建议，但这些建议仍不够全面，且在某些地区尚未得到广泛应用和有效落实，因此还需我们在实践中继续探索和完善。

在探讨计算思维的内涵与本质时，"思维"是其核心所在。如果我们仅仅局限于关注程序设计和编程语言，就有可能忽视计算思维的根本特性。因为程序设计和编程语言仅是一种工具，它们并不能从根本上塑造人的思维方式。只有当学生能够运用程序设计和编程语言有效地解决问题时，计算思维的价值才能得以真正体现。因此，要培养学生的计算思维能力，我们必须深刻理解程序设计和编程语言在问题解决中的功能和作用机制。

在进行信息科技课程的教学时，教师的首要任务是要明确计算思维旨在提升学生处理和解决问题的能力。因此，在信息科技课程中融入计算思维教育时，应当将其置于培养学生"问题解决"这一大框架之下。培养计算思维的本质目标在于让学生学会运用编程语言去应对实际生活中的各类问题。在这个过程中，学生不仅能够学会编写程序代码，更能掌握运用计算思维方法解决问题的方法论。

从以上分析可以看出，中小学计算思维教育的重要性及其本质特征：计算思维教育并非简单的知识灌输，而是一种思维能力的发展与内化过程。中小学阶段的计算思维教育不应仅局限于计算知识的学习和对技术工具的操作应用，更应着重于培养学生运用计算知识和技术工具解决问题的综合能力，以及将这种思维方式内化到日常的思考活动中；计算思维教育并不仅仅局限在"编写代码"这一环节上，而应强调全过程性的"程序体验"。这意味着，中小学计算思维教育既不能将学习简化为单纯的编写代码练习，也不能割裂算法设计与程序实现之间的联系，关键在于引导学生置身于"程序驱动"的技术应用场景中，亲身体验计算方法与自动化实现的实际操作，在实践每一个程序设计步骤的过程中，逐步形成一种普适性的思维方式。

此外，中小学计算思维教育的目的并不在于把每个学生都塑造成"计算专家"，而是要确保每个学生都能够有效地利用信息技术去理解和解决生活、学习中的实际问题，从而成为真正的数字化时代公民。

1.3.2 中小学信息科技学科的计算思维教育

受教育思维定式和地域环境的制约，人们对在中小学信息科技学科中开展计算思维教育的目标、内容及实施方式存在多样的认识。在正式启动中小学信息科技学科的计算思维教育之前，我们需要首先明确并解决三个核心问题[1]。

1. 计算思维教育适合在中小学生中开展吗

当前，以抽象思维、算法运用和大规模数据处理为特点的计算思维教育在大学非计算机专业的本科生群体中得到了广泛推行。计算思维教育强化了计算机科学与其他学科间的交融，提升了大学生利用信息技术解决实际问题的能力。然而，计算思维教育是否适合中小学生群体以及相关的教育内容是否会加大学生的学习压力，是值得我们深入探讨的问题。有研究者对此表达了忧虑："计算思维涵盖了运用计算机科学的基础概念与方法进行结构化抽象、构建模型及自动化求解等一系列思维活动，这体现出计算机科学的广泛性。由此

---

[1] 李锋，王吉庆. 计算思维教育：从"为计算"到"用计算"[J]. 中国电化教育，2015(10):6-10+21.

看来,在实施计算思维教育时,势必要涉及算法分析、程序设计、数据处理和信息系统等具有一定专业性的概念知识。如果将这些通常属于大学课程的内容下放到中小学阶段,可能会显著提升信息科技课程的难度,加重学生的学业负担,这是否与当前课程改革强调减轻学生课业压力的基本理念相悖呢?"

从思维构成的角度分析,算法分析、程序设计、数据处理和信息系统等概念构成了计算思维的核心要素。这些基础概念支持系统化的计算思维活动,缺乏它们,将难以有效地进行计算思维的构建。然而,在中小学阶段的计算思维教育中,重点并非要求学生孤立地掌握这些概念,而是强调在实践活动中引导学生通过体验、领悟和建构不同层次的概念,从而形成一种特有的认知模式,逐步培养计算思维能力。

首先,计算思维的学习内容可以分层设计。依据学习层级理论,任何特定的学习目标都有其先决条件的、更为基础的学习目标作为支撑;一个最终任务(Terminal Task)能够被分解为一系列相互关联的子任务或从属任务(Component Task)。这意味着在计算思维教育领域,复杂的学习内容可以被细化为不同难度层级的学习模块,这种分层设计允许教育者筛选出适合中小学生理解和掌握的内容。例如,计算机科学教师协会制定的"K-12阶段计算机科学教育标准"指出,3年级的学生应能够运用写作工具、数码相机及绘画工具等,以分步方式表达思想、观点和事件;而6年级的学生应当理解利用算法解决问题的基本步骤,包括问题陈述与探索、样本测试、方案设计、实施以及测试等,并能在探讨大问题时将其拆解为一系列具体的小问题。

其次,计算思维教育可以采取多元化的教学方法。心理学家杰罗姆·布鲁纳的研究表明,儿童的心理发展会经历动作表征、形象表征和符号表征三个阶段。若能准确判断儿童所处的认知发展阶段,并据此合理设计适应其心理特点的教学方法,则任何学科都能够在智力发展的正确路径上教授给各个阶段的儿童。计算思维教育应当根据学生所处的认知发展阶段选择适宜的教学方法。在信息社会背景下,程序驱动的技术工具已经广泛存在于学生的日常生活中。计算思维教育应当将学习内容与学生的个人经验紧密结合起来,才能更好地促进学生计算思维能力的发展。

因此,中小学阶段的计算思维教育不是简单地将大学计算机课程的内容向下延伸到中小学阶段,也不是随意地安排学习素材,相反,它应该根据中小学生的认知水平科学地组织教学内容,高效地设计学习活动,旨在帮助学生理解信息社会的生活方式,并逐步建立起计算思维的概念框架。通过这种教育方式,学生可以逐步形成稳定且具有学科特性的思维方式。

2. 计算思维教育只能在信息科技课程中实施吗

如今，计算思维的应用范围不再局限于计算机学科的专属领域，而成为各领域专家在应用计算工具和构建计算模型时普遍采用的思维方式。当前学术界普遍认为，作为信息社会中解决问题和思考的独特途径，计算思维的重要性已得到了广泛认同，并且越来越多的教育工作者意识到了在教学中培养计算思维的紧迫性。然而，在实际操作层面，学校如何有效地组织计算思维教育并设计相应的课程体系，仍是一个待解的难题。基于这一现实，有研究者提出了这样的问题："尽管在理论层面，计算思维作为信息社会特有的解决问题和思考方法已被大家所接受，但将此理念切实转化为教育实践仍存在一定差距。面对计算思维这样一个抽象的概念，我们应当如何借助课程载体来有效地开展计算思维教育？又有哪些具体课程可以有力地支撑起计算思维的教学？"

概念和意象构成了思维活动的两大核心要素。在教学实践中，学生要深入理解和掌握这些要素需要进行系统的学习。推理与判断，在思维活动中表现为解决问题的能力。从能力培养的角度出发，推理和判断能力应在实际的问题情境中，通过体验、实践与反思得到锻炼。因此，计算思维教育不仅需要在某一学科的学习过程中教授基本的概念和原理，更要在真实情境中进行综合性的实践应用。

学校实施计算思维教育的方式主要有两种。第一，信息科技课程是开展计算思维教育的重要途径之一。借助此类课程，学生能够理解计算思维的基本特征和运行规律，构建关于计算思维的概念体系，并学习如何运用计算思维进行信息检索、编码及输出等操作。例如，英国计算课程标准要求11岁的学生应能"运用逻辑推理解释简单算法的工作机制，并检测和修正算法及程序中的错误"。第二，其他学科也可以渗透并融入计算思维教育。在解决具体的学科问题时，利用信息科技工具进行推理、判断和决策的过程正是计算思维能力提升的过程。随着信息科技与各学科课程融合程度的加深，计算思维教育同样可以被整合到诸如科学、语文、数学、音体美等多门课程中，使学生认识到"计算"是个人学习与生活密不可分的一部分，这恰好契合了我国新的课程标准中提倡的跨学科教学理念。此外，学校社团课程也为计算思维教育提供了平台，学生在参与信息科技相关的实践活动时，如人工智能社团课、无人机社团课等，可以亲身感受到计算思维的作用，理解并掌握相关概念，养成运用计算思维解决实际问题的能力。

综上所述，计算思维教育确实需要依托信息科技课程的专业支持，但其范畴并不局限于这一领域，学科整合及社团课程同样是培养学生计算思维能力不可或缺的重要渠道。

3. 如何在中小学落实计算思维教育呢

计算思维是一种运用计算概念与工具来解决实际问题的思维方式，它需要通过系统性的培养和训练才能形成和发展。那么，在中小学阶段，如何运用恰当的教学模式有效地落实计算思维教育呢？根据对其特征的分析以及我国信息科技教育研究现状的考察，当前关于计算思维教学模式的分类主要包括以下三种类型[1]。

（1）任务驱动式、问题式学习模式

基于问题的学习模式是一种通过精心设计符合教学目标的任务，将教学内容巧妙地融入任务之中，在教师指导下，学生自主发现问题、解决问题并进行总结反思的探究式学习方法。计算思维的具体表现形式即体现在运用诸如"抽象""形式化描述"等思维方式解决实际问题的过程中。

我国学者张蕾提出了针对计算思维的 WPBL（Web-based Problem-Based Learning）教学模式，即网络环境下基于问题学习的教学模式。在该模式下，教师利用网络环境中丰富的资源，设计一系列具有层次性递进关系的问题情境，这些情境旨在培养学生的计算思维能力。学生在教师的引导下，围绕这些问题情境展开一系列活动，在完成整个教学环节的同时，将计算思维的理念逐步内化到自身的知识结构与能力体系中。采用基于问题的教学模式进行计算思维教育，已成为当前计算思维教学的主流趋势。

（2）游戏化教学模式

计算思维因其抽象性，容易使学生在学习过程中感到困难，进而丧失学习兴趣。而在计算思维教学中融入教育与游戏的元素，则有助于激发学生的学习热情，实现寓教于乐，使他们在游戏的过程中掌握知识并提升计算思维能力。游戏化教学模式主要采用两类游戏策略。

① 教育游戏：此类游戏在计算机基础教学领域应用广泛，如用于教授汉诺塔等经典算法。学者 Berland 通过使用大型桌面网络游戏来培养学生的计算思维能力，其通过对定性样本的研究发现，网络游戏能够有效地促进学生计算思维能力的发展。我国学者牟琴则探索和构建了程序设计课程教学中的"轻游戏"对计算思维能力培养的教学模型和学习模型，并通过实例论证了该模型在培养学生计算思维能力方面的有效性。另外，王耀华学者结合计算机科学的经典问题，设计并开发了一套基于计算思维的游戏化学习系统（CT-GBL），让学习者在游戏体验中理解并提高计算思维能力。

---

1 阳小华，刘志明，刘杰等. 我国计算思维教学的回顾与展望 [J]. 现代远距离教育，2018(02):3-11. DOI:10.13927/j.cnki.yuan.2018.0012.

② 编程游戏：这是一种当下非常流行的编程语言学习方式，通常以"机器人竞技仿真引擎"的形式呈现，在培养学生的计算思维能力方面具有显著优势。

总体来说，利用游戏化教学模式培养学生的计算思维能力主要有两种形式：其一，将计算思维的相关内容和理念巧妙地融入游戏中，让学生在游戏互动的过程中培养计算思维能力；其二，指导学生设计或编写游戏指令，让学生在亲手设计游戏的过程中提升计算思维能力。

（3）思维可视化教学法

计算思维教学领域广泛采用图示法，其关键在于应用多样的思维可视化工具，如思维导图、流程图和模式图等，以实现思维过程的具体化和形象化。思维可视化的核心是通过一系列技术手段将原本隐性、不可直观感知的思维过程具象化地展现出来，便于人们更高效地记忆、理解和应用知识。计算思维可视化是将计算思维过程具体实现并展示的一种有效技术手段，它已成为培养计算思维能力的一种重要趋势。

2015年及2016年国际计算机学会（Association for Computing Machinery，ACM）年会提交的相关学术论文研究表明，许多研究者对借助可视化工具技术促进学习者计算思维能力的实证研究进行了深入探索，并证实可视化技术不仅在理论上能够提升学习者的计算思维能力，而且在实践中也显示出较高的可行性。同时，我国学者也在思维可视化领域展开了初步的研究。如孙淑霞学者利用Raptor软件作为程序和算法设计基础课程的教学实验平台，实现了算法流程的可视化。她还引入XMind这一"可视化思维工具"，通过指导学生绘制鱼骨图、二维图、树形图和逻辑图等多种图形进行表达与数据呈现，有效地培养了学生的计算思维能力。

随着可视化编程工具的不断涌现，为计算思维培养方法的革新提供了新的机遇。在基础教育阶段，教师主要通过使用编程猫、App Inventor等可视化编程工具来系统地培养学生的计算思维能力。

1.3.3 中小学计算思维教育的国际视野

随着信息技术的迅猛发展和学生素质的持续提升，中小学信息科技教育正面临着前所未有的挑战。为了适应信息时代社会进步与人类发展的需求，各国政府纷纷推出了一系列针对基础教育改革的政策。

早在2007年，美国"21世纪技能合作组织"（Partnership for 21st Century Skills，

P21）整合了 21 世纪学习者必须掌握的基本技能，正式制定了"21 世纪技能框架"，明确指出培养学生数字素养在当今社会中的关键作用。紧接着，2008 年，美国国家科学基金会（National Science Foundation，United States，NSF）资助了在亚特兰大召开的关于 21 世纪精通计算思维研讨会。在这次会议中，众多计算机科学家及教育工作者共同探讨了计算机科学教育的未来发展方向，并于 2010 年启动了一项名为"21 世纪计算教育"（Computing Education for the 21st Century）的连续资助计划，该计划旨在促进学生群体在计算领域的多样性发展，并增加选择投身计算机相关职业道路的学生数量。

2011 年，计算机科学教师协会制定的"K-12 阶段计算机科学教育标准"构建了一个完整的计算机教育体系架构，将计算思维、计算实践和编程纳入学科核心主线，以帮助学生拓宽对计算思维的认知视野，深入理解计算机科学的基本原理和方法。至 2016 年，"CSTA K-12 计算机科学框架"进一步强化了"计算思维"在五大课程内容中的核心地位。

2021 年 12 月，美国非营利组织"数字承诺"（Digital Promise）发布了《广阔世界中的计算思维：面向教育工作者的学习与指导资源》报告。该报告剖析了美国计算机科学教育的现状，高度评价了纽约州在 K-12 阶段实施计算机科学教育的成功经验，指出纽约州较早关注并致力于培养中小学生计算思维能力，现已形成了相对完善的计算机科学教育规划体系，建立了丰富的教育资源库，并构筑了多方协同支持系统[1]。

与此同时，包括美国国家科学基金会（National Science Foudation，NSF）、国际教育技术协会（International Society for Tropical Ecology，ISTE）、美国国家研究委员会（National Research Council，NRC）和 CSTA 计算思维工作小组等在内的多个权威研究机构，都在积极进行计算思维的研究探索，为计算思维教育的推广提供了重要的理论依据、教学资源和工具支撑。美国在国家层面逐步将计算思维融入课程改革中，相继成立了多种形式的推动组织、联盟和社区，开展了多样化的培训项目、活动赛事，这些努力不仅在美国国内产生了深远影响，也对其他国家的计算思维教育产生了积极示范效应。

2011 年，英国国家课程体系中的"计算"科目将计算思维确立为核心教学内容，并将其课程架构划分为三个主要学习阶段。2012 年 1 月 11 日，在英国教育培训与技术展会上，英国教育大臣宣布了对英国中小学计算机教育进行全面改革的计划。2013 年 2 月，英国教育部就计算课程标准草案向公众征求意见。针对各方的批评和建议，英国教育部进一步修订了草案，并于 2013 年 9 月 11 日正式发布了《英格兰国家课程：计算课程学习计划》

---

[1] 王正青，李灵通，田雪. 指向计算思维培养：美国纽约州 K-12 计算机科学教育体系建设 [J]. 现代远程教育研究, 2022, 34(06):43-53.

（National Curriculum in England: Computing Programmes of Study）。该计划不仅重新界定了信息与通信技术（Information and Communications Technology，ICT），明确了计算机科学、信息技术和数字素养各自的领域范围，还特别强调了计算机科学的教育重要性。该计划明确提出计算课程的目标是引导学生理解和运用计算机科学的基本原理和概念，使用计算术语分析问题，并具备通过编写计算机程序来解决问题的能力。学生还要学会评估并有效使用信息技术资源，最终成为负责任、有能力、自信且富有创新精神的 ICT 用户。

2014 年 6 月，计算机教育研究组织（Computing at school，CAS）深入探讨了计算思维的定义、核心理念、教学策略和评估框架，并据此制定了计算思维培养框架，为中小学开展计算思维教育提供了重要的指导[1]。

2016 年，英国广播公司（British Broadcasting Corporation，BBC）联手全球多家顶级科技企业和机构共同推出了单片机开发板 micro:bit 项目，BBC 的线上和线下平台提供了大量的教程资源，并向每一位 7 年级的在校生免费发放 micro:bit 开发板，以提升学生的计算思维能力。英国这一系列开创性的努力不仅促进了计算机学科本身的发展，也对计算思维的概念进行了重新诠释与定位，极大地推动了计算思维融入教育课程体系的步伐。

2009 年，新西兰教育部公布了名为"技术背景知识与技能"（Technological Context Knowledge and Skills）的计划，该计划将"编程与计算机科学"列为五项数字技术核心培养内容之一，并于 2011 年开始在中学课程中实施。至 2016 年 7 月，新西兰宣布从 2018 年起，数字技术教育课程将全面整合到新西兰课程体系中，作为涵盖 1~13 年级国家课程"技术"板块的一部分，具体划分为六个主题领域：算法、数据表示、数字应用、数字设备和基础设施、人机交互、编程。

2012 年，澳大利亚课程、评估与报告管理局（Australian Curriculum, Assessment and Reporting Authority，ACARA）发布了"中小学技术学科课程框架"（The Shape of the Australian Curriculum: Technologies）。该框架明确将数字素养纳入学生的基本能力要求，指出数字技术课程的核心在于运用数字系统、信息系统及计算思维来创造性地解决特定问题。澳大利亚在 2015 年正式推出了新的"技术"（Technologies）课程，其中"数字技术"作为一个独立科目成为 K10 阶段学生的必修课程。此课程不仅注重培养学生操作计算机的能力，也强调了掌握计算思维能力所需的特定知识和技能的重要性。另一个相关科目是"设计与技术"，该课程利用设计思维和技术手段为真实需求提供解决方案。这两个科目共同

---

1 王晓春. 全球视野下的计算思维与教育 [M]. 北京：科学出版社，2021.

为学生提供了开发创新解决方案的机会，并促进了学生系统思维、设计思维和计算思维等一系列思维能力的发展，同时，这两个科目还教导学生如何管理项目，并思考未来如何运用当前所创建的解决方案。此课程特别关注问题解决和算法教学。

2016年7月，澳大利亚天主教学校办公室发布了《青少年编程政策》，旨在支持教区学校开展编程课程的教学。这份报告强调，在教学和评估过程中，编程应成为重要内容，并要求学校为学生提供合作学习、反思学习和评价机制的支持。校长等教学领导者需要全面负责，确保提供高质量的学习机会，并监督该政策的有效执行[1]。

2014年4月，新加坡政府推出了"Code @ SG"运动，目的在于普及并发展全民的计算思维能力。随后，在2017年，新加坡教育部推出了新的"O级计算"（O-level Computing）课程，取代了原有的计算机课程。新课程明确要求中学生掌握计算思维和编程技能。参与这一课程的中学生将通过学习Python编程语言，运用编程手段来设计问题解决方案。该课程将计算思维定义为一种涉及推理思维、逻辑思考和算法思维等元素的问题解决过程，其中包含对问题的重新表述与转换，以便将问题转化为可以通过编写计算机程序来解决的形式。在这一课程体系下，学生将学会如何运用系统化的思维过程解决问题，即首先掌握如何制定解决问题的步骤（即算法思维），然后通过程序设计、开发及测试等一系列流程形成问题的具体解决方案。在分析问题并将之转化为可编程解决方式的过程中，学生的计算思维能力得到了锻炼与发展[2]。

为了培养学生的计算思维能力，并使其具备适应21世纪生存所需的基本素养，各国纷纷修订各自的教育课程标准，确保将计算思维纳入其中，并积极开展相应的教学实践。受全球社会挑战、就业市场趋势的推动，或是受到先进国家经验的影响，这些课程改革举措在全球范围内推动了计算思维及相关概念的教学普及，使得所有学生都有机会掌握计算思维的核心理念并培养其实践能力。

---

1 孙丹，李艳. 国内外青少年编程教育的发展现状、研究热点及启示——兼论智能时代我国编程教育的实施策略[J]. 远程教育杂志，2019, 37(03):47-60. DOI:10.15881/j.cnki.cn33-1304/g4.2019.03.005.

2 白雪梅，顾小清. 新加坡K-12计算思维培养及其启示[J]. 现代教育技术，2020, 30(06):13-18.

1.4 计算思维的相关概念及其关系

1.4.1 计算思维与编程

在计算思维的讨论范畴中，人们常将它与编程、计算及计算机科学等概念混用，且它们之间的联系和区别并没有被清晰地界定，这一现象对计算思维教育实践产生了显著影响。为此，美国非营利组织"数字承诺"在 2017 年提出了一个由计算机科学、计算思维和编码三个概念构成的关系模型。该模型明确指出：计算机科学（Computer Science）是一门学科体系，计算思维是其七个核心组成部分之一。编码（Coding）则是指编写一组能让计算机理解并执行指令的具体实践活动。这三个概念之间存在交叉和包含的关系。

米尔斯等人在 2021 年的《面向包容性世界的计算思维：教育工作者学习和行动的指南》中，进一步更新了这三个概念之间的关联，并引入了"计算"（Computing）这一新概念，同时将原有的"编码"改称为"编程"（Programming），各概念的具体描述如下。

① 计算机科学主要研究计算机原理、算法过程，以及硬件和软件的设计、应用及其社会效应。

② 编程是指通过开发一组计算机可以理解并执行的指令，以及组织、调试和应用这些代码来解决问题的实际操作过程。

③ 计算思维是一种应用于解决问题、系统设计及理解人类行为的方法论，它借鉴了计算机科学的基本理念，是每个人都应掌握的基本技能之一。

④ 计算是指利用计算方法、模型或系统进行活动或研究的广泛领域，涵盖了信息管理、计算机工程、人工智能、数据科学、娱乐媒体等多个方面。

各概念的相互关系如下：计算思维与计算机科学有交集；编程作为计算机科学的一个分支，也与计算思维相交融；而计算是最广义的概念，它不仅包含了计算机科学，同时也涉及计算思维的内容[1]。计算思维与相关概念的关系及其变迁如图 1-2 所示。

---

[1] 武建鑫,宋雨. 计算思维教育公平何以可能？——《面向包容性世界的计算思维：教育工作者学习和行动的指南》的解读与启示 [J]. 开放教育研究, 2022, 28(06):72-80. DOI:10.13966/j.cnki.kfjyyj.2022.06.008.

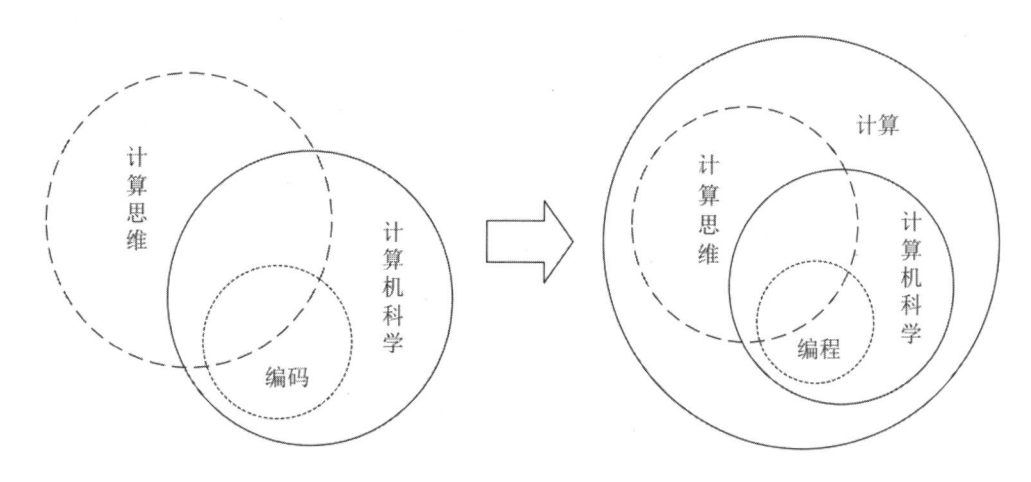

图 1-2　计算思维与相关概念的关系及其变迁

计算思维与编程虽有相似之处,但实际上两者具有显著的差异。首先,在表现形式上,编程侧重于使用计算机程序设计语言描述和实现问题解决的过程,而计算思维则更多地关注算法的设计原理;其次,它们在适用范围上有所不同,编程主要应用于计算机科学领域内的信息处理及程序编写,而计算思维的应用范围更为广泛,可以延伸到其他非计算机学科中;最后,在教育目标上,编程教育着重培养的是学生的信息处理能力和实际编程能力,而计算思维教育则更加强调问题解决能力的培养,以及运用计算思维方法对复杂问题进行分析、抽象和构造解决方案的能力。

1.4.2　计算思维与核心素养

核心素养是学科教育价值的集中体现,是学生通过系统课程的学习逐渐内化的正确价值观、必备品质和关键能力。信息科技学科要着重培养的核心素养主要包括信息意识、计算思维、数字化学习与创新、信息社会责任四大方面。有学者在深入探究信息科技学科的核心素养时指出：信息社会责任这一概念超越了单一学科领域,它强调在信息社会背景下对学生道德品性和责任担当的培育,旨在促进学生在信息伦理与责任承担层面上的成长,是学生个体发展和社会化进程中的必然诉求,也是其他三个核心素养最终指向的目标;数字化学习与创新则聚焦于人与技术互动关系的塑造,其核心目的在于引导学生运用数字化资源及环境来解决问题,这一核心素养在实际学习过程中具体体现为对其他三个核心素养的应用;信息意识是人们对客观信息活动内在认知的反映。在信息科技学科核心素养框架下,信息意识涵盖了信息搜集、信息甄别、信息处理和信息分享等多个维度,构成了学生从问题发现到初步"信息分析"的起始阶段；而计算思维则是基础教育阶段信息科技学科最本质的特征体现，它将信息社会责任、数字化学习与创新、信息意识紧密地交织在一起，形成相互支撑、相互影响的有机整体，构建了信息科技学科核心素养的基础框架，并深深植根于信息科技学科的教学实践中。综上所述，计算思维是信息科技学科核心素养的本质内涵，是培养信息科技学科核心素养的根本所在。这四个核心素养之间的关系参见图1-3[1]。

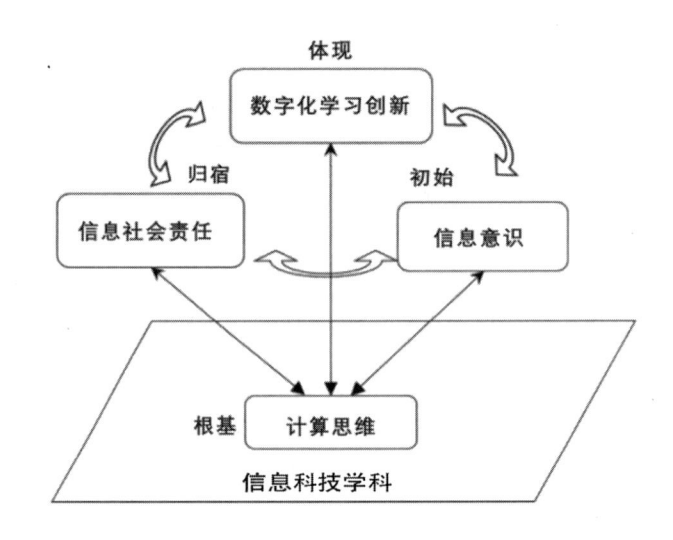

图1-3 信息科技学科核心素养的关系

在《义务教育信息科技课程标准（2022年版）》发布后，信息技术学科被更名为信息科技，新课程内容更加注重科学与技术的双重并举，这有助于实现素质教育的目标。尽管信息科技学科核心素养的四个基本要素在原有框架基础上得到了进一步扩展和深化，但其构成主体并未发生改变。因此，在我国当前的中小学信息科技课程中，应构建以"计算思维"为核心的教育教学体系。目前，我国中小学主要通过开设信息科技课程来开展相关教育活动。若要充分展现信息科技教育的学科价值，必须确保学生在掌握必备的知识技能的同时，还能够运用这些知识和技能解决生活中的实际问题。为了将这种能力培养有效地融入课程体系之中，教师需要依据最新的课程标准，精心设计和规划各学段的教学重点和目标，从而切实提升学生在计算思维涵盖的各个方面的能力水平。

---

1 张立国，王国华. 计算思维：信息技术学科核心素养培养的核心议题 [J]. 电化教育研究，2018，39(05):115-121. DOI:10.13811/j.cnki.eer.2018.05.017.

第 2 章
计算思维的核心要素

本章主要内容

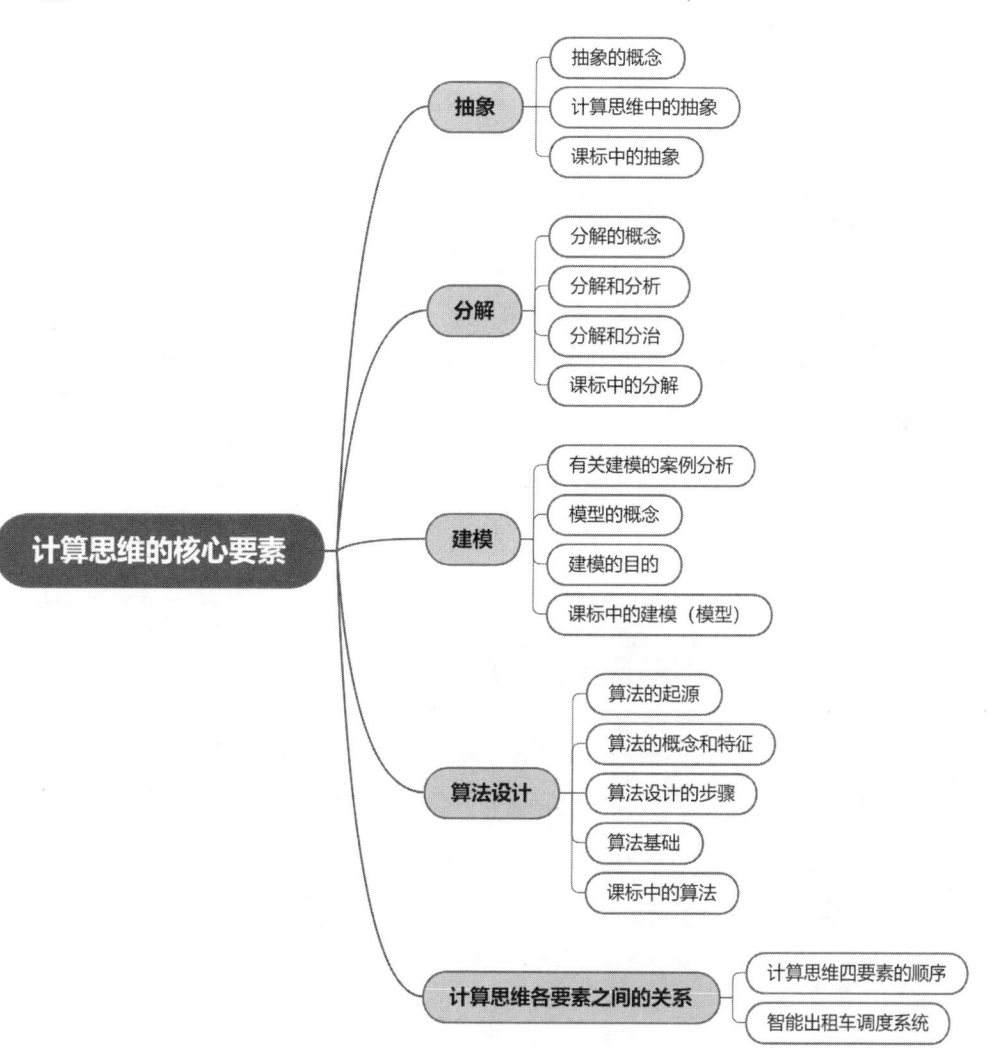

- 计算思维的核心要素
  - 抽象
    - 抽象的概念
    - 计算思维中的抽象
    - 课标中的抽象
  - 分解
    - 分解的概念
    - 分解和分析
    - 分解和分治
    - 课标中的分解
  - 建模
    - 有关建模的案例分析
    - 模型的概念
    - 建模的目的
    - 课标中的建模（模型）
  - 算法设计
    - 算法的起源
    - 算法的概念和特征
    - 算法设计的步骤
    - 算法基础
    - 课标中的算法
  - 计算思维各要素之间的关系
    - 计算思维四要素的顺序
    - 智能出租车调度系统

由于计算思维的定义具有一定的抽象性和范围上的模糊性，为了更好地理解和指导教学实践，众多机构和学者提出了计算思维的核心要素。2011 年，美国的计算机科学教师协会与国际教育技术协会联合发布了《计算思维领导力工具箱》，其中明确了包括数据收集、数据分析、数据表示、问题分解、抽象思维、算法与过程设计、自动化处理、模拟实验和并行/并发在内的 9 个计算思维核心组成要素。英国学校计算工作组教育协会发布了《计算思维教师指导手册》，指出计算思维的核心组成部分包括抽象思维、问题分解、算法思维、一般化或模式识别、评估能力等。澳大利亚在《数学技术课程标准》中强调，"抽象、数据采集、数据表示与解释、规范制定以及算法实现是构成计算思维的关键概念"。

我国《普通高中信息技术课程标准（2017 年版 2020 年修订）》中指出，具备计算思维能力的学生在信息活动中应能运用计算机可处理的方式来界定问题、提炼特征、建立结构模型，并合理组织数据；而在《义务教育信息科技课程标准（2022 年版）》中，计算思维被定义为个体运用源自计算机科学领域的思想方法，在解决问题的过程中涉及的抽象、分解、建模及算法设计等思维活动。

我们将上述关于计算思维核心要素的研究成果整合成详细的表格，如表 2-1 所示。

表 2-1　各国权威机构发布的计算思维核心要素

核心要素	美国的《计算思维领导力工具箱》	英国的《计算思维教师指导手册》	澳大利亚的《数学技术课程标准》	我国的《普通高中信息技术课程标准（2017 年版 2020 年修订）》	我国的《义务教育信息科技课程标准（2022 年版）》	统计
抽象	√	√	√	√	√	5
分解	√	√			√	3
建模		√		√	√	3
算法设计	√	√	√		√	4
自动化	√					1
数据收集	√		√			2
数据分析	√					1
数据表示	√		√			2
模拟	√					1
并行/并发	√					1
评价		√				1

本书将围绕我国信息科技课程标准中所提出的计算思维的四个核心要素——抽象、分解、建模和算法设计展开讨论。

2.1 抽象

2.1.1 抽象的概念

抽象，与具体相对应，是指从具体事物中提炼、抽取、概括其共同的、本质的属性与关系，并忽略个别非本质特征的思维过程。人类学家、考古学家和社会学家普遍认为，抽象思维能力是现代人类行为的重要标志之一。众多学者研究表明，现代人类在大约5万至10万年前便已具备了抽象思维能力，而且该能力的发展与人类语言的发展紧密相连，无论是口语还是书面语，都显著地促进和反映了人的抽象思维能力的发展。

著名的儿童心理学家及认知发展理论奠基人皮亚杰提出了儿童认知发展的四个阶段，具体如下：

① 感知运动阶段（出生至约2岁）：此阶段的婴幼儿主要依赖感官和动作来感知世界，他们通过活动和触摸等方式探索周围环境，逐步构建起对世界的初步感知和认知基础。

② 前运算阶段（2岁至约7岁）：在这个阶段，儿童开始展现出符号性思维的能力。他们能够运用语言和符号来表达个人的想法和意愿，初步理解并建立起符号与实物之间的对应关系。虽然他们尚不具备逻辑推理能力，但已能初步理解和掌握数量、时间等基本概念，并尝试进行简单的分类和排序活动。

③ 具体运算阶段（7岁至11岁）：此阶段的儿童开始能够进行逻辑推理和系统性思考，能够处理更为复杂的问题。例如，他们能够完成多步骤的数学运算和初级逻辑推理等任务；他们逐渐学会将不同的信息进行整合，进而形成更为抽象的概念和思维框架。

④ 形式运算阶段（通常从11岁持续至成年）：这个阶段的个体具备了更为高级的抽象思维能力。能够进行复杂的逻辑推理和分析，并能有效地运用符号和符号系统来解决问题。在这个发展阶段，个体可以进行更高层次的数学运算和形式逻辑推理。

尽管形式运算阶段标志着儿童的思维已经发展到抽象逻辑推理水平，但实际上，在之前的三个认知发展阶段中，儿童已经开始接触并逐渐理解抽象概念。例如，儿童是如何区分猫和狗的呢？他们通过观察这两种动物在外观、行为习性、情感表达等多方面的差异，逐步构建起对猫和狗的认知框架。具体来说，儿童会注意到猫和狗在毛色、体型、耳朵、尾巴等特征上的区别。进一步观察，他们会发现猫更独立，不喜欢被打扰，而狗则更显活泼、好动，乐于参与互动游戏。在情感表达上，猫通常表现得较为温顺，会通过摆动尾巴和发出喉咙音来表达情绪，而狗则更亲近人类，常通过摇尾巴、舔舐等方式展现亲昵行为。

随着观察和学习的深入，儿童对猫的认知经历了一个逐渐深化和发展的过程。他们可能会建立起这样的认知体系：从形态特征上看，猫作为一种四肢爬行的动物，通常具有柔软且覆盖毛发的身体、弯曲的爪子和长尾巴，头部有两只耳朵、两只大眼睛和一个微微上翘的嘴巴；在生活习性方面，猫属于夜行性动物，主要在夜间活动，它们对自身清洁有极高的要求，常通过自我舔舐保持洁净，并且习惯于掩埋自己的排泄物；在情感表达层面，猫既表现出独立自主的性格特点，又能够与人类建立深厚的情感联系，如它们会用独特的喉咙音来传达不同的情绪状态——咕噜声表示舒适或满足，尖叫声则代表惊恐或不安。此外，猫同样会通过与主人的亲密互动展现其情感依赖，如喜欢与主人玩耍，在主人需要时给予陪伴和安慰。这一描述实际上是对猫的具体特性进行概括，从而提炼出一种抽象意义上的猫的概念。

2.1.2 计算思维中的抽象

在数学领域，抽象过程是一种精确的思维活动，它涉及对数学概念或对象的核心结构、模式和属性的提炼，这一过程要求我们忽略与现实世界实体可能存在的直接关联，从而使得这些概念和对象能够在其他等价的抽象描述中得到更广泛的应用。物理学中的抽象则是通过观察和实验，在对已获取的物理事实进行分析的基础上，运用物理概念、判断和推理等形式揭示物理对象、物理现象和物理过程的本质规律。

相较于数学和物理领域的抽象，计算思维中的抽象显得更为复杂。数学领域的抽象的特点在于剥离现实事物的物理学、化学和生物学等具体特性，仅保留其量的关系、空间结构和形式特征；然而在计算思维中，抽象不仅限于此，它还包括将抽象过程转化为能够逐层递进并自动执行的形式，即实现自动化操作。因此，计算思维中的抽象过程需要进行严谨的符号化处理和模型构建。

抽象本质上是从众多具体事物中识别并提取出它们的共同点或相似性，进而形成抽象概念或建立模型的过程。具体而言，抽象包含两个相互关联的方面：一方面，从实际问题或实例中提炼出共性和本质特征，以构建抽象概念；另一方面，基于已有的抽象概念进一步抽取核心特征，构建起用于解释和解决问题的抽象模型。

1. 从实际问题或实例中提炼出共性和本质特征，以构建抽象概念

> 根据学习、生活中的任务情境，使用恰当的在线平台获取文字、图片、音频和视频等资源，设计、创作简单作品。
> ——《义务教育信息科技课程标准（2022年版）》"在线学习与生活"模块

在学习信息技术工具和应用时，学生需要掌握多种工具及应用技能，如文字处理、电子表格制作、演示文稿设计和图像处理等。为了有效地使用这些工具，学生需要理解不同的信息处理工具的特性，并从各种实例中提取共性和本质特征。例如，在处理文字信息时，学生要能从描述内容中抽象概括出一级标题，为后续的数据分析和图表制作做好准备；还需要关注文字的组织结构规律，以便更好地理解和呈现信息。无论是表格还是演示文稿，都需要遵循一定的逻辑框架来呈现信息，因此，学生需要学会从文字资料中发掘这种内在结构，并将其运用到表格的构建和演示文稿的设计之中。此外，还要留意语言表达方式的一致性，因为无论是在表格、演示文稿还是其他应用中，都需要保持一致的语言风格。

举例来说，针对一篇描述某个地区人口、经济状况和教育水平的文章，我们可以从中提炼关键数据，如总人口数、GDP总量、人口受教育程度等，并将这些数据填充到一个表格中。表格的组织结构可以根据不同指标灵活调整，如按照总人口数由高到低排序，或按照人口受教育程度由低到高排序等。在使用表格展示数据时，务必使用清晰、简洁且准确的语言进行表述，并使用简明扼要的标题和注释来解释每个数据的具体含义。此外，如果要把这些信息整合到演示文稿中，可以考虑以图表的形式呈现，如柱状图、折线图或饼图。在设计演示文稿时，同样要注意图表的布局结构和语言表达方式，通过简洁易懂的标题与注释阐述图表的意义，确保整个演示过程中语言表达的一致性和准确性。

> 通过观察身边的真实案例，知道如何使用编码建立数据间的内在联系，以便计算机识别和管理，了解编码长度与所包含信息量之间的关系。
> ——《义务教育信息科技课程标准（2022年版）》"数据与编码"模块

生活中的身份证号码和二维码将有助于学生理解和应用编码。

身份证号码：身份证号码是一种通用的编码体系，它由18位数字构成，并包括一个校验码，以确保其能够唯一标识个人身份信息。学生通过分析多个不同的身份证号码实例，识别它们共同具备的结构特征和本质含义。例如，身份证号码的前6位数字代表个人籍贯的地区编码，第7至第14位数字对应个人的出生日期，第15至第17位数字则为顺序码。将这些具体特征归纳提炼成关于身份证号码的基础知识和技能点，有助于学生更深入地理解身份证号码，并在实际应用中更有效地运用相关知识。

二维码：二维码是一种可以被扫描设备解码的二维矩阵条形码，广泛应用于快速获取商品信息等数据。学生通过观察多种不同类型的二维码样本，可以抽丝剥茧地发现其共性规律和核心原理。例如，二维码内部嵌入了特定的编码信息，通常以黑白像素图案的形式展现，需要使用专门的扫码工具进行读取和解析。将这一过程上升为二维码的基础知识和操作技能，将推动学生对二维码相关知识的深入理解，并提升其在实际操作中的应用能力。

总而言之，"从实际问题或实例中提炼出共性和本质特征，以构建抽象概念"这一过程，是指通过深入分析不同的具体实例，揭示其内在的共同属性和根本特征，并将这些特征升华凝练为普适性的概念或模型。这一过程旨在促进学生更深入地理解和把握这些实例，以及更有针对性地设计和创新新的解决方案。对学生而言，具备这种能力将有助于他们更扎实地掌握信息技术的知识体系和技能应用。

2. 基于已有的抽象概念，进一步抽取核心特征，构建起用于解释和解决问题的抽象模型

这里的模型是指通过特定的数学语言和计算机程序来模拟或描述现实世界中的一些问题或系统。这些模型具有可复用性，使得在不同类型的计算机上运行同一功能的应用软件时，无须为每种计算机重新编写全部代码。抽象让软件设计者能够从具体问题实现的细节中提炼出函数、类、包、类库或软件框架等核心要素，这种抽象能力使得软件设计者能够在不完全了解底层类库、操作系统内部结构以及硬件详细特性的条件下，只需进行较少的额外开发工作，就能在这些基础上构建自己的软件程序。因此，抽象技术极大地简化了软件设计者的工作流程，增强了计算机软件系统的灵活性与扩展性，进而使开发大规模复杂软件成为可能，这也使得广大的中小学编程爱好者能够在前人成果的基础上更加高效地进步。

举例来说，栈（Stack）是计算机科学中的一个抽象数据类型，它遵循后进先出（LIFO）原则，是一种线性数据结构。栈具备两个基本操作：push（压入栈）和 pop（弹出栈）。在栈中，元素只能通过栈顶（Top）进行压栈和出栈操作，这意味着最近添加到栈中的元素会最先被移除，而最早添加的元素则会在最后被移除。所以，我们可以将栈视为一种受到特定操作限制的线性表。

抽象数据类型（Abstract Data Type，ADT）是一种数学模型，用于描述具有特定逻辑行为的数据结构，通常由数据对象、数据关系和基本操作这三个要素来定义。具体格式为：

```
抽象数据类型名 {
数据对象:<数据对象的定义>
数据关系:<数据关系的定义>
基本操作:<基本操作的定义>
}ADT 抽象数据类型名
```

按照上述格式定义，栈（Stack）的定义为：

ADT Stack

{

  数据对象：一个元素的集合，元素类型相同

  数据关系：元素间以先进后出的顺序排列，只有一个元素处于栈顶，其余元素处于栈底

  基本操作：

  Stack（ ）：构造一个空栈

  void push（item）：将元素 item 入栈

  item pop（ ）：弹出并返回栈顶元素

  item top（ ）：返回栈顶元素

  bool empty（ ）：判断栈是否为空

  int size（ ）：返回栈中元素的个数

}

2.1.3 课标中的抽象

① 在本模块教学中，学生的认知发展正处于从具象思维到抽象思维的过渡时期。教学实践应该把握这一阶段的特点，注重具象内容和抽象内容的关系与平衡。(《义务教育信息科技课程标准（2022 年版）》第 29 页）

② 通过体验和认识身边的过程与控制，了解过程与控制可以抽象为包含输入、计算和输出三个典型环节的系统。(《义务教育信息科技课程标准（2022 年版）》第 30 页）

③ 通过将抽象问题具体化的游戏，学生可以在其中感受算法的魅力，并迁移到其他生活场景的类似问题中。(《义务教育信息科技课程标准（2022 年版）》第 33 页）

④ 在一定的活动情境中，能对简单问题进行抽象、分解、建模，制订简单的解决方案。(《义务教育信息科技课程标准（2022 年版）》第 60 页）

⑤ 能在真实情境中发现问题，提取问题的基本特征，对问题进行抽象、分解、建模，制订解决方案。(《义务教育信息科技课程标准（2022 年版）》第 60 页）

⑥ 具备计算思维的学生，在信息活动中能够采用计算机可以处理的方式界定问题、抽象特征、建立结构模型、合理组织数据；通过判断、分析与综合各种信息资源，运用合理的算法形成解决问题的方案；总结利用计算机解决问题的过程与方法，并迁移到与之相关的其他问题解决中。(《普通高中信息技术课程标准（2017 年版 2020 年修订）》第 6 页）

⑦ 学会运用计算思维识别与分析问题，抽象、建模与设计系统性解决方案。(《普通

高中信息技术课程标准（2017年版2020年修订）》第7页）

⑧ 在问题解决过程中对数据抽象、数据结构的思想与方法有初步的认识。(《普通高中信息技术课程标准（2017年版2020年修订）》第18页）

2.2 分解

2.2.1 分解的概念

计算思维中的"分解"，指的是将复杂问题拆解为多个相对简单、易于处理的小问题，以便更好地理解和解决复杂问题。这一思维方式的根源可以追溯到人们解决问题的传统方法中，即人们通常会将一个大问题分割成若干小问题，逐个击破。相较于计算机，人的计算速度明显不足，且人容易对重复性工作产生疲劳感，出错率较高，而这恰恰是计算机所擅长之处。因此，人与计算机之间形成了互补的问题解决合作关系，共同实现各自优势的最大化。

在计算思维框架内，分解是一种基础的思维模式和工具，在问题解决、系统设计及编程等多方面发挥着关键作用。它有助于我们深入理解问题的本质和内在结构，从而更有效地解决问题。同时，分解还能增强程序的可维护性和扩展性，使得程序开发与维护变得更加便捷。

分解在计算思维体系中占据着举足轻重的地位，被认为是构成计算思维的核心要素之一，也是培养计算思维能力的重要环节。通过掌握分解方法，人们能够更好地领悟和应用计算机科学中的抽象概念与方法论，以便更高效地运用计算机科学解决实际问题。

周以真教授指出，计算思维涉及构思问题时所采用的一系列思维过程，并且必然包含一般思维过程中的一些基本要素或以此为基础。一般思维过程涵盖了分析、综合、比较、抽象、概括、判断、推理和理解等多个基本阶段。接下来，我们将重点探讨计算思维中的分解与一般思维中的分析之间的关联性。

2.2.2 分解和分析

一般思维中的分析是指将问题分解为多个组成部分，对这些部分逐一进行深入分析和探究，最终将各个部分的分析结果综合起来，形成解决整体问题的方案。这一思维方式广泛应用于问题解决、决策制定和策略规划等领域，在此过程中，通常由人运用经验和直觉来执行分析任务。而计算思维中的分解指的是将复杂问题细分为若干个相对较小且更为简单的子问题，并确保这些子问题间具有逻辑关联性。通过这种方式分解问题，有助于人们更透彻地理解并有效地解决复杂问题。分解作为计算思维中的基础思维方式之一，有力地支持了人们对计算机科学中的抽象概念和方法的理解与应用。

接下来，我们以一个实例来比较一般思维中的分析与计算思维中的分解之间的区别。

假设我们要设计一个电子商务网站。在一般思维的分析方法中，我们可能会将整个项目划分为若干独立的部分，如前端界面设计、后端系统开发、数据库管理机制、安全防护措施等，然后分别针对每个细分领域进行细致研究和探讨，最后再将所有部分的研究成果有机整合起来，从而形成一个完整的电子商务网站设计方案。

在计算思维框架下，我们能够将问题进一步细化分解。例如，前端界面设计阶段可进一步分解为网页布局设计、CSS 样式设定、JavaScript 编程等多个具体的小问题，逐个解决后再将这些解决方案组合起来，构建出完整的前端界面设计方案。同样地，后端系统开发也可以细分为数据库架构设计、API 接口开发、服务器配置等不同环节的小问题，逐个解决后再整合成一个全面的后端系统开发方案。

通过上述例子，我们可以看出，一般思维中的分析与计算思维中的分解在目标和方法上有所差异。一般思维中的分析更侧重于将问题分层剖析，并对各个部分独立进行深入分析和研究；而计算思维中的分解则更强调将问题层层细化至多个小问题，并采用抽象化和模块化的手段来有效解决问题。

2.2.3 分解和分治

在计算机科学领域，分治算法是一个极为重要的算法，其广泛应用于各类计算机问题的求解过程中。分治算法的理念在于"分而治之"，即把一个复杂问题切割成多个独立的子问题，并采用相同的策略分别解决这些子问题，最后将各个子问题的解决方案合并以得到整个问题的答案。例如，二分查找算法便是一个经典的分治算法应用实例（此处暂不展开讨论，我们将在后续课程的案例中详细阐述）。

分解的思想在日常生活中的运用十分普遍。例如，在网络购物时，我们可以将购物过程分解为多个步骤，如搜索商品、比较价格、提交订单和支付等。对于每个步骤，我们可以借助不同的工具和服务来逐一完成，如使用搜索引擎查找商品信息，通过比价网站对比价格，利用网上银行支付等。通过将购物过程细分为多个步骤，能够更好地管理并提升购物的效率与准确性。分治是分解的一种特殊形式。例如，世界杯足球赛的选拔过程，从二百多支报名队伍中选拔出表现最佳的 32 支球队进入决赛圈。这个过程极具挑战性且成本高昂，然而采用分区预选赛的方式进行筛选，就可以有效地降低难度和复杂性，这就体现了分治思想。

因此，计算思维中的分解概念与分治算法之间存在着密切的内在联系和相互促进的关系。分解思维为分治算法提供了基本的理念支持和思考框架，而分治算法则进一步将分解思维具体化为计算机算法设计的一种实现方式。

2.2.4 课标中的分解

① 在简单问题的解决过程中，有意识地把问题划分为多个可解决的小问题，通过解决各个小问题，实现整体问题解决。(《义务教育信息科技课程标准（2022年版）》第9页）

② 在问题解决过程中，能将问题分解为可处理的子问题，了解反馈对系统优化的作用。(《义务教育信息科技课程标准（2022年版）》第9页）

2.3 建模

2.3.1 有关建模的案例分析

建模在计算思维中是一个相对抽象的概念，为了便于理解，我们先通过两个具体的案例进行解析。

1. 七桥问题

七桥问题是数学史上一个具有里程碑意义的问题，它由莱昂哈德·欧拉于1736年首次提出并解决。该问题源于普鲁士（现为俄罗斯加里宁格勒）的哥尼斯堡。这座城市坐落在两条河流的交汇处，其间有七座桥梁连接了四个河心陆地区域（见图2-1的左图）。

该问题的核心：是否存在一条路径，让人能够不重复经过任何一座桥的情况下，穿越所有七座桥后回到起点？

欧拉开创性地建立了如今被称为图论的数学分支来解答这个问题。他将实际情境转化为一个抽象的模型。在这个模型中，每块陆地区域被表示为一个节点（或顶点），每座桥则被表示为连接两个节点的边线。欧拉所追求的是找到一条"欧拉回路"，即在图中找到一条恰好经过每条边且每条边只经过一次的完整路径。

欧拉证明了在这种特定情况下不可能存在这样的路径，原因在于每一个节点（陆地区域）的度数（与之相连的桥的数量）均为奇数。他揭示了一个图中存在"欧拉回路"的充要条件是：图中最多只有0个或2个节点的度数为奇数，其余所有节点的度数必须为偶数。而在七桥问题的具体案例中，所有4个节点的度数都是奇数。因此，根据这一理论无法构造出满足要求的欧拉回路（见图2-1的右图）。

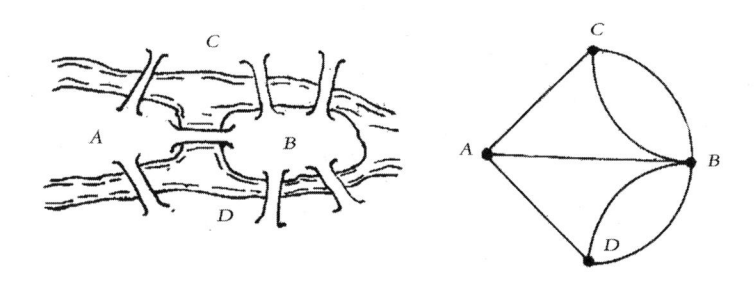

图 2-1　七桥问题及"欧拉回路"问题

2. 法官断案问题

国宝被盗，皇上命法官在一个小时内断案，现有四名嫌犯甲、乙、丙、丁，法官依次进行审问。甲说："我没偷。"乙说："肯定是丙偷的。"丙说："我看到是丁偷的。"丁说："丙诬赖我。"经查证，罪犯为一人，且四名嫌犯中仅一人说了假话，你能帮法官迅速断案吗？

从计算机处理问题的角度来看，只要能将问题转化为 0 或 1，计算机就能够顺利解决。如何将这种非计算的问题转化为一个数值呢？我们先按抽象的思想，设变量 A 为小偷，变量 B 为说真话的人数，如表 2-2 所示。

表 2-2　法官断案表格

嫌犯	陈述	设置	表达式
甲	我没偷	1	A!=1
乙	肯定是丙偷的	2	A==3
丙	我看到是丁偷的	3	A==4
丁	丙诬赖我	4	A!=4

我们通过说真话的人数这一已知条件建立结构模型，"四名嫌犯中仅一人说了假话"，说真话的人数 B 赋值为 B=(A!=1)+(A==3)+(A==4)+(A!=4)，列出判断条件 B==3，最后用循环遍历结合条件判断结构，编程解决问题。答案 A 为 3，即丙为小偷。

2.3.2　模型的概念

模型（Model）是一种用于模拟、阐释或简化现实世界中的现象、系统或过程的抽象构造。它有助于我们理解和预测现实中的各种行为及发展趋势。

模型可表现为多种形态，包括但不限于以下几类：

① 数学模型：数学模型运用数学符号、公式和方程等方式来精确地描述现象。例如，

线性回归模型能描述两个变量间的线性关系，不过在"法官断案"案例中所采用的并非数学模型。

② 概念模型：概念模型是对现象、系统或过程进行抽象概括的概念化表述，通常以图表、框图或流程图等形式体现，旨在帮助人们理解系统的内在结构与功能。例如，在解决"七桥问题"时构建的概念模型，有助于揭示桥梁连接的逻辑结构。

③ 计算模型：计算模型是通过计算机程序实现的模型，用于模拟现实世界中的复杂过程。这类模型通常涉及大量的数据处理和复杂的算法运算，能够对现象进行预测和深度分析。

④ 物理模型：物理模型是指按照一定的比例对现实世界的物体进行缩小或放大制作的实体模型，用以直观展示和理解实际结构与特性。如地球仪就是一个模拟地球的物理模型。

⑤ 统计模型：统计模型运用统计方法构建并分析数据，如正态分布模型可以描述一个随机变量的概率分布特征。

2.3.3 建模的目的

建模（Modeling）是一种用来表达和解析现实世界复杂现象的工具性方法。它通常包括一个构建理论或数学模型的过程，旨在深入理解和有效预测现实世界中的行为与趋势。建模技术广泛应用于科学、工程、经济学、社会学等多个领域，其构建的模型可以基于数学公式、计算机模拟，或是对复杂系统的抽象化表述。

建模的主要目的包括以下几项。

① 理解现象：通过建立模型，研究者能够更深刻地揭示现象之间的内在联系，从而提升对现实世界的认知水平。

② 预测未来：所构建的模型可用于对未来事件和发展趋势进行预测，为决策制定和策略规划提供依据。

③ 控制与优化：通过对模型的分析与改进，我们可以洞察如何更有效地控制并优化系统，以达成既定目标。

④ 测试与验证理论：借助建模，科学家们可以检验现有理论的有效性，并可能在此过程中发现新的理论或者修正已有理论的瑕疵。

⑤ 教育与培训：建模作为一种教育和培训手段，在帮助学生和专业人员更好地掌握特定领域的基本概念及原则方面发挥着重要作用。

2.3.4 课标中的建模（模型）

① 如果是人工智能，它将根据相关的历史数据，如历次约定的日期、具体地点、交通工具、道路的拥堵状况等，进行数据建模，作出此人能否守时的预测，这是一种典型的机器学习过程。(《义务教育信息科技课程标准（2022年版）》第41页）

② 在一定的活动情境中，能对简单问题进行抽象、分解、建模，制订简单的解决方案。(《义务教育信息科技课程标准（2022年版）》第60页）

③ 随着数据的累积和对大气环流模型认识的不断更新，气象站的作用从记录数据向预测天气走势的方向发展。(《义务教育信息科技课程标准（2022年版）》第63页）

④ 过程与控制是广泛存在于生活中的一种系统模型。(《义务教育信息科技课程标准（2022年版）》第31页）

2.4 算法设计

2.4.1 算法的起源

算法这一概念可以追溯至古代文明，但现代意义上的算法理念则源于9世纪的数学家穆罕默德·本·穆萨·花拉子密的研究。现今所用的"Algorithm（算法）"一词即来源于其名字的拉丁化形式"Algoritmi"。

花拉子密在其重要著作《代数学》中，系统地介绍了代数学的基本原理，并阐述了处理线性与二次方程的方法。这部作品对数学和算法的发展产生了极其深远的影响。它不仅将印度数字体系引入阿拉伯世界及欧洲，更为现代数字体系和算法的发展奠定了基础。

实际上，在花拉子密之前，古希腊、巴比伦、古埃及、中国等古老文明国家就已经拥有许多解决数学问题的方法和步骤。这些早期的算法通常包含了几何学和代数学的基本原则，以及针对特定数学问题的具体操作步骤。例如，在《几何原本》一书中，欧几里得就介绍了一种名为"辗转相除法"的算法，该方法用于求解两个整数的最大公约数。此外，还有诸如中国的割圆术和秦九韶算法等经典算法实例。从这个角度来看，算法的存在远早于任何专门用于计算的机器设备。

虽然算法的起源可以追溯到古代文明，但现代算法理论的发展则始于20世纪初，特别是在计算机科学诞生之后取得了显著进展。艾伦·麦席森·图灵（Alan Mathison Turing）和阿隆佐·邱奇（Alonzo Church）的工作对现代算法理论的建立起到了奠基作用，他们各自提出的图灵机模型与 λ 演算分别成为现代计算机科学与算法设计领域中的基石性概念。

2.4.2 算法的概念和特征

算法是一系列明确、有序且有效的指令集，旨在解决特定问题或执行特定任务，在计算机科学、数学乃至日常生活中都扮演着不可或缺的角色。其核心特性涵盖以下几个方面。

① 明确性：每个算法必须具备清晰无误的指令和步骤描述，确保任何使用者都能准确理解和执行。

② 有序性：算法中的每一个步骤均需按照预设的特定顺序排列，以保证计算过程的正确性和最终结果的有效性。

③ 有限性：一个合格的算法应当能够在有限的时间内完成其执行过程，并且不会出现无限循环或死循环现象。

④ 输入参数：通常情况下，算法会接收一个或多个输入作为初始数据，基于这些数据进行计算和处理操作。

⑤ 输出结果：算法的目的在于生成一个或多个确定的输出，作为对问题解决方案或者任务执行结果的具体体现。

算法可以用伪代码、流程图或编程语言等多种形式来表达，便于人类理解设计思路以及被计算机实际执行。它广泛应用于众多学科领域，包括但不限于计算机科学、数学、工程学、物理学、生物学等。在计算机科学领域，算法被用来解决各种复杂问题，如排序、查找、图形处理、机器学习、密码学等。而对算法的研究与优化对于提升计算效率、节省资源和攻克复杂问题至关重要。

2.4.3 算法设计的步骤

算法的设计过程通常包括以下几个步骤。

① 确定问题：首先，需要明确要解决的问题，包括对问题的输入、输出和约束条件的详细了解。例如，假设我们要设计一个排序算法，对一组数字进行升序排序。输入是一个包含整数的列表，输出则是一个包含相同整数的有序列表。

② 分析问题：深入分析问题的性质和特征，以便找到可能的解决方案。例如，在排序问题中，我们需要了解列表的长度、数据分布和可用资源（如内存和处理能力）等因素。

③ 设计解决方案：根据问题分析的结果，设计一种或多种解决方案。这可能涉及研究

现有算法、开发新算法或修改现有算法以适应特定问题。在排序问题的例子中，我们可以选择使用快速排序、归并排序、插入排序等现有算法，或者尝试设计一种新的排序算法。

④ 伪代码和流程图：为了更好地理解和沟通算法，可以用伪代码或流程图表示算法的主要步骤和结构，这有助于检查算法的正确性和完整性。例如，快速排序算法的伪代码如下：

```
function quicksort（arr）:
    if length（arr）<= 1:
        return arr
    pivot = choose_pivot（arr）
    left = [x for x in arr if x < pivot]
    right = [x for x in arr if x > pivot]
    return quicksort（left）+ [pivot] + quicksort（right）
```

⑤ 实现和测试：将算法转换为实际的编程语言，如 Python、Java 或 C++ 等。在实现过程中，需要考虑语言特性、数据结构和性能优化等因素。完成算法实现后，使用一系列测试用例对算法进行测试，以确保其正确性和效率。

⑥ 评估和优化：对实现的算法进行性能评估，分析其时间复杂度和空间复杂度。根据评估结果，优化算法以提高效率。例如，根据快速排序算法的性能，我们可以优化选择枢轴元素的方法，以减少最坏情况下的时间复杂度。

通过这些步骤，我们可以设计出解决特定问题的有效算法。

2.4.4 算法基础

基于信息科技新的课程标准，普通中小学生应该掌握哪些基本算法，以便培养他们的计算思维和解决问题的能力呢？列举如下。

① 顺序结构：理解程序是按顺序执行的指令集合，掌握编写简单的顺序结构程序的方法。

② 条件结构：掌握基本的条件语句（如 if...else），学会根据条件执行不同的操作。

③ 循环结构：掌握基本的循环结构（如 for 和 while 循环），学会编写重复执行特定任务的程序。

④ 排序算法：了解并实现简单的排序算法，如冒泡排序、选择排序和插入排序，培养对算法性能的初步认识。

⑤ 查找算法：掌握基本的查找算法，如线性查找算法和二分查找算法，了解它们在实际问题中的应用。

⑥ 递归概念：了解递归的基本概念，学会编写简单的递归函数，如计算阶乘或斐波那契数列。

⑦ 分治策略：了解分治策略的基本思想，如将问题划分为较小的子问题，分别求解后合并结果。能够理解简单的分治算法，如归并排序。

⑧ 基本数据结构：了解数组、链表、栈、队列等基本数据结构的概念和基本操作。

⑨ 图形算法：学习简单的图形算法，如深度优先搜索（Depth First Search，DFS）和广度优先搜索（Breadth First Search，BFS），了解它们在解决实际问题中的应用。

⑩ 算法复杂度：了解时间复杂度和空间复杂度的基本概念，学会分析简单算法的复杂度。

当然，上述所提及的仅仅是算法和其基本概念的基础层面。随着学生的年龄增长及认知能力的不断提升，我们可以逐步引入更为复杂的算法与数据结构知识。通过这样的过程，旨在培养学生的计算思维、问题分析和问题解决的能力，从而为他们未来的学习生涯乃至职业生涯奠定坚实的基础。

2.4.5　课标中的算法

算法是《义务教育信息科技课程标准（2022 年版）》中的一个重要概念，出现频率达 69 次之多（在《普通高中信息技术课程标准（2017 年版 2020 年修订）》中，算法一词出现了 96 次），事实上，数据、算法、网络、信息处理、信息安全、人工智能是信息科技学科的六条逻辑主线，下面仅列举其中的一部分。

① 了解算法在解决问题过程中的作用，领会算法的价值。（《义务教育信息科技课程标准（2022 年版）》第 6 页）

② 通过生活中的实例，了解算法的特征和效率。能用自然语言、流程图等方式描述算法。（《义务教育信息科技课程标准（2022 年版）》第 9 页）

③ 通过学习身边的算法，体会算法的特征，有意识地将其应用于数字化学习过程中，适应在线学习环境。（《义务教育信息科技课程标准（2022 年版）》第 10 页）

④ 了解算法的优势及对知识产权保护的作用，认识到算法对解决生活和学习中的问题的重要性。（《义务教育信息科技课程标准（2022 年版）》第 11 页）

⑤ 算法：问题的步骤分解—算法的描述、执行与效率—解决问题的策略或方法。（《义务教育信息科技课程标准（2022 年版）》第 12 页）

⑥ 算法是计算思维的核心要素之一，也是人工智能得以普遍应用的三大支柱（数据、算法和算力）之一。本模块以身边的算法为载体，使学生了解利用算法求解简单问题的基

本方式，培养学生初步运用算法思维的习惯，并通过实践形成设计与分析简单算法的能力。(《义务教育信息科技课程标准（2022年版）》第28页）

⑦ 通过分析典型的人工智能应用场景，了解人工智能的基本特征及所依赖的数据、算法和算力三大技术基础。(《义务教育信息科技课程标准（2022年版）》第40页）

2.5 计算思维各要素之间的关系

2.5.1 计算思维四要素的顺序

在解决具体问题时，计算思维的四个核心要素的顺序通常是：抽象、分解、建模和算法设计，如图2-2所示。

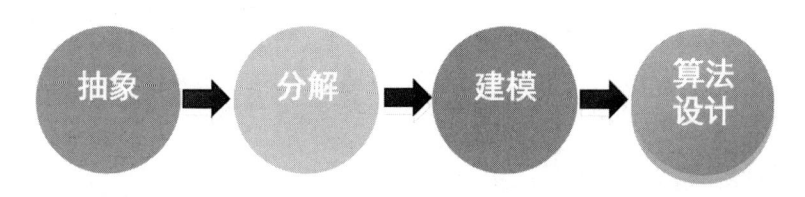

图 2-2　计算思维的四个核心要素的顺序

当然，具体问题具体分析，这个顺序可能会根据问题的性质和需求有所调整。以下是一种典型的解决问题的过程。

① 抽象：从问题中提取关键信息，剔除不相关的细节，形成一个简化的问题描述。这有助于我们聚焦于问题的本质，为后续步骤奠定基础。

② 分解：将问题拆分成较小、更容易处理的子问题。这使得我们能够逐步深入问题，逐个击破难题，为后续的建模和算法设计提供清晰的路径。

③ 建模：将问题或子问题用数学、逻辑或计算机科学的方法进行表达。这一步的目的是将问题转化为可计算的形式，以便使用计算机等工具进行处理。

④ 算法设计：为解决问题或子问题设计一系列清晰、明确和可执行的步骤。这使得我们能够将前面的抽象、分解和建模的成果转化为实际可执行的解决方案。

在实际操作过程中，这四个要素之间往往存在着相互作用和迭代循环。例如，在构建模型阶段，我们或许需要回溯到抽象阶段重新提炼核心信息；而在算法设计的环节中，我们也可能遇到需要对问题进行更细致分解的情况。因此，在解决具体问题时，灵活地运用并根据实际情况调整这四个要素的应用顺序显得至关重要。

2.5.2 智能出租车调度系统

假设我们要设计一个智能出租车调度系统，旨在为乘客提供最优路径并最大程度地减少等待时间。我们可以运用计算思维的四个核心要素，按照以下步骤来解决这一问题。

① 抽象阶段：我们需要提取关键信息，如乘客的起始位置、目的地、出租车实时位置和路况等重要数据，同时忽略无关紧要的细节，如乘客个人信息或出租车的具体型号等。

② 分解阶段：我们将复杂问题拆分为若干个子问题，具体包括：

a. 如何快速识别并匹配距离乘客最近的可用出租车？

b. 如何运用算法规划出最短行驶路线以最大限度地缩短出租车行驶时间？

c. 如何实时收集并更新路况信息以动态调整行驶路线？

③ 建模阶段：针对这些子问题构建相应的模型。

a. 使用图论模型描绘出租车与乘客之间的空间关系和距离。

b. 应用最短路径算法（如 Dijkstra 或 A^* 算法）规划出租车的最佳行驶路径。

c. 通过实时数据流获取并整合道路状况信息，利用更新算法对原定路线进行实时调整。

④ 算法设计阶段：针对每个子问题设计相应的算法，并将它们整合成一个整体解决方案。

a. 利用近邻搜索算法迅速分配离乘客最近的出租车资源。

b. 实施 Dijkstra 或 A^* 等最短路径算法以优化出租车的行驶路径。

第 3 章
信息交流与分享

本章主要内容

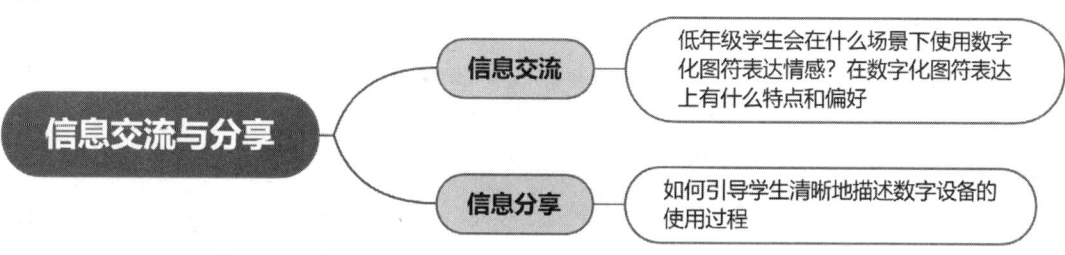

信息交流与分享
- 信息交流 —— 低年级学生会在什么场景下使用数字化图符表达情感？在数字化图符表达上有什么特点和偏好
- 信息分享 —— 如何引导学生清晰地描述数字设备的使用过程

课标内容要求

1. 在日常学习与生活场景中，通过教师指导，尝试使用数字设备与数字资源开展识字、朗读和阅读等活动，扩充语言学习的手段与方法。

2. 在家庭、校园、公园等场景中，体验、感受与智能语音助手、电子导览等数字设备的交互过程。

3. 通过拍照、录音、录像、语音输入、录入文字或图符等方式记录自己的见闻和想法，与师长、同伴交流分享。

4. 在浏览他人数字作品时，能主动、真诚、友善地发表评论，用恰当的数字化方式加以表达，如"点赞"等。

5. 通过数字设备辅助学习、交流与分享，激发对信息科技的好奇心和学习兴趣，产生对信息科技的求知欲。

6. 在学习与生活中，能用正确的姿势使用数字设备，养成好习惯，注意保护视力。

3.1　模块概述

数字设备与人们的学习、生活和工作息息相关。认识和熟练使用数字设备有助于培养学生的计算思维能力。"信息交流与分享"是《义务教育信息科技课程标准（2022年版）》中的首个模块，其主要内容包括信息交流和信息分享。本模块的目的是让学生通过信息技术及数字设备，了解信息的多种表达方式，并能合理运用技术手段交流与分享信息，同时能够详细阐述工具的使用步骤。

在计算思维学段特征中，课标主要表述了三个方面：使用图符的方式进行表达、合理使用数字设备、能够说出使用数字设备的操作步骤。因此，从现实生活体验出发，通过实际操作让学生体验数字设备对人们学习和生活的影响，并且能够结合图符的方式进行操作说明和情感表达，是本模块计算思维培养的核心任务。

3.2　核心素养的培养

小学1~2年级的学生正处于从前运算阶段向具体运算阶段过渡的时期。这个阶段的学生需要借助具体的实物来理解符号所代表的意义。例如，在认识数字及学习加减乘除运算时，他们会使用豆子、木棍等实体道具作为学习的辅助工具。此年龄段的学生，在逻辑能力发展方面，尽管相较于幼儿时期已有一定进步，但他们的逻辑思维能力很大程度上仍局限于具体实物，只有在处理可以直接感知的信息时，他们才能有组织地进行思考。对于无形无质的抽象概念，他们往往难以建立直接的逻辑关联。因此，此学段的学生尚未具备对问题进行抽象、分解和建模的能力，也较难体验模拟、仿真和验证解决问题的过程。

虽然此学段的学生还无法进行复杂的计算思维活动，但他们可以从日常生活经验中直观感受到运用数字设备解决问题的过程。例如，他们可以通过数字设备尝试识别问题，用图像符号表达个人感受，并能描述常见数字设备的基本操作步骤，从而建立起数字设备与真实情境的联系。针对这一阶段的学生，如何引导他们体验并理解利用数字设备进行信息交流与分享的过程，同时逐步摆脱单纯的操作模仿，帮助学生认识到信息交流与分享的内容、方式和方法的丰富性、便捷性和独特性，正是"信息交流与分享"模块在培养学生计算思维能力教学中的核心挑战。

3.3　关键问题

> 问题1：低年级学生会在什么场景下使用数字化图符表达情感？在数字化图符表达上有什么特点和偏好？

【问题分析】

在信息技术飞速发展的今天，数字化媒体已经成为人们日常交流不可或缺的一部分，尤其对于在人工智能时代成长起来的"15后"而言，这种影响尤为深远。传统的情感表达方式，如简单的点赞或送花，已经无法满足他们在数字世界中的情感交流需求。学生越来越多地使用数字化图符来表达情感，这种方式更加多元和直观，因此要求教师要重新审视和理解新一代学生的交流习惯及其背后的意义。

低年级学生使用数字化媒体时呈现出便携化、复杂化的特点。他们更倾向于使用便携的移动设备，如电话手表和平板电脑，其中电话手表是学生用于交流的重要工具。在进行交流时，他们更喜欢使用语音消息、图片进行互动，鲜少使用纯文本进行交流。特别是图像和文字组合的表情符号，为学生进行交流提供了更加形象和丰富的信息，化解了单一文字的生硬感，同时学生又可以借助表情符号表达自己的表情和动作，数字化图符成为他们与家人、朋友分享日常点滴、增进情感联系不可或缺的形式。

学生使用的表情符号丰富多样，不仅是简单地表达"开心""赞许"等正面情绪，还涵盖了"累了""尴尬""无聊""兴奋"等复杂细腻的情感状态（见图3-1）。这种表达方式让他们的数字交流充满了个性，反映了孩子们试图通过更加细腻和真实的情感语言来与外界沟通的愿望。然而，伴随着数字化情感表达的自由与创新，问题也随之浮现。部分学生可能尚未完全理解某些表情符号的深层含义或文化背景，导致他们在使用时可能出现误解或不恰当的情况。例如，有的学生可能因为觉得某个表情符号"有趣"而频繁使用，却无法准确解释其背后的情感或语境，如随意使用"打你哦""翻白眼""闭嘴"等表情符号，显示出他们在数字化图符理解和应用上的不足。因此，教师需要适时介入，结合学生的表达特点给予正确的引导，帮助学生正确理解并合理运用数字化图符进行情感表达。

图3-1　学生喜欢使用的表情符号示例

【问题解决】

能够选择恰当的数字化图符进行情感表达，反映了学生有效辨识及共鸣自我与他人情绪的能力，这对于培养学生的计算思维能力具有重要意义。而教师的任务在于，通过换位思考的互动，深化学生对情感表达价值的认识。具体可以从以下几个方面引导学生正确使用数字化图符表达个人情感。

设计模拟交流活动，让学生在模拟场景中应用所学。通过反馈和讨论优化其在线沟通技巧，实际体验情感表达的影响力。结合故事讲述、角色扮演游戏等互动形式，让学生理解在任何沟通方式中，尊重他人和友善表达的重要性。可以讨论使用什么样的言语和表情符号是值得鼓励的，哪些可能会让别人感到不舒服，帮助学生认识并恰当地表达个人情绪。强调即使本意是好玩或者幽默，不同的人对表情符号也可能有不同的解读，以此培养学生在同理心视角下的沟通意识。

师生共创一个"情感正面表达"图库，收集适宜的表情符号与短语并进行分类，作为日常交流的参考，鼓励有创意又不失尊重的表达方式。同时结合图库在班级内推行"温暖反馈圈"，鼓励学生相互给予正面反馈，指出可改进之处，构建支持与成长的交流氛围。

通过这些综合措施，不仅可以促进学生计算思维能力的发展，还深化了他们对数字化时代人际交往的理解与实践能力。

【案例参考】

电话手表，让我们的友谊更紧密！

"电话手表，让我们的友谊更紧密！"是一节结合计算思维和公民素养培养的综合性课程，以学生最常用的电话手表为情境，从生活实际出发，探讨日常交流中的对话形式和情感表达，培养学生使用符号进行表达的能力，引导学生正确理解和表达情感。

在导入阶段，教师可以结合学生的兴趣爱好，向学生展示他们常用的表情符号，并要求学生解释表情符号的含义，同时分享他们最喜爱的表情符号，唤起学生对表情符号的关注。待学生对各种表情符号有所感知之后，教师可以分发打印的表情符号，结合学生的实际生活场景，引导他们讨论和选择合适的表情符号来表达特定场景下的情绪和情感。在设计情境时，教师可以有意识地结合正反两方面的例子引导学生进行深入思考。例如，在表示不同意的时候，教师可以同时给出一个温和摇头表示思考和一个生气暴躁并配有"闭嘴"的表情符号，并采访学生收到不同表情符号后的感受，以此来培养学生的批判性思维能力。表3-1所示的"电话手表，让我们的友谊更紧密！"学习任务单供参考。

表 3-1　"电话手表，让我们的友谊更紧密！"学习任务单

发送什么表情符号？

小方和小明正在讨论明天如何去一个比较远的植物公园徒步，小方提出可以坐公交车前往目的地，但是小明并不赞同这个想法，他认为坐公交车容易堵车，建议坐地铁去。

> 小明，我们明天坐公交车去植物公园吧。
>
> （空白）
>
> 小方，我们还是坐地铁去吧。

你认为小方应该用什么表情符号会比较好？＿＿＿＿＿＿＿

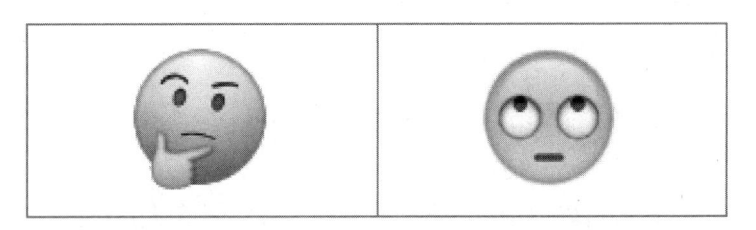

如果你是小方，当你分别收到两个表情符号时的体会是什么？你有什么感受？

＿＿＿＿＿＿＿＿＿＿＿＿＿＿＿＿＿＿＿＿＿＿＿＿＿＿＿＿＿＿＿＿＿＿＿＿

＿＿＿＿＿＿＿＿＿＿＿＿＿＿＿＿＿＿＿＿＿＿＿＿＿＿＿＿＿＿＿＿＿＿＿＿

当学生能够理解不同场景下的表情符号时，可以组织"表情猜猜猜"游戏，一名学生选择一个表情符号，其他学生猜其要表达的情感。在这一过程中，学生可能会发现，在没有文字辅助的情况下，不同的表情符号可能有不同的解读，从而引发对图符表达的深入思考。

问题2：如何引导学生清晰地描述数字设备的使用过程？

【问题分析】

能够将问题分解为不同的步骤并清晰表述，是计算思维能力的重要体现。在教学过程中，教师在引导学生体验数字设备时，往往采用简练且口语化的语言让学生模仿操作过程。但若教学仅停留在这一层面，学生对于数字设备的理解就难以深入，仅限于掌握操作技巧，并未真正将其内化为自身的知识体系。

具体来说，在同一教学情境下，虽然大多数学生都能根据老师的演示学会某种数字设备的操作，但如果要求他们详细说明使用该工具的具体过程，部分学生可能只会简单回答"打开该工具就能完成任务"，或者在描述过程中使用大量含糊不清的代词；而另一部分学生则能按部就班地详细描述出数字设备的使用过程。这两种截然不同的表述方式实际上揭示了学生在思维层面对工具认知的差异。如果教师忽视了这种差异的存在，也就错失了在早期培养学生计算思维能力的关键时机。

此外，鉴于1年级学生的识字量和词汇积累相对有限，教师在指导学生描述数字设备的使用过程时，如果单纯依赖口头与文字叙述的方式，学生可能会难以准确地表达自己的思路。因此，教师需要充分利用教学辅助策略，帮助学生克服语言表达上的困难，同时实现对学生思维能力的有效训练。

【问题解决】

在描述数字设备的使用过程中，关键在于学生能够将一个连贯的操作过程分解成明确的、清晰的步骤，并能够说出每一步的主要操作及目的，这是培养学生拆分任务的能力。在具体的教学实施过程中，教师可以使用流程图、步骤图等方式训练学生分解的思维能力。同时，对于那些用文字描述比较复杂的功能，教师可以鼓励学生使用图标、图例等方式进行表达。

为了确保学生能够理解如何通过步骤化、流程化的方式清晰地描述具体过程，教师可以使用以下方法：

① 提供具体的、能够使用的图标和图例等。对于低年级的学生，如果要求他们描述复杂功能或复杂过程，教师应该提供具体的、可以使用的图标和图例，甚至是解决问题的规定步骤的数量。例如，在探究从A点到B点的可行路线时，可以规定学生只能使用"←→↑↓"四种图标；在绘制使用图像识别工具的流程图时，可以要求学生只能用3个步骤来进行描述。通过具体明确的要求，给学生搭建脚手架。

② 复述或者复现学生的描述。低年级的学生往往无法一次性呈现出完美的结果，他们更多地基于自己的直观感受进行表达，缺少换位思考的能力。因此，如果发现学生并不

能很好地将具体过程进行流程化的展示时,教师可以根据学生现有的表述对过程进行复述或复现。学生在听教师复述或者复现的过程中会发现自己描述中存在的问题,进而促进学生的自我反思和自我改进。

③ 通过呈现"不完美"的技术应用场景激发学生优化技术的应用策略。在实际使用数字设备的过程中,往往会出现各种问题,这些问题恰恰是引发学生深入探究的契机。例如,在使用图像识别工具识别图像时,可能出现误识别或者无法识别的情况,这时教师可以引导学生思考:为何会发生识别错误?哪些因素会导致识别出错?通过分析错误原因、总结规律,促使学生对工具的本质有更深层次的理解。

【案例参考1】

猜猜是什么

"猜猜是什么?"是一节以信息交流与分享为核心内容的课程,要求学生将文字、图像等内容使用软件生成二维码,并进行分享。这节课可以进行多学科融合,学生可以将语文课中特定主题的诗词、数学课中的问题和解答、科学课中新认识的动植物等,都使用二维码的形式进行数字化,让学生体验使用数字设备进行交流与分享的过程。

例如,以科学课中新认识的动物为主题。在教学过程中,学生以小组为单位,收集动物的外貌、生活习性等方面的相关知识,并制作成二维码进行分享。在这一过程中,小组成员要思考不同的内容需要使用什么样的形式进行呈现,并梳理工具的使用方法。教师需要注意两个方面,一是情境的创设,此主题本身是具有分享价值的内容,而非为了使用工具而使用工具;二是在分享的过程中,教师应该设置相应的教学活动,让学生回顾和梳理使用数字设备的过程,形成逻辑化思考的习惯。表3-2供参考。

表3-2 "猜猜是什么"学生小组合作学习任务单

小组名称:

选择的动物:

打算分享关于这种动物的哪些知识?

特征	内容	形式
外貌		□图像 □文字 □视频
生活习惯		□图像 □文字 □视频
栖息地		□图像 □文字 □视频

使用的二维码制作工具：			
工具的使用步骤：			
第一步	第二步	第三步	第四步

教师使用网络交流工具收集每个小组制作的二维码并分享。每个小组成员都可以扫描二维码，了解不同动物的相关知识。

【案例参考2】

如何找到出口

"如何找到出口"是一节数学和信息科技的融合课程，其目的在于让学生使用上、下、左、右等方位词来组织和规划路径。在活动开始时，教师可以设定一个需要学生作为"引路人"或者"志愿者"参与的角色，如帮助盲人在图书馆里找到洗手间（见图3-2），或者引导机器人到达具体的地点。教师会规定每一次步行的大致距离，学生需要预估从起点到终点的大致步骤并使用方位、距离的相关词汇形成最后的解决方案。

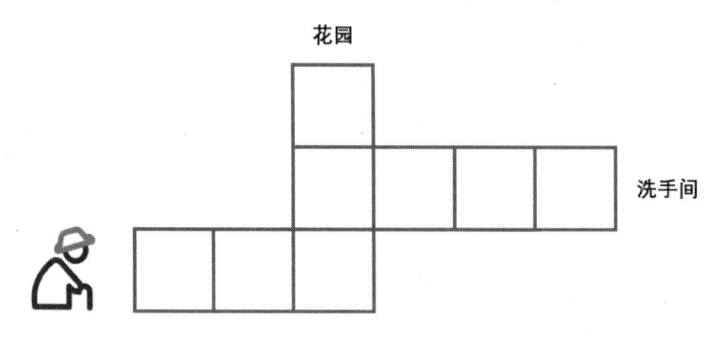

图3-2 帮助盲人找到洗手间

在学生能够清晰、准确地组织指令后，教师还可以提供更复杂一些的情境。在这些情境中有多种解决问题的方法，学生需要评估不同解决方法之间的差异。以帮助盲人找到洗手间为例，可以设置多条到达洗手间的路径（见图3-3），学生需要找到最优的路径。在这一过程中，学生不仅需要识别出多种路径，也需要综合距离、地形等因素，评估什么是最优路径。

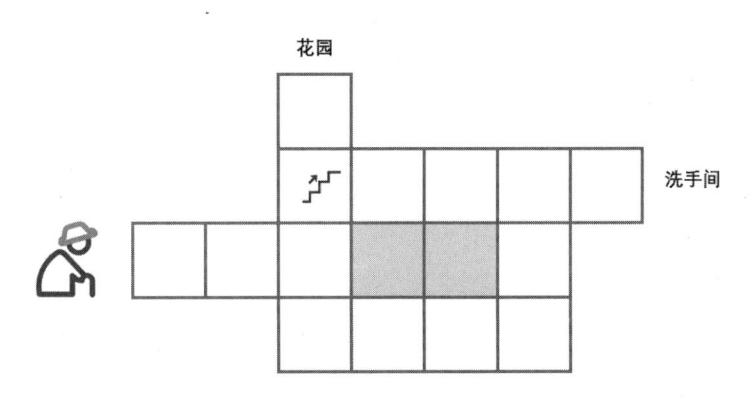

图 3-3　在复杂情境中解决问题

（该案例来自华南师范大学　陈丽婷、徐晓东老师）

【案例参考3】

我是小小植物学家——认识植物

"我是小小植物学家——认识植物"是一节集科学与信息科技学科知识于一体的课程，其主要内容是引导学生使用数字设备的AI拍照识图功能识别校园内的植物，并通过信息检索工具探究该植物的相关知识。

在情境创设环节中，教师可以从身边的校园环境着手，让学生在熟悉的场景中亲身体验数字设备的应用。当学生掌握了数字设备的使用方法后，教师可以进一步指导他们利用这些设备去认识一种全新的植物品种，并借助信息检索工具深入学习这种植物的特点、生活习性等知识，在这个过程中不断强化和提升学生对工具迁移应用的能力。表3-3所示的学习任务单供参考。

表 3-3　学习任务单

我是小小植物学家——认识植物
活动1：猜猜它的名字
它的名字是 ＿＿＿＿　　　　　它的名字是 ＿＿＿＿

（续表）

活动2：校园植物大侦探
我拍摄的植物照片：   名称：_____ 植物的特点：_____ 植物的生活习性：_____ 我参考的网站：_____

在实际使用数字设备识别植物的过程中，学生可能会发现并非所有拍摄的照片都能被成功识别。此时，教师可以提出问题并引导学生思考：究竟何种条件下的图片能提高植物的识别准确率？鉴于1年级学生的认知特点，他们自主发现规律可能存在一定困难，因此，教师可以提供一些预先准备好的素材图片，指导学生利用数字设备的拍照识图功能进行识别，并对比全班同学的识别结果，逐步引导学生总结出影响识别准确率的因素，表3-4所示的数字设备使用任务单供参考。这个过程既包含了对操作过程的反思和评价，也有助于学生更全面地理解数字设备，从而锻炼他们的批判性思维能力，为未来应用数字设备解决复杂问题奠定基础。同时，通过"提出问题——探究问题——归纳总结"的思维训练过程，能够有效地培养学生运用数字设备解决问题的能力。

表3-4 数字设备使用任务单

探究活动——拍照识图	
植物的图片	拍照识图的结果

(续表)

(银杏叶图片)	
(荷花图片)	
(雏菊图片)	
你认为在使用数字设备进行拍照识图时，应该注意什么？	

除了对单一数字设备的深入探究，教师在教学实践中还可以引入多种不同的数字设备，让学生在同一情境中体验并对比使用这些数字设备，甚至可以将数字设备与非数字设备进行对照使用，表3-5供参考。通过这样的比较和分析过程，学生能够深刻地理解各类工具对学习与生活的实际影响，进一步增强他们对于如何运用数字设备解决问题的认识与理解。

表3-5 数字设备使用任务单

探究活动——工具比一比			
思考：小明想通过测量植物的高度总结不同植物的特点，他在测量叶片时，应该选择哪种数字设备呢？			
识别的植物	软尺	直尺	AI测距仪
雏菊 (图片)			

（续表）

向日葵			
大榕树			

3.4 计算思维的测评和实践

1. 工具比一比

请在表 3-6 中选择最适合测量所列物品的工具并打 ✓。

表 3-6 选择测量物品的工具

物品名称	直尺	软尺	测距仪
橡皮的长度			
校服的长度			
楼房的高度			

答案： 本题答案可参见表 3-7。

表 3-7 "选择测量物品的工具"参考答案

物品名称	直尺	软尺	测距仪
橡皮的长度	✓		
校服的长度		✓	
楼房的高度			✓

解析：本题涉及不同工具的适用场景。一般而言，直尺适合测量形状规则、体积较小的物体；软尺适合测量布料等曲面或者伸缩性材质的物体；测距仪适合测量远距离或大面积物体。

计算思维相关知识：在"工具比一比"中，学生使用对比、总结、分类等方法比较在测量不同物品时使用工具的差异，从而对思维能力进行了训练。同时，所选物品与学生日常生活息息相关，培养了学生的观察能力。

2. 测测楼房有多高

小明想测一测自己家所住楼房的高度，但是他不知道怎么去操作。请你以自己家的楼房为例，设计一个测量的方法，并实际进行测量，以下内容供参考。

测测楼房有多高

你选择的工具：

你的测量方法：

你为什么选择这种工具？你认为这种工具有什么优势？有什么缺点？

答案：

测测楼房有多高

你选择的工具：

测距仪 / 卷尺

你的测量方法：

在楼房外面通过测距仪测出楼房的高度 / 通过卷尺测出一层楼的高度进行推算。

你为什么选择这种工具？你认为这种工具有什么优势？有什么缺点？

测距仪的好处：方便，可以直接测出楼房的高度。

卷尺的好处：直接在家就可以测量，不用跑到很远的地方。

解析：这道题通常有两种测量方法，一种是测距仪，可以直接测出楼房的高度，但是要求学生进行远距离测量；另一种是通过卷尺等工具测出一层楼的高度，再通过楼层数推算出楼房的高度，这种方法学生在家即可完成，但是需要推算的过程。

计算思维相关知识：这是一道综合性非常强的实践作业，主要是考查学生合理选择工具解决问题的能力。在这道题中，学生可能会选择测距仪直接测量楼房的高度，或者选择测量一层楼的高度来预估楼房的高度，以及其他测量方法。教师在评价学生的作业时，一是要注意学生是否能够清晰地描述测量的过程，二是要关注学生在阐释理由时是否言之有理。对低年级学生来说，直接让学生设计测量楼房高度的方法会有一定的挑战性，教师可以考虑询问某种测量方案的优缺点，如使用测距仪测量楼房的高度是否合理，并且引导学生使用信息检索工具查找真实情况下是如何测量楼房的高度的。通过对工具的反复对比和评价，培养和提升学生的思维能力。

第4章
信息隐私与安全

本章主要内容

信息隐私与安全
- 信息辨别与保护 —— 在小学一、二年级，如何有效地帮助学生理解"隐私"这一抽象概念
- 信息分类与保存 —— 如何在指导学生进行信息分类的过程中培养其抽象思维能力

课标内容要求

1. 在各种在线活动中，能在教师指导下辨别信息真伪，知道个人信息保护的重要性，养成保护个人信息的好习惯。

2. 能对数字设备记录的文字、图片、音频、视频等信息进行分类、保存与提取。

3. 能在分享他人数字作品时标注来源，尊重数字作品所有者的权益。

4. 合理安排数字设备的使用时间，了解健康使用数字设备的重要性。

5. 在线交流时，了解在网络空间也要遵守日常行为规范。

6. 在使用数字设备时不打扰他人，自觉维护社会公共秩序。

4.1 模块概述

依据信息科技课程的核心素养和学段目标，结合学生的认知特点及信息科技课程的知识体系，义务教育阶段的信息科技课程以 6 条逻辑主线为核心组织内容。课程内容围绕这些逻辑主线螺旋上升式地展开，其中信息安全是一条重要的逻辑主线，本模块是对这一逻辑主线的初步介绍，主要内容涵盖辨别信息真伪、个人信息保护及信息的合理分类与妥善保存。通过学习本模块，学生将初步树立起信息安全与隐私保护意识，并尝试利用信息科技手段管理和保护个人信息与资料。

义务教育阶段信息科技课程的第一学段是小学的 1~2 年级。尽管此阶段的学生普遍展现出高昂的学习热情和活跃的思维，但他们的理解能力还处于较低水平，各方面的技能水平也还较为薄弱。他们更倾向于理解具体的事物和情境，而对于抽象概念的认知则存在一定的困难。同时，这一阶段的学生语言组织能力较弱，往往难以完整有序地表达自己的想法和步骤。此外，他们的思维连续性不高，往往缺乏系统性地"从始至终"思考问题的能力，这些因素都对计算思维能力的培养提出了挑战。面对这些情况，教师有时容易忽视对学生计算思维的早期培养，未能充分意识到计算思维的培养应从小学低年级阶段开始并逐步深入。

针对以上问题，在义务教育阶段信息科技课程第一学段的教学实践中，教师可以根据学生的年龄特点、兴趣爱好和生活经验，通过设计丰富有趣的情境开展教学活动。例如，可以借助游戏，在游戏的过程中逐渐加大难度，由浅入深，有效地解决教学中的难点问题；或者以问题为引导，在一系列相互关联的问题情境中，促进学生计算思维能力循序渐进的发展。这样，教师可以引导学生更好地理解和表述事物的概念、规律及其相互关系。

4.2 核心素养的培养

在计算思维启蒙阶段，针对一、二年级学生的实际认知发展水平和身心成长特点，教师不宜过早要求他们完全掌握抽象、分解、建模及算法设计等解决问题的高阶能力，而应当遵循教育规律，坚持循序渐进的原则，避免急于求成。

在运用本模块培养低年级学生的计算思维能力时，教师可以选取贴近生活的实例，引导学生认识到在日常生活及网络活动中保护个人信息的重要性，并通过实践使学生初步学会对数字资料进行合理分类与妥善保存，从而逐步树立起尊重他人数字作品所有权及维护信息领域公共秩序的意识。

此外，本模块的教学内容具有很强的跨学科融合性，特别是与道德与法治课程的第一学段存在许多相互呼应的主题。例如，在学习此学段关于"密码安全"这一主题时，可以巧妙地将其与数学学科第一学段的内容相结合，形成良性的互动教学模式，这样的教学策略将更加有效地促进低年级学生计算思维能力的发展。

4.3　关键问题

> 问题3：在小学一、二年级，如何有效地帮助学生理解"隐私"这一抽象概念？

【问题分析】

一、二年级的学生在理解信息概念时普遍存在一定的局限性。其中，"隐私"是他们在初次接触信息科技课程时面临的一个重要且抽象的概念。为了深入探究这个年龄段学生对隐私的理解程度，我们选取了30名一、二年级的学生进行了访谈调研。结果显示，一部分学生对于隐私的定义很模糊，难以准确表达其含义；另一部分学生能够基本阐述隐私是指不愿意与他人分享的信息，但在面对具体而微妙的隐私问题时，他们往往仍会不假思索地回答；还有部分学生将隐私等同于个人的秘密，即不愿意公开的事情，然而他们对于诸如家庭住址等敏感信息是否属于隐私范畴，则缺乏清晰的认识。

通过这次访谈，我们认识到一、二年级的学生由于年龄和认知发展阶段的限制，他们较难理解和把握抽象概念，无法将其与现实生活情境相结合。以"隐私"为例，他们的生活经验和判断能力可能不足以支持他们识别何种信息属于隐私信息，他们也无法充分意识到隐私泄露可能带来的潜在风险。此外，由于他们的思维层次相对单一，容易混淆相似或相关的概念，如混淆隐私与秘密，从而形成认知误区。

在教学实践方面，我们也注意到教师常常过于关注学生对抽象概念的认知结果，而忽视了学生在认知过程中的发展需求。目前的教学活动设计，教师大多采取"告知式""讲解式"的教学模式来传授抽象概念。这种模式的问题在于，它可能导致学生机械性地记忆而非主动思考，从而导致学生在更高阶段的学习中，可能会陷入依赖记忆而缺乏深度思考的困境，不利于真正提升其思维能力。同时，单调枯燥的抽象概念教学模式也易挫伤学生的学习积极性。因此，在教授这类抽象概念时，教师应更多地关注对学生思维能力的培养，借助激发学生兴趣的方式引导他们进行深度学习，促进其思维能力的全面发展。

【问题解决】

为了有效地应对这一挑战，我们可以深入研究与该年龄段相符的数学和科学课程，探索它们如何有效地促进学生思维能力的发展，进而从中获得启示。以2年级下学期科教版科学课程《通过感官探索世界》为例，本课的核心学习目标是引导学生"能够识别并了解眼、耳、鼻、舌、皮肤等感觉器官"。在教学过程中，教师并未直接告知学生各器官的功能特性，而是通过精心设计实验环节，为学生提供包子、果汁、音响、岩石等多元实物，鼓励学生运用视觉、触觉、听觉等感官去感知并记录各种物品传递的不同信息，从而自行归纳出每个感觉器官的具体功能及其局限性，深刻理解这些感觉器官在认知事物过程中的重要作用。尽管学生通常对这些感觉器官已有初步认识，即使不进行实验也能简单描述其功能，但此课程实质上是在引导学生运用科学的方法进行观察、探究和总结，最终形成结论。这个过程不仅培养了学生科学实验的基本技能，也逐步塑造了他们的科学探究思维方式，完美践行了科学课程标准所倡导的"让探究成为科学学习的核心方式"的理念。虽然这是一个科学课程的案例，但其中的教学策略与思维训练方法对于信息科技课程计算思维的培育同样具有借鉴意义。

1. 观察与实验性思维的培养：在科学课程的这节课中，学生被积极鼓励采用观察和实验的方式，调动多种感官以获取信息，并在此基础上对所搜集的信息进行深度分析和系统总结。同样地，计算思维也强调对问题进行敏锐洞察、有效拆解，以及进行实验性的探究和验证，旨在构建一套系统化的解决问题的思维模式。通过不断参与观察与实验活动，学生不仅能够深入理解问题的核心，更能主动探寻并实施创新解决方案。

2. 系统性思维的塑造：在科学课程的实验过程中，学生需要遵循特定步骤和流程来进行严谨的观察与记录。这一过程有助于培养他们的系统性思维能力，使他们能够在处理信息时保持条理清晰。而在计算思维领域，学生同样需要运用系统化的方法来解决问题，包括对问题进行分析、设计及实现算法，这与科学课程的实验中要求的有序操作有着异曲同工之处。

3. 问题解决能力的提升：在科学课程的学习中，学生通过实验解决实际问题，如理解感觉器官的具体功能。这一点与计算思维的本质不谋而合，计算思维鼓励学生通过剖析问题、精心设计算法来应对各类复杂挑战。

4. 实践与反思总结：如同科学课程的实验后的总结环节，计算思维同样提倡在解决问题后进行深度总结，从中提炼经验与教训，以便在未来遇到类似问题时能够更加高效地寻找到解决方案。这种将实践经验内化为知识体系的能力，对于提高学生的持续学习能力和适应未来挑战的能力具有重要意义。

在计算思维的教学实践中，我们可以对教学内容进行更为深入的探讨。以"隐私"这一概念的学习为例，除了让学生明确理解何为隐私，更重要的是引导他们掌握获取信息的方法和过程：如何从已有的生活经验中抽象出核心要素、进行信息分类与模型构建，从而判断哪些信息属于个人隐私范畴；面对不同的交往对象时，又该如何分辨何种信息适宜分享，何种信息应予以保护。这个逐步认知并掌握的过程恰恰体现了计算思维的培养机制。结合计算思维的具体教学要求，在低年级阶段，我们可以通过精心设计的教学活动来实现这一目标，表 4-1 所示的教学活动设计供参考。

表 4-1 "了解 – 探究 – 总结 – 应用"教学活动设计

了解	探究	总结	应用
基于学生的既有生活经验，教师可以引入某种信息工具或概念，引导学生进行思考与分享：在他们的生活中，曾在哪里、以何种方式接触过这些信息工具或概念？通过这样的互动探讨，学生可以从个人经历出发，追溯和关联新知识与旧经验，从而加深对相关概念的理解和记忆	运用分类、对比等多元教学手段，以任务探究为载体，引导学生从多维度分析信息工具或概念在不同情境下所展现的特点和功能。鼓励学生以书面形式详细阐述这些信息工具或概念在各类场景中的实际应用及其发挥的关键作用，从而培养学生的理解力和知识运用能力	基于探究活动所取得的成果，系统地归纳和总结信息工具或概念所具有的核心特征及其在不同情境下的普遍作用。这一过程旨在使学生能够深入理解并掌握这些信息工具或概念的本质属性及其实用价值，进一步提升他们的抽象思维与综合应用能力	为学生创设一个新的情境，鼓励他们通过巧妙整合和运用各类信息工具，详细阐述实施步骤，以达成预设的具体目标。这一过程旨在培养学生的实践操作能力和创新思维，使他们在面对实际问题时能够灵活运用所学知识，制定并实施有效的解决方案
通过"了解—探究—总结"的递进式学习过程，学生能够从具体的实践经验出发，逐步提炼和概括出一般性概念。在此过程中，他们需要系统地归纳信息特征、探寻内在规律，这正是对分类、抽象等计算思维能力的有效培养。这一连贯的思维流程通常会在一节课的教学活动中得到完整体现和实践，确保学生在实际操作中不断深化理解与掌握相关知识			在"应用"环节，学生将综合运用所学的信息工具和策略，以达成预设的具体目标，这一过程实质上是对建模等计算思维能力的锻炼与培养。"应用"阶段可以独立构成一节或多节课的内容，旨在确保学生能够在不同情境下灵活运用知识，解决实际问题，并进一步提升其分析、设计及解决问题的能力

在设计具体的教学活动时，教师可以从以下几个方面进行思考与规划。

1. 多维度观察和解析，理解抽象概念

根据低龄儿童对具体事物如猫、狗等生物的认知过程，教师通常会引导他们从猫或狗的外观特征、生活习性、情感反应等多个层面进行细致观察与分析，以此为基础逐步构建对猫或狗的全面认知。同样地，在教授类似"隐私"这样的抽象概念时，教师也应从学生的日常生活入手，设计相关活动，鼓励他们多维度地去认识并理解这一概念。

2. 运用图表工具构建概念模型

模型作为一种表示、解释或模拟现实世界现象、系统或过程的抽象或简化方式，对于帮助学生理解和预测实际情境中的行为模式及发展趋势具有重要作用。尽管对于一、二年级的学生而言，抽象的概念建模看似难度较高，但实际上建模思维已经潜移默化地融入他们的学习过程中。因此，通过引入图表工具来构造可视化的概念模型，能够有效地揭示建模的过程，从而有助于学生更好地理解抽象概念，并在此过程中培养他们的计算思维能力。

【案例参考】

不能告诉你

遵循信息科技课程标准中关于信息辨别与保护的教学指导，我们精心设计了以"不能告诉你"为主题的实践教学活动。通过这一生动具体的课程内容，引导学生在参与简单的抽象、分解和建模的过程中，逐步理解和掌握隐私的含义及其保护措施。其教学活动设计如表4-2所示。

表4-2 "不能告诉你"教学活动设计

活动名称	活动步骤	设计意图
活动1：角色扮演学隐私	**1. 认知阶段** 借助趣味盎然的视频素材，引导学生理解信息的基本概念，并启发他们思考与自身息息相关的信息类型有哪些。 **2. 探究环节** 小组讨论：以小组为单位，组织学生共同探讨各自拥有的个人信息，如姓名、学校、身高、体重、兴趣爱好、生日、喜欢的动物、电话号码、家庭住址、身份证号码、家庭财产等，并将这些信息记录在圆片上。 角色扮演活动：每四人组成一个小组，其中一位成员充当学生角色，其他成员分别扮演老师、朋友和陌生人。通过模拟对话、各角色之间互动来判断不同身份的人适宜分享哪些信息。 **3. 分析** 在观察和体验的过程中，学生提炼并识别出不宜向他人透露的信息具有什么特征，从而引导学生对隐私的概念形成清晰的认识，进而总结出什么是个人隐私及其重要性	通过精心设计的"了解—探究—总结—应用"这一连贯的学习过程，我们运用两个紧密贴合学生日常生活的趣味小游戏，引导学生在轻松参与中逐步经历抽象思维、问题分解及概念建模等过程。这种寓教于乐的方式旨在潜移默化地提升学生的计算思维能力，使他们在游戏中自然而然地发展并锻炼高级认知技能
活动2：信息同心圆	**1. 实践应用阶段** 为各个小组提供一个信息层次结构的同心圆背景板，学生根据在活动1中对个人信息的深入分析结果，将适宜分享给不同群体的信息卡片粘贴到相应的同心圆区域。这一过程旨在帮助学生理解并区分不同级别的隐私保护需求。 **2. 归纳总结环节** 引导学生梳理与整合信息同心圆的内容，提炼出隐私信息和公开信息各自的特点，并深入认识和了解不同的隐私级别划分及其含义，从而巩固学生在整个教学过程中对隐私保护概念的理解与认知	

> 问题4：如何在指导学生进行信息分类的过程中培养其抽象思维能力？

【问题分析】

《义务教育信息科技课程标准（2022年版）》的第一学段明确要求学生应具备将数字设备记录的诸如文字、图片、音频、视频等各类信息进行合理分类、妥善保存及有效提取的能力。然而，在实际教学过程中，这一目标的达成面临着来自学生和教师两方面的挑战。从学生的角度分析，由于学生的生活经验和实践能力相对有限，可能难以充分认识到信息分类的实际意义与价值，且在应用所学知识解决实际问题时可能会感到困难，加之学生的信息处理能力尚处于发展阶段，这些因素可能导致他们在面对具体任务时感到迷茫并难以有效执行操作。另一方面，从教师的教学角度来看，传统的授课模式往往偏重教授技术操作，而忽视了培养学生的抽象思维能力，特别是在培养学生"甄别"与"建模"这两项抽象思维核心技能方面存在明显不足。

【问题解决】

如何有效地引导学生进行信息的合理分类呢？事实上，学生并非不具备分类的基本能力。例如，在他们幼年时期，他们能区分猫和狗，能将家中玩具有序摆放，甚至能根据图书类别进行图书分类，这些都蕴含着分类操作的思想。当学生进入2年级后，通过其他学科的学习，他们对分类和比较也有了初步的认知。然而，这些分类行为多源于直觉或为了满足具体的操作需求，缺乏对分类原因的深入思考，也未能系统地培养抽象思维能力。

为解决这一问题，我们可以借鉴其他学科的教学方法。以1年级数学课程《分扣子》为例，教材通过展示两张分扣子的情景图，引导学生参与"讨论辨析""动手实践""深度思考"和"自我评价"的完整学习过程中。在分扣子的过程中，学生需要遵循一定的标准进行分类，而这个标准正是通过对物体共有的外部特征或内在属性进行抽象提炼得来的，如根据扣子的形状（方形还是圆形）、扣眼数量（四个还是两个）或颜色（蓝色还是红色）等进行区分。分类既可以按照单一标准进行（如按形状分类），也可以采用双重标准，从而促使学生通过确定分类标准发展其抽象思维能力[1]。在计算思维能力的培育上，教师同样可以运用类比递进的方式，逐步提升学生的抽象思维能力，使他们能够更加深刻地理解并掌握如何对信息进行科学合理的分类。

在实际教学过程中，针对一、二年级学生群体，为了降低操作难度，我们可以采用不

---

1 杨真真.浅谈低年级数学活动经验的积累——以"分扣子"教学为例[J].新课程(中),2018(04):117.

插电的信息科技教学模式，运用简单、直观且富有趣味性的教学手段，确保学生能够深入理解和积极参与其中。以下是一些具体的方法，旨在指导学生进行信息的合理分类，并逐步培养其抽象思维能力。

①启发共性与特性的思考：教师应鼓励学生探寻不同信息或对象之间的共性和差异，引导他们识别并抽象出这些共性，从而实现信息的有效分类。例如，在教授动物分类时，可以让学生找出哺乳动物和鸟类之间的相似点和不同之处。

②设定抽象分类原则：教师应引导学生不仅依据事物的具体特征进行分类，还要学会从更抽象的角度设立分类标准。例如，除了根据水果的颜色、大小等直观属性进行分类，还可以引入如食用部位（果肉、果皮）、种子分布规律（单子叶、双子叶）等抽象标准。

③利用可视化工具辅助理解：教师应借助图片、图表及图形等形式，帮助学生将抽象的信息视觉化。例如，展示一系列动物图片，让学生观察并总结它们的共性和差异，进而制作一份动物分类图，按照诸如是否具有羽毛这样的特征进行分类。

④应用图形工具构建关联：教师应使用概念图、思维导图等图形工具，促进学生对信息关系的理解与抽象表达，让他们使用这类工具描绘不同类别信息间的交叉点和联系。

⑤创设故事情境激发兴趣：教师应创设具有吸引力的故事情境，让学生在具体的情境中理解和实践信息分类。例如，讲述一个关于城市中不同种类汽车运行的故事，然后引导学生将这些汽车按照轿车、公交车、卡车等类别进行分类。

⑥组织游戏互动活动：教师应创建富有挑战性和趣味性的游戏以及互动环节，引导学生主动参与信息分类任务。例如，在教室设置寻物游戏，要求学生按特定标准寻找并归类隐藏的物品。

⑦角色扮演深化理解：教师应安排角色扮演游戏，让学生扮演"分类者"，阐述他们的分类决策过程，这有助于锻炼他们的抽象思维能力。

⑧问题导向的教学策略：教师应提出一些需要运用抽象思维能力解决的问题情境，如"作为一名动物园管理员，你该如何规划和展示不同种类的动物？"这样的问题可以促使学生进行反思并确定合适的分类标准。

【案例参考】

分类大挑战

在"分类大挑战"教学活动中，教师精心设计了三轮递进式的挑战，以帮助学生从基于属性的分类逐步过渡到多角度分类，再到贴近实际意义的深度分类。这种设计旨在通过类比教学法促进学生对分类原则的深入理解与应用，从而实现教学目标，有效提升学生的抽象思维能力。

类比分析强化分类规则认知：在学生已经接触并掌握了生活中的多种信息类型的基础上，本活动以"如何有效地管理自己生活中纷繁复杂的信息"为问题情境导入，引导学生认识信息分类的重要性。然后，通过两个初级挑战任务，借助具体实践操作帮助学生切实掌握分类的方法。"分类大挑战"教学活动设计如表 4-3 所示。

表 4-3 "分类大挑战"教学活动设计

活动名称	活动步骤	设计意图
活动 1：动物分类大挑战	**教学准备：** 准备一系列涵盖哺乳动物、鸟类及爬行动物等各类动物的图片或卡片，以便课堂使用。 **教学步骤：** 1. 将动物图片或卡片随机分发给每一位学生。 2. 要求学生依据所拿到的图片或卡片上的动物类型，自行组成不同的小组。 3. 各个小组需将各自收集到的动物图片或卡片按照生物类别进行恰当排列，并最终展示给全班同学，分享他们的分类成果	通过呈现易于理解的分类实例，引导学生掌握基于属性进行分类的方法
活动 2：图书分类大挑战	**教学准备：** 准备一系列图书卡片，确保其包含丰富多样的图书类型（如科幻、历史、童话等）、不同作者及不同时期出版的图书。 **教学步骤：** 1. 将图书卡片随机发放给每一位学生。 2. 第一组学生根据图书内容类型进行分类，如将科幻类图书归为一类，历史类图书归为另一类。 3. 第二组学生依据作者名称进行分类，即将同一作者创作的所有图书归为一类。 4. 第三组学生按照图书的出版年份进行分组，即将同一年份出版的图书归为一类。 5. 各小组需将各自分类整理好的图书卡片有序排列，并在全班同学面前展示各自的分类成果。 接下来，鼓励学生就不同的分类原则展开讨论，分析各种分类方式的优点及其适用场景，从而进一步增强他们对信息分类多样性的理解与把握	通过进阶分类实例，引导学生深入理解同一组信息可以从多种视角进行多角度分类
活动 3：整理我的文件夹	**教学准备：** 准备一系列模拟计算机文件的小卡片，内容涵盖不同类型的文件，如包含日期和标题名称的文档、图片、音频、视频等。 **教学步骤：** 1. 鼓励学生根据个人理解和判断，自主对这些小卡片所代表的文件进行分类，如按照文件类型（文档、图片、视频）分类，或者依据日期、文件主题等进行分类。 2. 组织学生就各自采用的不同分类方法展开讨论，分析各种分类方法的优点及其适用场景，从而深化学生对计算机信息分类原理及实际应用的理解	通过此活动，旨在让学生充分认识到计算机信息分类的重要性，并掌握有效管理和组织电子文件的方法

4.4 计算思维的测评和实践

1. 商店里有 4 个动物机器人，有一个动物机器人晚上偷偷地在商店里走来走去，留下了一排脚印，如图 4-1 所示。请问：这是谁的脚印？（　　）

　　A. 小猫　B. 小熊　C. 兔子　D. 小牛

图 4-1 谁的脚印

答案：C

解析：匹配的脚印是兔子的。兔子的脚是唯一一个由包含三个圆圈的大三角形和三个小圆圈组成的。因此可以判断脚印是兔子的。

计算思维相关知识：本题旨在引导学生通过细致观察和对比分析，识别并提炼出不同动物脚印的特征属性。解答此题的关键在于对具有特定属性的对象进行精准识别，并在此基础上筛选出符合条件的答案。在这个过程中，从具体现象中提取本质特征的环节即为抽象过程，而这些被提取出来的本质特征则被称为属性。

尽管题目表面上看似简单，但它实际上却巧妙地引导学生经历了一次从观察、比较到抽象、分解及建模的认知过程。这样的学习体验有助于学生在面对看似相似的事物时，能够敏锐地捕捉其中的细微差异。当遇到结构与之前解决的问题类似的新问题时，学生可以借鉴之前的解决策略，采用相似的方法来迎接新的挑战。

2. 安娜有 8 张照片，如图 4-2 所示。杰克想要一张照片。安娜问了杰克 3 个问题，如表 4-4 所示，以确定杰克想要的是哪一张照片。你能确定杰克想要哪张照片吗？

图 4-2 安娜的 8 张照片

表 4-4 杰克想要哪张照片

安娜的问题	杰克的回答
1. 你想要一张带沙滩伞的照片吗?	是
2. 你想要一张我头上戴东西的照片吗?	否
3. 你想要一张能看到大海的照片吗?	是

答案：第 6 张照片

解析：通过安娜问的第 1 个问题可以判断，第 2、第 5、第 6、第 8 张照片符合要求；通过安娜问的第 2 个问题可以判断，第 6、第 8 张照片符合要求；通过安娜问的第 3 个问题可以判断，第 6 张照片符合要求。

计算思维相关知识：本题旨在引导学生深入理解并掌握问题分解和逐层判断的思维过程。在计算思维的框架下，"分解"这一核心概念是指将一个复杂的问题拆解为多个更小、更为简单的子问题，以便于我们能够更加清晰地认识问题本质，并有效解决问题。此题通过一系列逐步递进的问题分解与判断，模拟了编程中常见的嵌套条件判断结构。其内在的思考流程如图 4-3 所示。

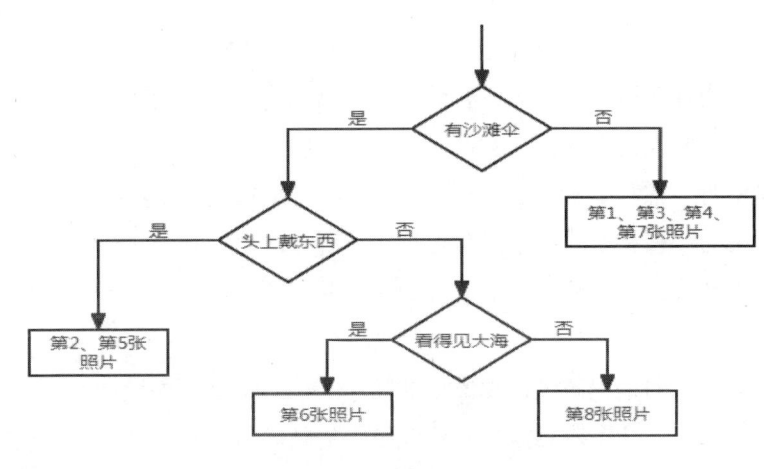

图 4-3 解题流程图

3. 在"兔子找胡萝卜"游戏中，游戏者可以通过向上、向下、向左、向右命令指挥兔子移动。请问：在图 4-4 中，输入怎样的一组命令才可以指挥兔子找到最爱的胡萝卜呢？要求：不可践踏草坪。

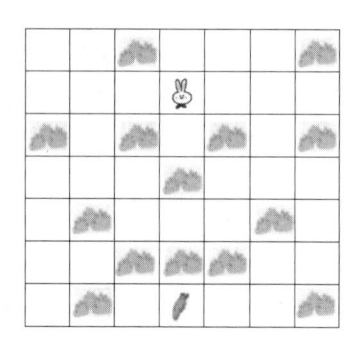

图 4-4 "兔子找胡萝卜"游戏

A. 向左，向左，向下，向下，向左，向下，向下，向下，向右，向下，向右

B. 向右，向右，向下，向下，向右，向下，向下，向下，向下，向下，向左

C. 向左，向左，向下，向下，向右，向下，向右，向右，向右，向右，向下，向下，向左，向左

D. 向左，向左，向下，向下，向右，向下，向右，向右，向上，向右，向右，向下，向下，向左，向下，向左，向左

答案：D

解析：根据图 4-4 所示的地图，按选项 A、B、C 指挥兔子移动，兔子会践踏草坪，只有按照选项 D 指挥兔子移动，兔子才能找到最爱的胡萝卜。

计算思维相关知识：本题旨在帮助学生理解如何通过一系列指令引导兔子到达胡萝卜的位置，这与为机器人编写程序的逻辑相似，其中每一条指令就如同用计算机语言编写的代码。

编程语言作为程序设计中至关重要的工具，其本质是一种遵循特定语法规则、能够被计算机理解和执行的人机交互语言。对于一、二年级的学生来说，直接掌握编程语言无疑具有一定的挑战性。然而，通过解决具体问题，如为小兔子编写简单的"程序"，使其按指令行动，不失为一种有效的编程启蒙方法。这种方法可以让学生直观地观察到代码运行过程中的每一步结果，并逐渐培养他们准确理解并解释每条指令的能力，从而按照正确的顺序逐步完成预定任务。

此外，本题展示的是程序设计中典型的顺序结构，这是程序设计中最基础的结构形式之一。在顺序结构中，开发者只需按照预先设定的顺序编写相应的语句，计算机便会严格按照该顺序逐一执行，最终实现预定的任务目标。

第 5 章
在线学习与生活

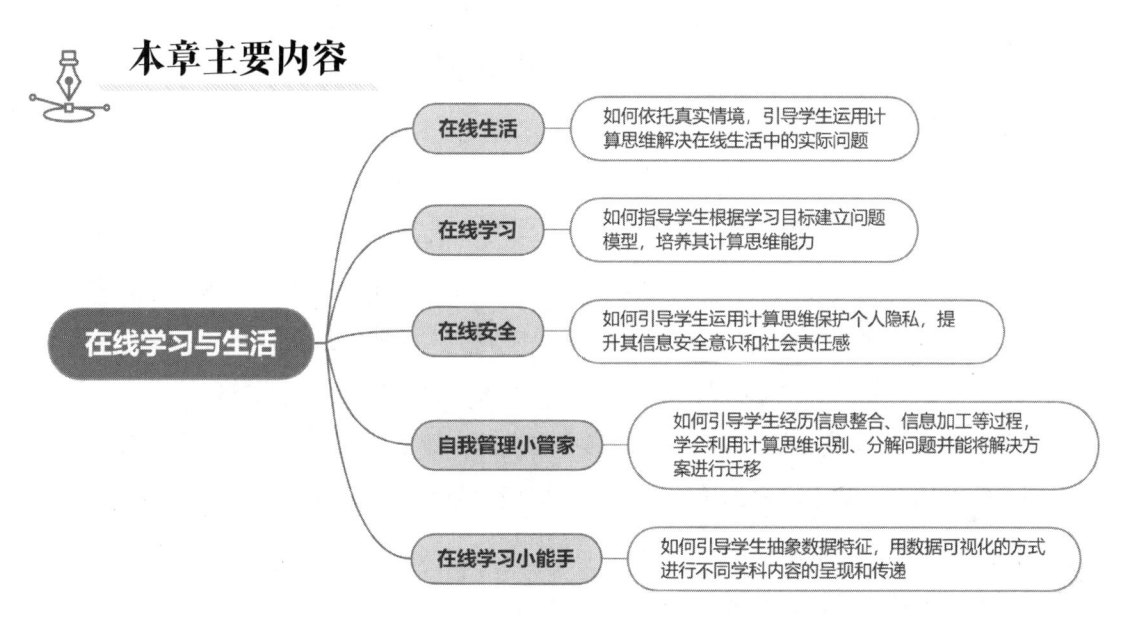

本章主要内容

在线学习与生活
- 在线生活：如何依托真实情境，引导学生运用计算思维解决在线生活中的实际问题
- 在线学习：如何指导学生根据学习目标建立问题模型，培养其计算思维能力
- 在线安全：如何引导学生运用计算思维保护个人隐私，提升其信息安全意识和社会责任感
- 自我管理小管家：如何引导学生经历信息整合、信息加工等过程，学会利用计算思维识别、分解问题并能将解决方案进行迁移
- 在线学习小能手：如何引导学生抽象数据特征，用数据可视化的方式进行不同学科内容的呈现和传递

课标内容要求

1. 通过生活中的在线经济、新兴媒体、人工智能等实例，感受在线社会对学习与生活的影响。

2. 针对生活中的具体需求，采用合适方式开展在线搜索，获取有用信息和资源，知道信息的常见来源及存在的重要性。

3. 对比实际案例，将生活中掌握的在线沟通与交流能力迁移到学习中，通过线上平台与他人开展协作学习活动，讨论学习规划，分享学习资源，感悟在线学习的便利与创新性。

4. 根据学习、生活中的任务情境，使用恰当的在线平台获取文字、图片、音频与视频等资源，设计、创作简单作品。

5. 结合学习需要，能将问题进行分解，并用文字或图示描述解决问题的顺序，利用在线方式分派任务、交流讨论、表达观点、发布成果，在解决问题的过程中体验协作带来的效率提升。

6. 能根据不同的活动要求，合理选用数字设备，学会在不同设备间复制文件的方法，并遵守数字设备的使用规范，进一步加深对资源共享的理解。

7. 认识数字身份的唯一性与信用价值，加强保护个人隐私的意识，提升在线社会中自我管理的能力。

8. 了解自主可控技术对在线行为的影响，初步形成在线社会的安全观。

5.1 模块概述

"在线学习与生活"模块是《义务教育信息科技课程标准（2022年版）》中第二学段（3~4年级）的内容。本模块包括"在线生活""在线学习""在线安全"三部分内容。通过本模块的学习，学生能够更好地适应现代社会的数字化学习和生活环境，不仅能够提升自己的学习效率和创新能力，同时也能更好地保护个人及他人的信息安全和隐私。

在本学段，学生已经具备将复杂问题分解为若干个相对简单的子问题的能力，并且能够逐步解决每个子问题。然而，他们仍面临一些挑战。例如，他们在面对较为复杂的问题时可能会感到困惑，缺乏有效的策略和方法来合理地分解问题，导致无法得到清晰的分解结果或无法有效地指导后续步骤。他们在解决了各个子问题后，往往缺乏如何协调和整合各个子问题的解决方案以有效解决整体问题的能力。

此外，本学段的学生已初步具备将具体事物或问题转化为概念和符号，并通过一定程度的抽象思维去理解和解决简单的实际问题的能力。尽管如此，他们的抽象思维能力尚处于发展阶段，对较复杂的抽象概念的理解能力有限，容易受到具体情境的制约，难以进行更高层次的抽象思考和应用。因此，学生需要通过更多的实践训练和教师的指导来深化抽象思维的应用能力。

针对以上提到的学生能力的短板，教师在本学段的教学过程中应采取如下措施：提供丰富的现实情境，设置适度的挑战任务，并提供充足的支持，帮助学生逐步培养并提升抽象思维和问题分解能力；引导学生系统化地进行问题分解，传授有效的问题分解策略和方法；借助具体实例和实践活动，助力学生巩固并拓展抽象思维能力；鼓励开展合作学习活动，让学生通过互相交流与协同解决问题的方式，共同提升问题分解能力和抽象思维能力。

5.2 核心素养的培养

在我国推进人才强国战略的过程中,义务教育阶段的教育教学应充分考虑学生的认知特点和个性化学习需求,采用多元化的教学策略与教育资源,为学生构建适宜的学习环境,并提供真实的学习情境。这些做法旨在培养学生的自主学习能力,提高学生的计算思维能力。在"在线学习与生活"模块中,为了培养学生的计算思维能力,教师应当注重引导学生根据实际情境,运用抽象思维能力和建模能力,模拟并实践解决问题的思维方式和步骤。学生应该能够将这种思维方式和能力迁移到现实生活场景中,以解决在线学习与生活中遇到的各种问题。

为了培养学生的计算思维能力,教师可以采取以下策略:深入剖析学科知识,帮助学生精准把握新旧知识之间的联系;创设具有挑战性的问题情境;提供多种解题思路与策略;强化实践操作环节,从而有效地提升学生的学习迁移能力和知识应用能力。

5.3 关键问题

> 问题5:如何依托真实情境,引导学生运用计算思维解决在线生活中的实际问题?

【问题分析】

在进行"在线生活"内容的教学时,部分教师仍然沿袭传统的教学方法,如直接教授网络信息获取和处理的方法,仅让学生记忆百度、360等常见搜索引擎的名称。这种教学方法显得枯燥乏味,难以引发学生的共鸣,也无法有效地引导学生进行主动思考。这种教学方法的不足在于,它忽视了学生的年龄特点和知识背景,未能关注到学生的真实需求,同时缺乏基于真实情境的教学设计,从而难以激发学生的学习积极性,不利于培养学生的信息获取和处理能力,更难以通过计算思维解决在线生活中的问题。

对于3年级的学生而言,他们的问题提炼和归纳能力尚处于发展阶段。因此,教师应该深入了解学生的特点,分析其需求,并将这些与学生的生活经验相结合。在教学过程中,教师应结合学生的已有经验和生活经历,构建真实的实践活动场景,运用生动的案例,通过多样化的情境激发学生的学习热情，促使他们运用已有的知识进行思考和探索，学习新技能，逐步发展抽象思维能力，增强解决实际问题的能力。

依托真实情境的教学方法可以将学习内容与现实生活或具体情境紧密联系起来，创建出逼真的学习环境和情境。这种教学方法的优势在于，它能够提高学习内容的实用性和意义性，增强学生的学习动机；培养学生的合作沟通技巧，促进学生的情感投入和体验式学习。同时，它也有助于锻炼学生的计算思维能力和创新精神。此类教学方法可以显著提升学生的学习效果和体验感，帮助他们在实际生活中更好地应用所学知识和技能。

例如，教师可以创设一个"在线购物"的真实情境，引导学生将日常与家长共同在线购物的经验迁移到课堂学习中。教师指导学生精准提炼出解决在线购物问题的关键步骤，如分析购买需求、选择适宜的在线平台、搜索商品、比较价格、查看评价、挑选商品、填写地址、支付订单、追踪物流、确认收货等一系列环节，最终完成一次完整的在线购物过程。这样的教学设计旨在培养学生运用计算思维解决实际问题的能力。

【问题解决】

依托真实情境，结合学生的在线生活经验，教师可以设计一系列实践活动，旨在引导学生明确需求，恰当地选用数字平台或软件，精准地归纳信息并分解问题，运用多元搜索策略获取信息，并能实现知识的迁移，从而解决更多在线生活中的实际问题。

在培养学生的抽象思维能力的过程中，教师应关注以下教学要点。

① 培养问题意识：教师应鼓励学生从现实生活中的具体问题出发，探讨问题并提出创新解决方案。例如，教师可以指导学生探讨如何高效地进行垃圾分类，如何科学地规划个人学习计划等。

② 提炼与归纳问题的准确性训练：通过深入阅读和理解问题，帮助学生确定问题边界，识别关键词汇和相关概念，引导学生进行逻辑推理和问题归类，找准问题的核心点和方向。在这个过程中，教师可借助数字化工具如思维导图等，同时强调交流讨论的重要性，引导学生学会倾听他人的观点和建议，不断优化和完善自己对问题的提炼与归纳过程。

③ 以实践操作为核心：通过实际操作数字平台和软件，培养学生的抽象思维能力。例如，可以让学生亲自安装和使用计算机软件来完成任务，从而在实践中理解和掌握抽象的逻辑与方法。

④ 分步引导问题分解：教师可通过设置问题链，引导学生将复杂问题拆分为多个小问题，然后有序地解决这些小问题，从而提升他们的问题分解能力。

⑤ 推崇合作与分享式学习：利用数字平台和软件自带的社区属性，鼓励学生参与讨论，

分享实践经验、共同解决问题。即使是失败的经历也能成为激发抽象思维发展的重要资源。

⑥ 发展学习迁移与类比能力：教师需要采取多样化的教学方法，创设丰富的学习环境，并设计具有连贯性和跨学科性质的项目与任务。例如，通过让学生利用 National Geographic（国家地理）探索不同地区的地理文化历史背景，不仅可以学会操作 National Geographic（国家地理）的各种模块和工具，而且能够将所学技能应用到新的情境中，从而提高其抽象思维能力和解决问题的能力。

【案例参考】

1. 引入真实情境，培养学生的问题意识

"在线生活"这部分内容的教学目标是通过引导学生进行在线搜索和信息处理，培养他们运用计算思维归纳问题、提炼问题的能力。教师可以设计以"数字出行"为主题的实践活动，如制定"数字出行——探秘我的家乡"旅行计划书，指导学生根据实际需求规划旅行方案，以此来培养学生的计算思维能力。

在活动正式启动之前，教师可以引导学生回顾并分享他们的在线生活经历，通过了解和分析学生可能具有的在线体验与场景互动，明确学生在实践活动过程中所需掌握的处理数字信息的关键技能。这样做可以激发学生的学习迁移能力，为顺利进行在线搜索与信息处理活动做好准备。为此，教师可以在教学活动中设计一个名为"数字出行小故事"的课堂互动环节，以此帮助学生深化对网络资源获取、网络信息辨析、信息整理方法的理解，明确信息的价值与意义，并逐步确立进行数字出行规划的思路和步骤。具体活动方案如表 5-1 所示。

表 5-1 "数字出行小故事"活动方案

请同学们以小组为单位，结合自己的在线生活经验，讲一讲自己的"数字出行小故事"，然后从以下几个方面进行分析，总结为了让在线生活更便捷，我们需要具备哪些信息意识、数字技能和信息处理能力					
小组	讲故事（在线生活经验分享）	分析出行需求（在线生活分析）	需要使用的设备和软件（数字工具及技术）	获取到的信息结果（产生的数据）	总结归纳（提升信息意识）
成员 1					
成员 2					
成员 3					

2. 关注学生多重信息意识，培养抽象思维能力

在制定"数字出行——探秘我的家乡"旅行计划书的过程中，教师可以按照以下步骤指导学生进行在线搜索和探讨数字出行的思路与实践过程。

① 确定问题需求：教师引导学生明确"数字出行"的概念，探究其实际应用场景和相关技术支持。通过回顾日常生活中的体验，分析数字技术如何改善和优化了人们的出行体验。例如，共享出行服务、智慧停车系统、在线导航工具、网络预订平台（如预订酒店、机票）、旅游信息服务及航空交通管理等。这些数字出行方式可能是学生日常生活中亲身体验过的。

② 获取网络资源：有效获取网络资源是学生应掌握的关键技能之一。在教学设计中，教师应该通过设计活动让学生熟悉涉及数字出行的各种信息渠道，并整合他们零散的知识。教师要重点教授学生掌握多种获取网络信息的途径，如使用搜索引擎（如百度、360等）快速检索相关信息，并有意识地引导他们全面了解各种获取信息的方法，以提升学生的在线学习效率和知识技能水平。

③ 分析资源可靠性：教师需指导学生对不同来源的信息进行综合比较，评价其可靠性、实用性及权威性。有用的信息源可能来自数字出行平台的官方网站或官方资料介绍，行业专家的评论与分析，以及用户的反馈与评价等。同时，教师应强调信息安全意识，教育学生在获取网络信息时要验证信息来源的真实性，判断信息内容的真伪，保持客观立场，遵守法律法规，养成谨慎筛选、准确客观评估信息的习惯。

④ 结合实际场景体验：教师应鼓励学生结合真实生活场景，通过实际操作和使用各类数字出行平台，深入了解并探索数字出行的具体实现过程。例如，下载安装相关应用软件，完成注册、设置和操作流程，以此来理解数字出行背后的原理和运行机制。

⑤ 归纳总结与可视化表达：活动最后，教师可以要求学生对整个数字出行的思考过程和实践操作进行归纳总结，形成个人独特的理解和体验。为了便于理解和记忆，可将数字出行的过程制作成图表或流程图，直观展现从需求识别到信息获取再到实际应用的完整脉络。

3. 融合实践活动，强化解决问题的能力

制定"数字出行——探秘我的家乡"旅行计划书的教学步骤可以细化如下。

① 明确旅行目的：教师应引导学生预测并阐述本次"数字出行——探秘家乡之旅"旅行的意义与预期效果，包括将要使用的数字设备、软件，以及可能涉及的数字化交互方式等。

② 设定目的地和时间安排：教师应指导学生选定合适的家乡探索目的地和具体的出行时段，确定旅行的核心主题及详细的时间规划。

③ 进行在线搜索：教师应教授学生如何使用搜索引擎（如百度、360等）搜集相关信息。例如，输入关键词"数字出行""互联网旅游"，以及具体的目的地信息（如景点名称、交通状况、餐饮设施、住宿资源等）。

④ 深入挖掘网络资源：教师应鼓励学生查阅相关资料，全面了解目的地的旅游资源、当地人文环境、历史文化背景、治安情况和交通配套设施等必要信息。

⑤ 辨析筛选信息：教师应指导学生对搜索到的信息进行鉴别和评估，着重分析信息来源的可靠性、实用性和权威性。

⑥ 整理分类信息：教师应指导学生将搜集的信息进行系统整理、归类，并可通过构建概念框架、知识图谱或绘制思维导图的方式呈现所获信息。

⑦ 认识信息价值与意义：教师应指导学生深入探讨所获取信息的价值及其对数字出行的实际影响，梳理数字出行的优势、可能遇到的挑战，以及未来发展趋势等内容。

⑧ 确立数字出行思路与流程：基于已掌握的信息和个性化需求，教师应指导学生选择合适的交通工具、预订住宿和餐饮服务，进而制定详尽的旅游路线和行程表。

为了更有效地落实以上教学内容，教师可以设计学生小组合作学习任务单，其中包含：学习重点摘要、所需技术支持指南、推荐的可靠信息源列表、旅行计划表格模板和活动评价标准表格。通过完成学生小组合作学习任务单，学生不仅能够加深对在线生活中的基础信息和技能的理解与掌握，还能提升合理利用数字设备获取、辨别信息的能力，并进一步锻炼运用计算思维分析问题和解决问题的能力。最终，借助评价机制，促使学生实现自我认知的升华，增强团队协作意识和社会责任感。学生小组合作学习任务单的具体内容可参照表5-2。

表5-2 "数字出行——探秘我的家乡"学生小组合作学习任务单

小组成员及分工	成员1：	分工：
	成员2：	分工：
	成员3：	分工：
一、活动准备：请准备以下学习资料		
学习要点（教师提供）	基本知识： 学习重难点：	
学习资源（教师提供）	技术支持： 可靠的提供信息来源的网站：	

(续表)

	二、活动内容：请完成以下实践活动
实践活动	制定"数字出行——探秘我的家乡"旅行计划书 一、旅行计划基本信息 1. 旅行地点： 2. 时间计划： 3. 人数计划： 4. 费用计划： 二、旅行计划 1. 目的地基本信息简介： 2. 出行方式（或交通工具）： 3. 出行票务预订情况： 4. 住宿预订情况： 5. 餐饮计划： 6. 计算预计费用： 获取以上信息选用的数字平台有： 以上信息来源可靠性分析： 三、小组计划书宣讲 1. 展示小组合作的成果：讲解员可按照"计划产生——计划修改——计划成熟"的过程来展示，也可以从其他角度，多元地、新颖地展示。 2. 通过学习，你对"我的家乡"有哪些新的认知？请给大家介绍一下你眼中的"我的家乡"。 四、学习总结 通过小组合作完成旅行计划书，你在信息获取意识、在线生活技能、解决问题能力，以及思想情感等方面有了哪些收获？和大家交流一下

问题6：如何指导学生根据学习目标建立问题模型，培养其计算思维能力？

【问题分析】

在教学过程中，学生会积极分享生活中的真实情景和体验，并勇于表达个人观点甚至提出新的问题。然而，有的教师对此视若无睹，对学生的反馈与疑问避而不谈，未能及时在课堂上对学生的回答给予恰当的评价、引导和启发。另一方面，有的教师却过于干预和详尽讲授，压缩了学生自主探索和发散思维的空间。例如，在教授如何使用数字平台或软件时，部分教师会过度演示操作流程，通过教学平台逐个步骤地给学生演示操作，而忽视了留给学生自我探索和实践的机会，导致学生缺乏尝试和挑战自我的可能。

在指导学生进行"在线学习"时，教师恰如其分地关注与引导学生的课堂体验及探索欲望至关重要。教师的教学行为直接影响学生的学习积极性、体验感受、学习成效和应用知识解决问题的意愿，还在培养学生解决问题的能力方面起着决定性作用。

教师应提供丰富多样的学习资源，让学生在适宜的学习环境中自由探究、自主学习；创设相对宽松且活跃的学习环境，鼓励学生小组间开展协作交流，通过减少对学生思维和行动的限制，学生将能更主动、自如地表达自己的观点；在指导学生分解问题、细化解决方案的过程中，教师应当扮演引导者的角色，适时抛出问题，为学生提供思考的方向，而不是代替学生操作，从而剥夺他们动手实践的机会。作为教育工作者，我们的教学目标不仅仅是传授一种软件的应用技巧或某项单一技能，而是要通过课堂教学帮助学生构建起解决问题的模型框架，掌握解决一般性问题的方法，进而培养他们的抽象思维能力。通过这样的教学方法，学生在未来面对新的技术挑战和问题情境时，能够运用已学到的问题解决方法和思维方式去自主学习、独立应对。

【问题解决】

教师可以借助在线学习平台，组织以"科技达人秀"为主题的活动，引导学生选取合适的在线交流工具，对学习任务进行合理分解和有序排列，并通过在线协作的方式共同完成学习任务。教师可以采用创新的教学策略来实现教学目标，同时激励学生积极参与交流与合作，主动发现并解决问题，培养学生提出改进建议的意识。在这个过程中，学生不断提升学习能力、问题解决能力和抽象思维水平，体验在线学习的优势。

① 为了解决在线教学中可能遇到的实际困难，教师要建立有效的互动交流机制。由于在线学习可能会使学生感到孤立无援，因此搭建一个良好的互动交流平台至关重要。教师可利用在线讨论区、电子邮件、微信群等多种工具保持与学生的紧密联系，协助学生及时解决疑难问题，并鼓励他们在学习过程中互相帮助与分享。

② 教师应设计符合学生实际情况及教学目标的在线学习任务，如阅读和理解在线学习平台操作指南，完成线上课程、项目作业或在线测试等。

③ 教师应向学生推荐高质量的在线学习资源，如在线课程、网络文章和电子书等。教师应指导学生如何合理选择和有效利用这些资源，同时介绍不同在线平台的特点、功能及其适用范围，使学生能依据需求选择合适的在线平台。

④ 教师应引导学生明确学习目标和要求，以及使用在线平台的具体目的和要求，教会学生如何根据目标挑选恰当的学习工具。

⑤ 教师应教授学生在线沟通与协作的技巧，包括制订计划、安排任务的方法，并让学生学会通过在线方式协同完成任务。

⑥ 教师应培养学生的问题分解和细化步骤的能力，即教导学生将复杂问题按照逻辑结构拆分成易于解决的小问题，构建问题与解决方案之间的关联。让学生了解如何将大问题分解成小问题并逐个击破，从而实现问题的有效解决。

⑦ 教师应指导学生制订详细的学习计划和时间表，以提高他们的自学能力和自我监控能力，确保学生能够自主掌控在线学习进度。教师需定期追踪和检查学生的学习计划和时间表，以便及时发现问题，提供有针对性的帮助和建议。

⑧ 在教学过程中，教师应密切关注学生的学习状况，及时为他们解答疑惑，不断调整优化课程设置和教学方法，以求达到最佳的教学效果。

⑨ 教师应当积极支持和鼓励学生参与在线学习，营造良好的学习氛围，并采取正向激励措施，激发学生探索新知识和技术的热情，助力他们不断提高在线学习能力。

总之，引导学生有效地进行在线学习需要一套完整的教学策略和具体的操作方法。教师应结合自身教学经验和实际情况，灵活运用各类在线学习资源和技术工具，促进学生快速适应和熟练掌握在线学习方法，增强其自主学习能力。

【案例参考】

教师可以以"在线学习平台"为依托，举办"学以致用——我是生活小能手"为主题的劳动技能实践活动，引导学生进行在线合作，通过在线交流制定学习方案并完成任务，最终以多种数字作品的形式呈现成果。

1. 提供多元学习资源，拓展视野、培养能力

教师指导学生熟悉多种数字作品展示形式，并根据实际情况科学评估，选择合适的形式创作数字作品。教师应提供丰富的学习资源，并通过以下步骤帮助学生分析和选择合适的数字作品表现形式：①协助学生理解展示需求，分析问题本质，明确作品要达成的效果及所需的素材；②教授学生使用相关软件和工具，通过实践操作制作数字作品；③要求学生在完成作品制作后进行测试和调整，发现问题及时解决，直至作品满足预定要求。通过这一系列学习与实践过程，学生不仅能够掌握各类软件和工具的基础知识和操作步骤，还能学会解决问题的方法，为将来应对更复杂的项目打下坚实的基础。

举例来说，针对八九岁的学生，除了传统的演示文稿制作软件，还可以尝试引入以下几种数字作品创作工具。

- 数字视频编辑：利用 Windows Movie Maker 等简单易用的视频制作软件编辑视频。
- 数字绘画与填色：运用 Tux Paint 等数字绘画软件进行绘画与填色活动。
- 数字故事书创作：借助 My Storybook 等在线故事制作工具创作数字故事书。
- 数字游戏设计：利用海龟编辑器等入门级编程游戏制作软件设计简单的动画或游戏。

2. 指导学生在线协作，运用计算思维解决问题，制定学习方案

① 明确学习目标：学生需要确定一项具体的劳动技能作为学习主题，并明确该主题下的学习目标和要求。

② 分工合作：鼓励学生分组进行在线协作，每组设一名组长，负责协调小组成员的学习进度和任务分配，并共同制定方案。

③ 搜集学习资源：学生可通过搜索引擎、在线学习平台和手机 App 等多种渠道搜索与劳动技能相关的教育资源，包括教学视频、实例演示和学习笔记等。小组内部可以在线分享、讨论和评价这些资源，筛选出适合小组和个人学习的内容。

④ 设计学习方案：小组成员深入讨论，细化学习流程和方法，制定详细的学习方案。方案应涵盖学习计划、实施方法、任务分工和考核标准，并可在在线协作平台上使用共享文档进行协同编辑。方案还需结合学生个体差异，分期规划，合理安排，充分利用每个学生的特长和技能，避免重复劳动和低效学习。

⑤ 成果展示与互评：学习任务完成后，学生可以通过在线平台分享自己的学习成果与体验，如视频、演示文稿、图片或博客等形式。在展示过程中，学生之间相互点评与交流心得，以增强学习效果和互动性。

通过上述步骤，教师可以有效地引导学生进行在线协作和学习方案设计，促使学生更好地开展自主学习和团队合作，激发学生的自主学习兴趣和动力，在不断试错和反思中提高自身的劳动技能水平和综合素养。学生小组合作学习任务单的具体内容可参见表 5-3。

表 5-3 "学以致用——我是生活小能手"学生小组合作学习任务单

一、活动准备			
小组成员	成员 1：	分工：	
	成员 2：	分工：	
	成员 3：	分工：	
问题的分析及分解	1. 问题需求分析	① 为了解决生活中的什么问题，需要学习什么生活技能？ ② 学习这项生活技能需要具备哪些条件	
	2. 问题分解及解决	① 将问题分解成哪些小问题并逐个解决？ ② 明确小问题的解决步骤并加以排序	
学习途径	① 根据问题分析，需要获取哪些学习资源？ ② 通过哪些在线平台获取学习资源？获取到哪些有效的学习资源？ ③ 小组成员进行在线交流的在线平台是什么？有什么优势			
二、在线学习与协作			
教师提供学习资源	数字软件 1： ① 软件功能介绍 ② 提供操作手册/教学微课/学习网站	数字软件 2： ① 软件功能介绍 ② 提供操作手册/教学微课/学习网站	数字软件 3： ① 软件功能介绍 ② 提供操作手册/教学微课/学习网站

(续表)

作品分析及制作	1. 作品效果预期	
	2. 软件选择的依据	
	3. 作品制作及展示	
作品完成评价	1. 问题解决效果评价	
	2. 作品呈现效果评价	
	3. 软件应用评价	
	4. 提出修改建议和期望	

问题7：如何引导学生运用计算思维保护个人隐私，提升其信息安全意识和社会责任感？

【问题分析】

在培养学生的信息安全意识时，面对这一新颖而又复杂的课程内容，有的教师倾向于进行走马观花式的教学，只关注课程表面的知识点而没有深入剖析每个知识点；有的教师在教学过程中过于强调简单的"应对策略"，忽略了对信息安全基本原则的重点讲解，使得学生在面对真实的安全威胁时，可能会因为缺乏实战操作经验而感到无所适从。例如，小学生的密码设置一般比较简单且容易被猜测，这可能威胁到他们的账户安全，然而教师并没有强调密码的重要性和如何设置复杂的密码；有的教师可能会重点介绍网络暴力等方面的安全知识，而忽略了学生实际面临的更具针对性的网络安全问题，如网络诈骗、信息泄露等；有的教师只让学生知道什么是危险的网络行为，但并没有教导学生如何规避这些风险；有的教师可能只注重风险提示，而忽略了对学生积极防御能力的培养，这样的做法可能会使学生对网络产生不必要的恐慌和危机感，影响他们正常、健康地使用互联网。

以上教学方法往往会导致学生在未来遇到信息安全问题时表现出无知和漠视，可能会造成学生过于盲从地使用某些方法应对信息安全问题，而没有真正理解其背后的原理和机制。教师如果在教学中忽视了对学生情感的共鸣和引导，生硬的要求会让学生产生压迫感、挫败感、不信任感，这不仅会影响学生的自信心，还难以让学生深刻理解信息安全的重要性，更不用说激发他们的社会责任感了。

因此，在培养学生信息安全意识时，教师应当注重引导学生理解信息安全的基本原理，进行实战式的演练和实践活动，及时发现教学乱象并进行纠正。教师应该耐心地引导学生回顾自己的生活经历和真实的体验，给他们足够的空间去表达和阐述观点。通过讲解数字身份和自主可控技术的相关知识及其在社会中的应用，并通过准确的提问引导学生自主分析信息安全的要点、途径、方法。通过情感共鸣，教师可以引导学生亲身感受个人隐私的重要性，激发他们对维护社会信息安全的责任感。

【问题解决】

教师可以通过"感受真实案例"活动，联系学生生活实际，引导学生自主形成信息安全意识，提升学生的社会责任感。

① 教师可以搜集并分享真实的信息安全案例，引导学生讲述与信息安全相关的个人经历和见闻，或者从互联网、报纸、杂志、电视等渠道获取真实的信息安全案例，如网络诈骗、网络攻击等案例，并在课堂上进行展示。这些案例可能涉及个人、企业或国家在信息安全领域的实际问题，可以通过图片、视频、网页等多种形式进行展示。

② 在案例分享后，教师应组织学生对案例进行深入分析和讨论，可采用课堂讨论、小组讨论、辩论、角色扮演等多种教学方法。通过这种分析和讨论，学生能更深刻地理解信息安全的重要性，熟悉各类信息安全防护措施，从而提升信息安全意识和社会责任感。

③ 教师应向学生教授数字身份的基本概念及其重要性，帮助学生了解自己的数字足迹，并指导他们运用隐私设置等方法保护个人隐私信息。

④ 教师应鼓励学生运用自主可控技术保护个人信息，控制网络的使用，维护在线身份安全。例如，学会使用密码管理器妥善管理密码，掌握规范的密码设置规则，避免使用易被破解的弱密码。

⑤ 教师应系统地讲解信息安全的基础知识和技能，包括如何识别网络威胁、防范网络"钓鱼"攻击、保护电子邮件隐私等，并指导学生使用安全的网络工具及软件，如网络密码保护工具和电子邮件加密工具等。

⑥ 教师可设计并开展一系列信息安全教育活动，如制作信息安全宣传海报，举办信息安全演讲比赛，进行信息安全课题研究等，让学生能够运用所学理论知识进行创新实践，进一步提升信息安全意识和技能。

⑦ 教师可采用互动式教学模式，通过分类讨论、实验室实践、案例分析、团队合作等方式，激发学生自主探索信息安全知识的意识，使他们在实践中逐步提高信息安全防护能力，并将这些技能应用于现实生活中。

⑧ 教师应着力培养学生的信息安全意识，让他们认识到网络安全和隐私保护的复杂性和重要性，鼓励他们在实践中不断锤炼和加强自身的安全防护措施。

⑨ 教师应注重培养学生的社会责任感，鼓励他们学习和遵守网络安全法规，主动在网络社交媒体、博客或其他平台上分享信息安全和隐私保护的知识。教师应倡导学生在上网时尊重他人的隐私和信息安全，并在现实生活中积极应用所学的安全知识，承担起维护社会信息安全的责任，全面提升学生的信息安全意识和社会责任感。

【案例参考】

教师可以以"保护个人隐私"为主题，设计"了解在线支付过程"的活动，开展辩论赛或者演讲比赛，引导学生认识数字身份和自主可控技术，从而培养学生的信息安全意识和社会责任感。

1. 了解在线支付过程，认识数字身份和自主可控技术

教师通过让学生回顾和讲述自己或身边人遭遇过的在线安全经历或问题，引导学生深入理解数字身份的概念和自主可控技术在保障在线安全方面的重要性。

① 分享数据泄露和身份盗窃案例：教师向学生介绍一些实际发生的数字身份盗窃及不当使用的案例，让学生认识到此类行为的严重后果。同时，提醒学生使用公共网络时的注意事项，如完成在线购物支付后务必退出账号、关闭相关网页、清除浏览记录和密码缓存等，以最大程度避免个人账户信息和隐私遭到泄露。

② 讲解在线支付流程：教师详细分析在线购物和支付步骤，包括登录、添加商品至购物车、提交订单、选择支付方式、进入支付界面直至最后确认支付。通过详尽的过程解析，学生能掌握在线支付的工作原理，并意识到其中可能存在的风险，尤其是绑定银行卡或信用卡时输入个人身份信息时的安全保密问题。

③ 强调数字身份保护的重要性：教师应阐述在网络环境中数字身份的关键作用，引导学生关注并强化对个人数字身份（特别是账号和密码）的保护措施，避免在公共场所随意进行在线登录等不安全操作。

④ 介绍自主可控技术及其价值：教师应讲解自主可控技术的概念及其在国家安全、经济发展等方面的优势，说明其在全球竞争中对于降低对外部依赖、保障国家核心利益的重要战略地位，特别是在航空航天、通信技术、人工智能等领域的作用尤为显著。

⑤ 提升学生的信息安全意识和社会责任感：教师应强调网络安全不仅是个人层面的

问题，更关乎整个数字生态系统的健康与稳定。鼓励学生积极投身于网络安全维护工作，提升社会责任感，共同为营造一个安全、可信的数字世界贡献力量。

通过以上循序渐进的教学引导，学生在了解在线支付流程的同时，也能深刻认识到数字身份和个人信息安全的重要性，并在实践中主动采取有效的防护措施。这有助于构建更加健全的网络安全生态环境，共同打造一个安全可靠的数字空间。

2. 引导学生运用计算思维分析在线支付过程中如何保护个人信息和隐私

① 了解自主可控技术：教师应让学生深入了解我国的自主可控技术，认识保护国家第五疆域安全——网络空间安全的重要性。

② 辨别安全支付网站：教师应指导学生学会识别一个网站是否安全可靠，可以引入加密技术的相关知识，使学生明白为何要关注网站 URL 中的"https"协议标志以及浏览器中显示的 SSL/TLS 安全证书图标。

③ 强调个人信息保护的重要性：教师应让学生明确在线支付时所需提供的个人信息范围，包括姓名、地址和各类支付信息等，并着重强调保护这些个人信息的重要性，提醒他们在支付过程中务必保持警惕。

④ 合理控制个人信息披露：教师应提醒学生在填写个人信息时，仅提供必要的数据，如姓名、地址、电话号码和电子邮件地址等，切勿随意透露敏感信息，诸如身份证号码、驾驶证号码和银行账号等。

⑤ 展示第三方支付服务的安全使用方法：教师应介绍并演示如何安全使用支付宝、微信支付等第三方支付工具，指导学生设置强密码并启用两步验证等账户安全保护措施。

⑥ 倡导使用高强度密码：教师应鼓励学生采用包含数字、字母和符号在内的复杂密码来保护账号安全，避免使用与个人信息关联度高或常见的简单密码。

⑦ 提醒学生注意公共网络环境下的支付安全：教师应教育学生在公共场所使用无线网络进行在线支付时必须格外小心谨慎，确保网络安全。

⑧ 鼓励学生定期核查交易记录：教师应教导学生养成定期查看个人交易记录的习惯，以及时发现并处理任何未经授权的不明交易。

总之，教师可以通过多元化的教学手段，如课堂讲解、实践操作示范等，引导学生正确进行在线支付并有效保护个人信息和隐私。在不断的实践操作和学习中，学生将逐步深化对网络安全的认识和理解。

> 问题8：如何引导学生经历信息整合、信息加工等过程，学会利用计算思维识别、分解问题并能将解决方案进行迁移？

【问题分析】

信息处理与问题解决能力是当今社会中人们不可或缺的一种个人能力。然而，在当前的教学实践中，教师往往无法充分创造真实的问题情境以培养学生的能力，也无法提供有效的解题框架和充足的探究空间。教师过于关注知识内容的传授，而忽略了培养学生面对问题时的问题解决能力和计算思维能力形成的过程。在组织课堂活动时，教师的教学设计水平还有待提高，难以根据学生的认知发展规律和具体的教学目标来设计合适的问题与任务。

为改善这一状况，教师应深入研读教材，精心准备课程，确保在设计教学任务时兼顾全体学生思维能力的全面提升，并且任务的难度应具有层次性。一方面，要设定适合优秀学生进一步探索的深层次任务，让他们有机会进行深度研究；另一方面，也需设计适应基础较弱学生的浅层次任务，并提供详尽的操作步骤和方法指导，帮助他们尽快缩小与其他同学的能力差距。

在引导学生学习的过程中，教师不仅要传递抽象的知识，更要注重教授解决问题的方法、思维方式和逻辑结构，让学生能够将这些解决问题的策略迁移并应用到现实生活中。通过实践操作，学生可以不断深化对知识的理解，从而促进深度学习的发生与发展。

【问题解决】

① 教师通过在线分发任务、在线协同编辑等环节，引导学生亲身体验信息整合与加工的过程，并围绕跨学科概念教学的主题设计任务。这样可以让学生更好地理解信息整合与加工的过程，提高学习效率。教师应有意识地将总任务分解为一系列阶段性子任务，从而将复杂的数据集、过程和问题分解为更小的、易于管理和解决的部分。

② 在教学准备阶段，教师需精心设计与跨学科概念紧密相关的活动，将抽象的跨学科概念转化为符合学生认知发展水平且具有内在连续性的真实性学习任务。这样做的目的是建立一个能进行分析识别问题并实施解决方案的空间，使学生能够在综合性主题学习中获得实践经验，进而激发其主动探索精神，助力计算思维体系的构建。

③ 教师可以组织学生在线合作完成一个作品或项目，随后在课堂上安排分享和交流讨论环节，让学生共同总结归纳自己解决问题的方法和规律，形成解决问题的思维模式，

以此来提升个人综合能力。

④ 为了促进学生的知识迁移能力，教师应当创设多元化的学习情境，帮助学生建立起解决同类问题的思维框架，并强化其思维训练。同时，教师要让学生深刻体会在线学习的便利与创新性，从而增强他们的信息素养和应用意识。

【案例参考】

《七子之歌》的探源溯流

教师通过指导学生完成在线学习活动，引导学生经历完整的信息搜索与加工过程，利用分解的方式一步步完成任务，最终展示成果，培养学生利用计算思维解决问题的习惯。

1. 设置真实的学习任务

"《七子之歌》的探源溯流"活动，通过运用协同在线学习工具，整合了历史、语文、音乐、美术和信息科技等多学科内容。在小组合作进行在线探究的过程中，学生将深入探究《七子之歌》的历史渊源与文化背景，经历从信息搜索、信息整合到信息加工的完整过程，体验借助在线平台与他人进行协作学习的乐趣，分享丰富的学习资源，并体会在线学习的便利和创新性特点。

在这一过程中，学生不仅会深入了解中国近代史，更能深深体悟闻一多先生在创作《七子之歌》时所寄托的沉痛哀思之情，从而进一步激发他们的爱国情怀，唤醒他们为振兴中华而奋斗的伟大理想。

2. 设计分阶段的任务

总任务：探寻《七子之歌》的来龙去脉，将收集的资料整合为一个作品，形式不限。

子任务：在搜集《七子之歌》相关资料的过程中，学生能够了解获取信息的多种途径，经历信息搜索、信息整合到信息加工的完整过程，提升信息意识和计算思维能力。信息搜索与加工过程如图 5-1 所示。

发布任务 分组分工 → 查找资料 线上交流 → 资源整合 协同编辑 → 发布成果 交流心得

图 5-1 信息搜索与加工过程

① 发布任务，分组分工：使用金山文档发布分组名单至班级群，在网页版金山文档中组建在线协作团队。

② 查找资料，线上交流：教师提供问题清单，香港回归时有相应的歌曲吗？为什么叫《七子之歌》？是谁作词、作曲的？提供各类在线平台的网址：百度百科、哔哩哔哩、QQ音乐等。

③ 资源整合，协同编辑：在团队协作文档中，新建一个文件或上传一个本地文件，其他成员能够在线编辑。尝试将自己查找到的信息整理到在线文档中。

④ 发布成果，交流心得：作品制作完成后，将作品初稿分享至班级群中，鼓励学生交流制作过程中遇到的问题、问题解决的方法，以及各自的收获。

3. 归纳总结与迁移应用

在下一节课上，让学生对比分析不同作品的类型，组织学生进行讨论：在线协作学习具有哪些优势，以及如何根据实际情况选用合适的在线平台或工具。

本课程旨在引导学生建立起协同合作的意识，使他们了解到运用这类在线协作工具能够有效地避免个人单独提交文件后由管理员（组长）再进行汇总整合的烦琐步骤，从而满足随时随地多用户同时编辑的需求。为此，教师应尝试将在线协作工具融入日常生活和学习场景中。例如，在进行班级资料收集、活动报名、投票竞选等活动时，直接使用在线文档，以增加学生日常接触和使用在线协作工具的机会，逐步培养他们的在线学习习惯。

（该案例来自深圳市宝安区石岩公学 李逸飞老师）

问题9：如何引导学生抽象数据特征，用数据可视化的方式进行不同学科内容的呈现和传递？

【问题分析】

3年级的学生正处于从具体运算阶段向形式运算阶段过渡的时期，他们的抽象思维能力正在逐步形成。因此，教师需要适时引导学生进行抽象思维能力的训练，在这个过程中，可视化工具是不可或缺的辅助手段。然而在实际教学中，教师可能忽视了对学生的抽象数据表征、归纳一般规律等能力的培养，而是直接呈现信息可视化的结果。同时，在学科融合方面也存在深度和广度上的不足。

应当明确的是，数据可视化虽然是学习过程中的一项重要成果展示，但并非最终目的，关键是通过这一过程引导学生掌握数据抽象的方法，培养他们模型建构和推理论证的能力。目前的教学实践中缺乏跨学科的整合教学，教师未能充分发挥信息科技在各学科间强大的支撑作用。

为此，教师应提供丰富多样的抽象数据与实物案例。例如，通过地图软件展示图标和出行路线与现实世界的对比：建筑物被简化为仅保留位置属性而忽略高矮颜色等特征的图标，植物则以绿色符号代替等，以此帮助学生体验和理解抽象的通用方法。在跨学科主题内容的选择上，教师可关注课本资源相对较少、学生自主参考资料有限的主题，利用信息科技的优势指导学生开展在线学习，从而充分利用丰富的网络教育资源，实现学科间的深度融合。

【问题解决】

① 教师应引导学生分析并总结所需呈现的数据的关键特点和要素，从而实现对数据的抽象表征。在此基础上，对比在线学习方式与传统学习方式在数据可视化方面的优势，使学生明确在线学习在高效、直观展示数据方面的优势。在跨学科主题学习活动中，教师可鼓励学生运用数据可视化工具来展示数字设备使用时间的分布、任务执行的过程，以及结果数据的表现等多元内容。

② 教师可提供一系列丰富的数据可视化工具和手段，让学生能够根据需求合理选择并熟练运用恰当的方式进行信息的表达与传递，这包括但不限于制作表格、撰写文字描述、绘制图表、拍摄实物图片等多种形式来记录思考过程，并最终以不同形式展现学习成果。

③ 在各学科教学中融入数据可视化方法，如在数学课上指导学生绘制各类统计图形，在语文课上利用可视化方法对文学素材进行分类整合等。通过多样化的案例演示，拓宽学生的思维视野，增强不同学科间的知识融合。

④ 教师可以借助作品展示、成果交流等活动激发学生积极参与实践活动的热情，培养他们的创新意识和批判思维能力，使他们在相互评价的过程中不断提升自我认知和实践水平。

⑤ 教师应进一步鼓励学生将所学的数据可视化方法应用于日常生活中。例如，制定假期计划表、阅读进度管理表等，真正做到理论联系实际，在实践中学习和成长，从而使信息科技改变生活的理念和方法取得立竿见影的效果。

【案例参考】

我的暑假计划

通过"我的暑假计划"这一实践活动，我们旨在将3年级语文、数学、音乐、美术等多学科知识有机融合。学生需要制定一份翔实的暑假学习与生活计划，并合理规划其中一天的具体时间安排。其教学设计参见表 5-4。在完成活动式的假期作业过程中，学生需经历从计划制定、实际操作执行、资料整理归纳直至最后总结反思等一系列环节，以激发他们自主学习的积极性和主动性。此举的目的是让学生掌握如何科学合理地管理时间、设计活动方案，进而提高学生的实践能力和问题解决能力。在实践中，学生将学会有效沟通、自我学习，以及提高整体学习效率。最终目标是让学生能够在现实生活中切实运用所学的各科知识，针对具体情境提出问题解决方案，从而深化对学科知识的理解与应用。

表 5-4 "我的暑假计划"教学设计

教学环节	教学活动		设计意图	跨学科方式
	教师活动	学生活动		
一、抽象数据表征	1. 创设情境：假期即将来临，时间管理非常重要。 2. 询问学生如何自己管理自己的时间，做时间的小主人。 3. 引导学生学会使用分类工具。 4. 引导学生思考如何按照时间顺序列表，可让学生参考在校使用的课程表。教师可以准备会议的议程表、音乐会的节目单等让学生观察，总结按照时间顺序列表的要素：时间和事件	1. 学生头脑风暴暑假里自己需要做的事情，将这些事情记下来，如学生将记录吃饭、睡觉、学习等事情。 2. 将所要做的事情按照一定的规则分类。例如，可将事情分为四类：基本类、学习类、娱乐类和生活类，让学生将记录下来的事情分别归入以上四类。 3. 学生总结按照时间顺序列表的要素：时间和事件。学生先用纸和笔绘制一个草图	带入问题，引导学生进行思考	渗透了数学的实践顺序知识、分类思想，语文的总结归纳能力，美术的绘图能力
二、优劣分析	1. 教师提醒学生，用纸和笔做的图有什么不方便的地方？ 2. 教师引出用在线工具制表就可以避免这些问题。 3. 将事先准备好的操作流程通过大屏幕进行展示，让学生按照流程，如打开计算机→打开"腾讯扣叮"等在线平台开始进行操作。教师随时答疑、指导	1. 学生总结，用纸和笔做的图容易丢失，容易看不清，下次用的时候需要重新写，麻烦。 2. 学生学习"腾讯扣叮"在线平台的基本操作	比较在线学习与传统学习的不同，体会在线学习的优势，引导学生进行辩证思维	信息科技

（续表）

教学环节	教学活动		设计意图	跨学科方式
	教师活动	学生活动		
三、提供数据可视化工具，解决问题	1. 展示"腾讯扣叮"在线平台的基本操作，展示时间规划表的制作流程（见图1）。 **图1　时间规划表制作流程** 2. 制作好的"暑假计划表"（见图2）供参考 **图2　"暑假计划表"**	1. 学生学习使用"腾讯扣叮"在线平台制作时间规划表。 2. 学生完成作品	学生在操作过程中认识和了解在线编程平台。教师提供丰富的可视化手段供学生选择，提高学生的学习自主性	美术、语文、数学、信息科技

（该案例来自深圳市盐田区盐港小学　李丹老师）

5.4　计算思维的测评和实践

1.小明放学回家写作业，发现台灯不亮了，但是昨天台灯还亮呢？参照图 5-2 修理台灯的流程图，小明要解决台灯不亮的问题，他第一步会做什么？（　　）

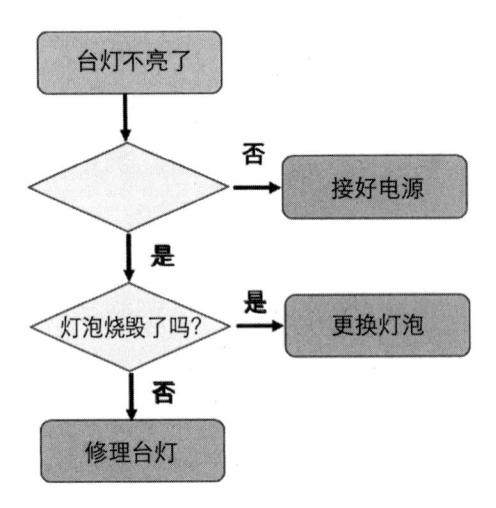

图 5-2　修理台灯的流程图

A. 检查灯泡是否是好的
B. 检查台灯的电源是否插上
C. 检查这个房间是否有电

答案：B

解析：通过分析图 5-2 所示的修理台灯流程图可知，经过第一步的判断后，结果为"假"则接好电源，为"真"则检查灯泡是否烧毁，所以第一个判断应为检查台灯电源是否插上。

计算思维相关知识：程序流程图又称程序框图，是用统一规定的标准符号描述程序运行的步骤。程序框图的设计是在处理流程图的基础上，通过对输入输出数据和处理过程的详细分析，将计算机的主要运行步骤和内容标识出来。教师需要引导学生从分析问题入手，用文字或者图示的方式对问题的解决过程做分步描述，强调计算思维的重要性。

2.用户既希望密码不容易被破解，又希望容易被记忆。麦吉的学校制定了以下密码的创建规则：

（1）有效密码必须至少包含一个小写字母、一个大写字母、一个符号和一个数字。

（2）两个有效密码相比，密码越长，强度越强。

学校建议可以根据歌曲创建密码，使用歌曲中的字母，按需添加符号或数字。例如，根据 1979 年的歌曲《I have a dream》，可以将密码设定为"iHad_1979"。麦吉想根据 2020 年的歌曲《Think about things》创建一个密码。她想出了四个可能的密码。请问，根据学校规定，下面四个密码中，哪一个是强度最强的有效密码呢？

A. !TABOUTT2020!!   B. ThInk,Thin9s2

C. thinkabout20!   D. 2020TaT!

答案：B

解析：根据密码制定规则，正确答案是：ThInk,Thin9s2。这个密码包含符号、大写字母、小写字母、数字，是有效密码，并且长度最长。选项 A 的密码没有小写字母；选项 C 的密码没有大写字母；选项 D 的密码没有选项 B 的密码长。

计算思维相关知识：本题通过设置密码的情境，强调密码的重要性和如何设置复杂密码，这是在线学习与生活中最常见的情境之一，目的是培养学生的信息安全意识，保护其账号安全。同时，要求学生分解并提炼信息，识别出符合规则的密码，锻炼其计算思维能力。

3. 米兰和玛雅回答了一份包含四个问题的问卷。米兰的答案是：问题 1：A；问题 2：B；问题 3：C；问题 4：A。根据图 5-3 所示的规则卡片，米兰收到了一张表示她的答案的卡片，如图 5-4 所示。

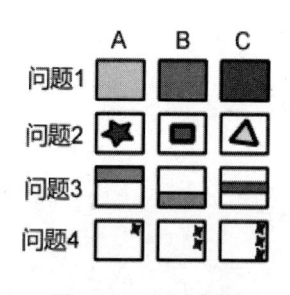

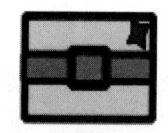

图 5-3 规则卡片   图 5-4 米兰的答案卡片

玛雅的答案是：问题 1：B；问题 2：B；问题 3：A；问题 4：B。

图 5-5 中的哪张卡片能够代表玛雅的答案？（　　）

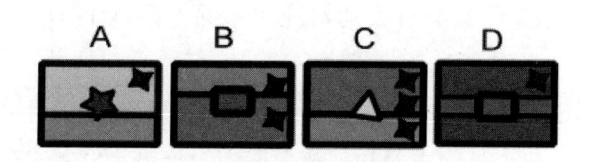

图 5-5 玛雅的答案选择

答案：B

解析：根据答案卡片的制作规则，我们可以发现：

问题 1 选择答案 B，可以表示为：

问题 2 选择答案 B，可以表示为：

问题 3 选择答案 A，可以表示为：

问题 4 选择答案 B，可以表示为：

所以玛雅的答案卡片如图 5-6 所示，选项 B 正确。

图 5-6　玛雅的答案卡片

选项 A 不对，因为选项 A 与答案的对应关系为：问题 1：A；问题 2：A；问题 3：B；问题 4：A。

选项 C 不对，因为选项 C 与答案的对应关系为：问题 1：B；问题 2：C；问题 3：B；问题 4：C。

选项 D 不对，因为选项 D 与答案的对应关系为：问题 1：C；问题 2：B；问题 3：C；问题 4：A。

计算思维相关知识：数据可视化是信息和数据的图形表示。通过使用表、图和地图等可视化元素，数据可视化工具为查看和理解数据中的趋势、异常值和模式提供了一种便利的方式。在大数据时代,数据可视化工具和技术对于分析海量信息和作出数据驱动的决策是必不可少的。

4. 鲍勃想用妈妈的计算机玩游戏,但妈妈的计算机有密码。他知道妈妈的计算机的密码是由妈妈的名字艾米莉(Emily)中的某个字母(大写),以及加在名字之前或之后的妈妈的年龄(数字)组成的。鲍勃知道妈妈的名字和年龄。

请问,鲍勃最多需要多少次才能试出正确的密码?(　　)

A. 2　　　　B. 10　　　　C. 20　　　　D. 50

答案:B

解析:鲍勃知道妈妈的名字和年龄。年龄在名字之前或之后(2 种可能),名字由 5 个字母组成,其中任何一个都可以是大写字母(5 种可能)。因此,需要尝试的次数为 2×5=10 次。

计算思维相关知识:黑客攻击事件逐年增加。一种最简单的黑客攻击形式是"暴力攻击"。黑客尝试每一个可能的密码,直到成功。通常这个过程是由特殊的软件来完成的,它可以在很短的时间内测试大量的密码。为了减少必要的尝试次数,从而减少破坏所需的时间,它通常从最常用的密码开始测试。

在密码中使用自己的姓名或年龄是非常常见的,因此这样的密码可以很容易被破解,这在本题中也体现了出来。

5. 老师想给学生分发一些资料,他在门户网站发现了一本扫描的电子书,上面写着:按照"创作共用许可证"的条款进行分发,即每个人都可以出于任何目的(包括商业目的),以任何媒介或格式分享、复制和重新分发该资料,前提是必须给予适当的授权。然而,该许可证也明确提出,如果在原书的基础上进行了拼凑、翻译或改编,则修改后的作品不能被分发。

根据上面的许可条款,下列哪些行为是不被允许的?(　　)

A. 卖书给学生　　　　　　　　　　B. 翻译这本书,把译文留给自己
C. 向学生翻译这本书的一章　　　　D. 把扫描的电子书放在学校网站上

答案:C

解析:根据本题涉及的"创作共用许可证"的规定,如果在原书的基础上进行了拼凑、翻译或改编,则此书不能被分发。在选项 C 中,老师将本书翻译并分享给学生的行为违反了此条规定。

计算思维相关知识:本题涉及"创作共用许可证",该许可证要求对原始作品进行归属,即必须明确指出原作者的名字,同时禁止创建该作品的衍生作品。而其他行为都是被

允许的，至少根据许可证的要求是这样。因此：

选项 A 的行为在没有违反学校规定的情况下是允许的。

选项 B 的行为，只要在衍生作品未被分发给第三方的情况下是被允许的。

选项 D 的行为，只要在共享过程中保留了对原始作者的归属则是被允许的。

版权是一个复杂的问题。"创作共用许可证"可以让作者和用户更容易理解，在不违反法律法规或合同的前提下，哪些行为是被允许的。如果作者希望保留归属权利（即要求提及原作者），或允许作品被用于商业目的，或禁止创建衍生作品，或对衍生作品的发行进行限制，那么他们可以通过"创作共用许可证"明确地表达这些意愿。

6. 如图 5-7 所示，请你引导火车到达车站。

图 5-7 火车、轨道与车站地图

位置①、②应该摆放哪种轨道，才可以使火车安全到达车站？（　　　）

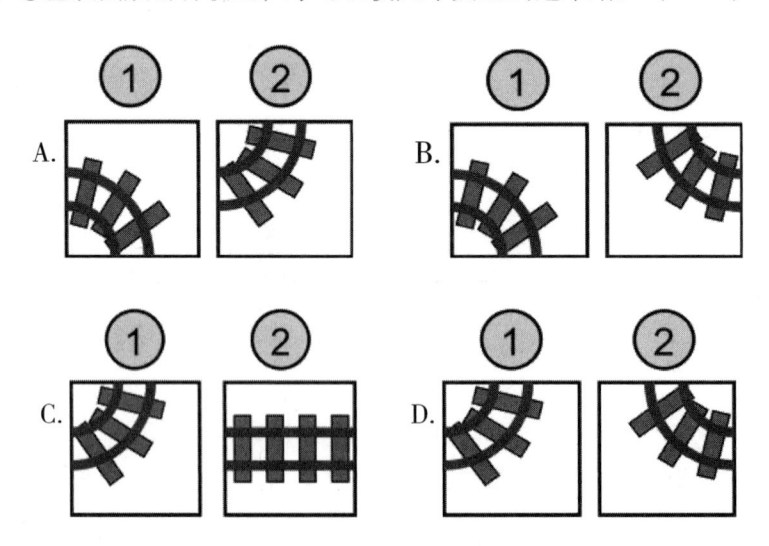

答案：D

解析：正确答案为 D，如图 5-8 所示。

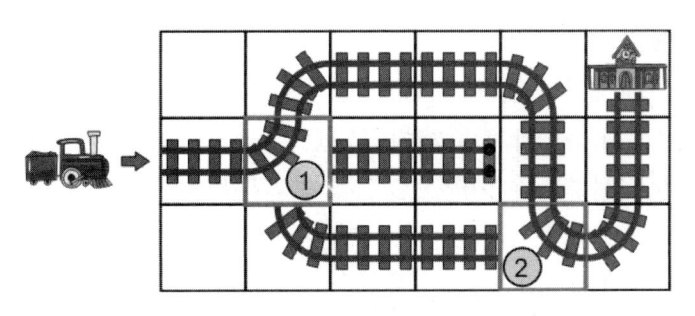

图 5-8　正确答案的结果

其他答案所形成的轨道并没有把火车引到车站，如图 5-9 所示。

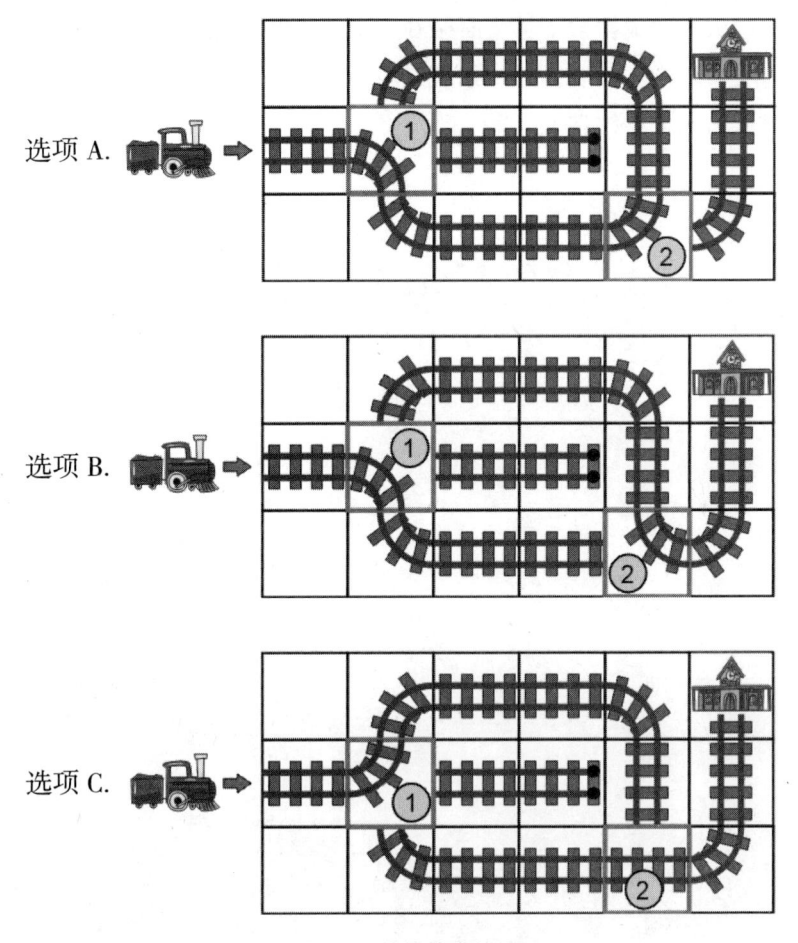

选项 A.

选项 B.

选项 C.

图 5-9　其他答案的结果

计算思维相关知识：

对于学生来说，火车轨道引导火车按照既定的方向行驶，无论是直行、左转还是右转。同样，计算机程序相当于计算机系统的轨道，它通过一系列指令指挥计算机完成特定的任务。一个计算机程序是由许多指令组成的，就像题目中的轨道是由许多轨道段组成的一样。在程序中，若指令丢失，可能导致计算机程序无法正常工作。因此，程序员必须找到并补充能使程序产生正确结果的指令。

对于老师来说，编写计算机程序的过程类似于设计轨道控制火车的运行。每个轨道区段都可以被视为一条程序指令，即由程序员设定的指令，要求火车按指定的方向移动。这种按一定顺序执行并总是产生相同结果的指令就是计算机中的"程序"。为了完成题目的要求并找出两个缺失的轨道区段，学生必须在火车通过轨道之前就预测到火车可能的运行轨迹。在这个过程中，学生需要对整个系统进行分析，并规划出对象未来的行为模式。这些都是计算思维能力的重要体现。

第6章
数据与编码

本章主要内容

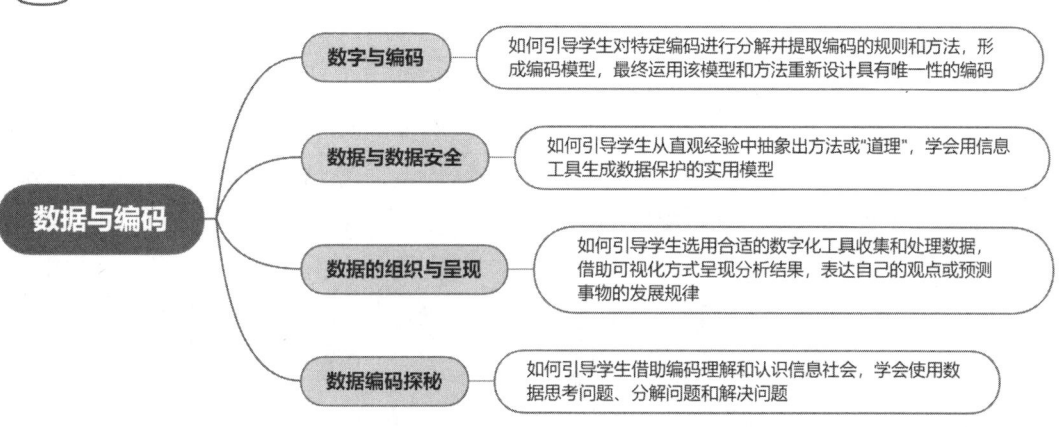

- 数据与编码
  - 数字与编码：如何引导学生对特定编码进行分解并提取编码的规则和方法，形成编码模型，最终运用该模型和方法重新设计具有唯一性的编码
  - 数据与数据安全：如何引导学生从直观经验中抽象出方法或"道理"，学会用信息工具生成数据保护的实用模型
  - 数据的组织与呈现：如何引导学生选用合适的数字化工具收集和处理数据，借助可视化方式呈现分析结果，表达自己的观点或预测事物的发展规律
  - 数据编码探秘：如何引导学生借助编码理解和认识信息社会，学会使用数据思考问题、分解问题和解决问题

课标内容要求

1. 通过体验和认识典型的信息科技应用场景，感受身边无所不在的数据，可以使用数字、字母或文字编码表示信息。

2. 结合真实情境，了解编码在生活中的应用，认识数据编码的目的，理解数据编码是保持信息社会组织与秩序的科学基础。

3. 通过观察身边的真实案例，知道如何使用编码建立数据间的内在联系，以便计算机识别和管理，了解编码长度与所包含信息量之间的关系。

4. 通过分析生活中的具体应用，了解数字化表示信息的优势，体验信息存储和传输过程中所必需的编码和解码步骤，初步理解数据校验的目的和意义。

5. 通过真实案例了解威胁数据安全的因素，认识自主可控技术对数据安全的影响，在学习和生活中有意识地保护数据，并遵守相关的法律法规。

6.在对简单问题的分析过程中，使用数字化工具组织并呈现收集的数据，借助可视化方式表示数据之间的关系以支撑自己的观点。

7.在学习与生活中，能用数据记录并描述规律性发生的事件，简单地表达自己的想法或预测结果。

6.1 模块概述

"数据与编码"模块是《义务教育信息科技课程标准（2022年版）》中第二学段（3~4年级）的内容。本模块包括"数字与编码""数据与数据安全""数据的组织与呈现"三部分内容。在当今信息社会，数据占据着至关重要的地位。本模块旨在使学生认识到数据在信息社会中的价值，理解编码在维护信息社会秩序中的重要作用，并深入探究编码如何建立不同数据之间的联系。同时，本模块还注重培养学生分析数据、预测未来趋势的能力。本模块的学习对于培养学生的计算思维能力具有重要意义，并为学生后续学习"身边的算法"等模块奠定扎实的基础。

四年级的学生正处于思维能力快速发展的关键期，表现为活跃的思维活动和逻辑思维能力的显著提升，认知目标逐渐清晰。此学段学生的抽象思维能力、概括归纳能力、分类比较能力和推理判断能力开始逐步形成并得到强化，标志着他们正在从单纯的模仿学习阶段向半独立乃至独立思考阶段过渡。这一时期是系统培养学生计算思维能力的黄金时期。

此学段学生的感性认识明显占主导地位，他们对较为抽象的概念性内容可能不太感兴趣，更倾向于接受直观且具体的知识。他们在问题分析方面的能力尚待提高，尤其是在将复杂问题分解成若干小问题方面的意识相对薄弱。因此，教师需要引导他们由纯粹的感性体验转向深度探究、合作学习和理性理解。

鉴于上述特点，教师应精心设计多样化的实践体验活动，通过实际操作和直观感受引导学生根据不同的应用场景选择合适的数字、字母或文字等编码方式来表达信息，并确保他们初步掌握编码与解码的基本原理。教师要鼓励学生在日常学习和生活中运用数字化工具收集和整理数据，借助数据可视化技术呈现信息，并学会运用数据解决生活、学习中遇到的实际问题。

6.2 核心素养的培养

具备计算思维能力的学生能够熟练地对问题进行抽象、分解和建模，并尝试通过模拟、仿真和验证等方式来解决问题。在这一过程中，"抽象"是计算思维的核心要素之一。通过观察日常生活中典型的信息科技应用案例，学生可以深刻理解编码在信息社会中的关键价值——即编码通过构建唯一标识，将物理世界中的人、物等对象转化为由数字、符号或文本构成的标准化、形式化表示，从而实现对信息的精细化管理。这种转化不仅有助于信息的存储和传输，还为计算机自动处理信息提供了可能。基于对信息呈现和传递方式的深入理解，学生可以更加合理地进行信息抽象表达。这不仅满足了计算机自动处理信息的需求，还兼顾了人与人之间的直接交流。此外，当学生感知到身边无所不在的数据时，他们能尝试针对具体的问题情境，将问题分解为若干个小问题，使用数字设备搜集并分析数据，寻找解决问题的方法。同时，他们还可以使用思维导图等工具展示数据间的关联，用以支持自己的观点或者进行预测性分析。

6.3 关键问题

问题10：如何引导学生对特定编码进行分解并提取编码的规则和方法，形成编码模型，最终运用该模型和方法重新设计具有唯一性的编码？

【问题分析】

编码的概念较为抽象，理解"数据"与"编码"的相互关系是掌握编码概念的基础。在教学过程中，所有教学环节均应围绕信息、数据、编码三者之间的联系展开。数据通过特定规则转化形成信息的过程即为编码，编码的根本属性是其唯一性。

数据与编码的知识体系理论性强，在教学实践中，教师容易陷入单向传授概念知识的教学模式。然而，对于正处于从形象思维向抽象逻辑思维过渡阶段的三、四年级学生而言，他们更倾向于通过动手实践和直观体验来进行学习。因此，教师需要设计富有吸引力的教学活动，让学生通过动手实践和直观体验来深入理解编码的概念和应用。

在信息社会，"计算"已广泛应用于社会生产和生活的各个方面。学生需要理解和适应数字化的社会环境，通过观察生活中的实际案例，识别生活中的"计算"问题，了解如何借助编码建立数据间的内在联系;通过探究信息存储和传输过程中必要的编码与解码步骤,经历分解、抽象和应用等过程,从而感知并理解编码的唯一性特点。

【问题解决】

在教学过程中,教师应采用多维度、逻辑清晰的教学设计,结合知识讲解、技能训练和生活经验引导,确保学生能够全面理解并应用所学的知识和技能。

在知识讲解层面,教师应帮助学生掌握数据与编码的基本概念,让学生认识到数据是信息社会的重要组成部分,理解数据、信息、知识和智慧的相互关系。

在技能训练层面,教师应向学生教授编码和解码的方法。通过分析身边的实际案例,学生可以理解编码是如何建立与数据之间的内在联系的,进而尝试根据实际需求制定编码规则。

在生活经验引导方面,教师可以通过具体应用场景,引导学生深化对编码唯一性特点的理解。编码的唯一性是确保信息准确无误的关键,诸如门牌号、学号等都是基于这一原则设计的。若编码不唯一,则可能导致数据重复、冲突等问题,严重影响数据质量和可靠性。因此,在构建编码系统时,必须充分考虑唯一性问题,并采取相应措施予以保障。教师可以指导学生通过字母、数字的排列组合生成唯一编码,体验编码的全过程。例如,使用学生的姓名和学号作为案例,让学生理解尽管班级内可能存在重名现象,但每位学生都有独一无二的学号,确保每个学生都能被精确识别,便于统计和管理。借此机会,教师可引导学生认识生活中的"数字"不仅代表"数值",还可以是"编码",理解"编码"作为唯一标识是如何实现信息社会有序、高效管理的。

【案例参考】

"认识编码"教学设计供参考,如表6-1所示。

表6-1 "认识编码"教学设计

教学环节	教学活动		设计意图
	教师活动	学生活动	
一、初识编码	计算机教室中的每台计算机都有编码,在校园乃至生活中,众多编码方式被用来标识不同的信息。你曾在哪些地方见过编码?它们分别用于表示什么信息?(请学生与同桌交流后进行分享) 展示演示文稿(呈现各类编码实例) 问题探讨: 问题1:为何要对某些重要的编码部分进行遮盖或涂改? (为了保护隐私和确保信息安全) 问题2:观察这些不同类别的编码,我们可以使用哪些内容来编写编码?编码只能使用数字吗? (编码不仅可以包含数字,还可以包含文字和字母)	观察并思考哪些是编码	让学生认识到编码不仅仅局限于数字,还可以包含文字、字母等

(续表)

教学环节	教学活动		设计意图
	教师活动	学生活动	
二、分析编码规则	活动1：解读编码，体验编码规则 问题1：在这么多编码中，有没有你们熟悉的？它代表的是什么？ 不同人的身份证号码相同吗？我们是如何仅用18位数字就能为全中国14亿多人编码，并且做到一个身份证号码对应一个人的呢？其中蕴含着什么秘密？让我们一起来探究一下。 问题2：你能从身份证号码这个编码中识别出一个人的出生日期吗？（学生讨论指出：第7位到第14位是出生日期） 问题3：在不同的身份证号码中，是否存在相同的部分？你知道这部分包含的信息是什么吗？ （同一地区的编码相同） 问题4：除了上述信息，你还想从身份证号码中了解其他什么信息？ **教师总结：** 通过对身份证号码编码规则的学习，我们了解到，在编码过程中，编码具有一定的规律性。编码所表示的内容必须具有唯一性（板书：规则、唯一），这样才能通过编码实现信息的有效管理和高效利用	直观感受编码规则，通过解读身份证号码的编码过程，认识编码的作用	师生共同探讨身份证号码背后的编码原理，使学生了解在编码过程中，编码所表示的内容必须具有唯一性这一基本特点
三、动手实践，感受编码	活动2：实践编码，感受编码的意义 计算机有产品编号，汽车有车牌号，图书馆中的图书有图书编号，而在我们的班级里，同学们也有各自的编号，那就是学号。 问题1：我们班级内部的学号是如何保证唯一性的？ （在班级内部是唯一的） （1）展示任务——"小小设计师"： 在电子文档中设计一张未来校园通行证。首先完成第一个任务——设计一个你在全校范围内独一无二的学号。请仔细思考，如果我们要为自己设计一个适用于全校学生的学号，应该体现出哪些信息？ ① 在小组内进行交流和讨论。 ② 教师巡查课堂，掌握讨论情况。 ③ 组织交流汇报。 （得出结论：应包括入学年份、班级序号和在班级内的序号）	理解编码的唯一性 学生编写号码，参与活动，小组交流汇报	举例说明数据与编码之间的转换过程，简明地阐述数据与信息的区别，从而帮助学生更好地理解数据的本质。以校园通行证为例作为引入，为接下来的教学环节做好铺垫

(续表)

教学环节	教学活动		设计意图
	教师活动	学生活动	
三、动手实践感受编码	（2）动手操作，大展身手： 　　学生开始编写学号，教师巡视并指导。教师将部分学生的编码进行投屏展示，请展示的学生阐述自己的编码规则，同时邀请其他学生分析这些编码遵循了什么样的规则。（学生相互交流并分享编码思路） 　　出示班级学生的饭卡，进行对比和分析。 　　问题1：我们学校给大家分配的编号中，这些数字各自有什么含义？ 　　问题2：在编制年级编码时，你觉得直接使用年级数字好还是采用入学年份更好呢？ 　　问题3：观察一下，表示班级用了几位数，而学号又是用几位数表示的？为什么要这样编码呢？ 　　根据刚才的讨论结果，同学们修改和完善自己的编码方案，确保其规则适用于全校所有同学使用。 　　进一步设想，如果我们现在要制定一个全市统一的编号系统，编码规则中还需要考虑哪些因素？编码的长度与其承载的信息量之间存在怎样的关系	展示作品 思考问题	引导学生进一步探索编码长度与其所包含的信息量之间的内在联系，并理解编码方式如何影响信息的存储和传递效率
四、交流与分享	请同学们总结本节课的收获。大家相互交流并归纳总结	思考编码要满足信息的唯一性要求，保证一一对应	启发学生将生活中的实际问题应用编码规则进行简化处理，学会运用编码思维来解决生活中遇到的各种复杂情境

（该案例来自张家港市沙洲小学　李云华老师）

问题11：如何引导学生从直观经验中抽象出方法或"道理"，学会用信息工具生成数据保护的实用模型？

【问题分析】

本模块的"数据与数据安全"部分的教学目标是确保学生能够深刻理解数据安全的重要性，识别影响数据安全的各种因素，掌握保护数据安全的有效方法，并增强个人数据保护意识。在教学实践中，教师往往侧重于数据安全风险的警示性教育，而容易忽视对学生进行具体的数据安全保护方法的教学。

4年级的学生已积累了一定的生活经验，对数据安全的基本概念和网络诈骗、密码设置等问题有所认知，但他们对安全措施背后的工作原理和操作方法的理解尚不够深入和全面。因此，教师可以从解析生活中的具体实例入手帮助学生深化理解，引导学生剖析数据安全事件的发生原因，进而总结出有效的数据保护策略。例如，教师可以指导学生体验登录软件或在线平台时使用的不同验证方式（如短信验证码、图形或数字验证等），让学生实际观察并了解这些验证方式是如何保护个人数据的。同时，教师应鼓励学生根据自身经验和学生间的交流讨论，共同设计出既有效又便捷的验证方式，以提升学生保护个人数据的安全意识。

【问题解决】

① 教师应创设平等、开放的小组合作环境，通过小组合作的方式，引导学生结合生活中的具体实例梳理可能存在的数据泄露风险。

数据泄露风险是指在生活中，我们的个人信息可能因黑客攻击、恶意软件、网络"钓鱼"等各类网络威胁而遭到泄露。教师可以播放相关的宣传视频启发学生思考，然后组织学生分组开展头脑风暴活动，分析不同场景下的数据泄露风险点。

② 教师采用问题导向法，引导学生多途径探究相应的数据保护方法。

数据保护是指采取各种措施来确保数据的机密性、完整性和可用性，防止数据遭受未经授权的访问、使用、泄露、篡改和破坏。其核心目标是在保证数据能够被合法、准确地访问和利用的同时，避免数据丢失、泄露或受到非法入侵。针对不同场景的数据保护需求，教师可以指导学生通过互联网搜索相关信息，然后使用思维导图工具制作"日常生活中的数据泄露风险及防范对策"模型，帮助学生系统地掌握数据保护的相关知识与方法。

【案例参考】

"你的数据是怎么泄露的"教学设计供参考，如表6-2所示。

表6-2 "你的数据是怎么泄露的"教学设计

教学环节	教学活动		设计意图
	教师活动	学生活动	
一、案例分析，发现数据泄露的途径	1.通过一则关于电商卖家退货骗局的新闻短视频，引导学生深入思考。 2.提出问题："诈骗团伙是如何得知你的购物信息的？"以此激发学生讨论，借助同桌交流、网络搜索和师生共同探究的方式，明确数据泄露的主要途径。教师协助学生总结：快递收发过程中产生的个人数据由于保障机制较弱，很可能成为数据泄露的重要源头之一。 学习任务：在实践活动中认识到快递单可能是导致数据泄露的一个重要因素	1.观看视频，让学生切实感受身边数据泄露的实际案例。 2.鼓励同桌之间共同探讨诈骗团伙是如何获取买家个人数据的，并思考可能导致数据泄露的途径。 3.通过网络搜索的方式，引导学生自主搜索资料并形成个人观点。 4.在课堂上引导学生发言，师生共同分析研究，最终揭示出导致数据泄露的主要途径	引导学生探究导致数据泄露的主要途径，结合生活中的实例总结造成数据泄露的重要原因

(续表)

教学环节	教学活动		设计意图
	教师活动	学生活动	
二、实物体验，重视安全问题	1. 出示快递单号图片，并提供信息记录表，指导学生摘录其中的个人信息。 2. 提出问题："完成信息摘录后，你们有何感想？" 3. 小结：除了快递单，在在线生活中还有许多途径可能导致个人数据泄露，如连接不受保护的公共Wi-Fi、在社交平台中不慎暴露的信息、向中介机构提供的手机号码等	1. 观察快递单据，明确其上承载的各种个人信息和交易信息。 2. 根据教师提供的信息记录表，学生将快递单上的关键信息进行摘录并整理。 3. 学生在完成摘录后分享自己对这一过程的感受与体会	通过接触快递单实物，并完成快递单上个人信息的收集，使学生认识到快递单上可能包含大量的个人隐私数据，从而意识到信息泄露往往在不经意间发生
三、师生共同探讨，明确影响因素	1. 展示计算机感染病毒的实际界面，讲解病毒对数据安全构成的威胁。 2. 提出问题："哪些因素会影响数据的安全性？"鼓励学生通过小组讨论和网络搜索来探寻答案。 3. 在此基础上，教师帮助学生归纳总结，找出影响数据安全的关键因素	1. 分析计算机感染病毒影响数据安全的具体案例，帮助学生深入理解影响数据安全的因素。 2. 结合小组讨论和网络搜索，引导学生探究影响数据安全的各种因素。 3. 在整合所搜集到的信息基础上，带领学生总结影响数据安全的主要因素	通过讲解具体案例，帮助学生明确理解影响数据安全因素的概念。接着，鼓励学生进行头脑风暴活动，共同总结出可能的影响因素，并结合实例进行讨论，最后由教师进行补充说明和归纳
四、创设场景，明确防范措施	1. 通过列举真实的数据安全案例，教师引导学生充分认识到数据安全的重要性。 2. 提出问题："既然数据安全如此重要，我们可以采取哪些措施来保护数据安全？"请学生分享不同场景下的数据安全保护措施，填写数据安全保护措施学习卡。 3. 再次邀请学生阐述在不同场景下实施的具体的数据安全保护措施。 学生任务：通过对诈骗案例的分析，明确在不同场景下应采取何种保护数据安全的措施。	1. 讨论真实的诈骗案例，强化学生对数据保护重要性的认识。 2. 根据教师提供的数据安全保护措施学习卡，在不同生活场景下模拟可能发生的数据安全事件，并尝试设计相应的保护措施。 3. 通过小组讨论和网络搜索，进一步完善不同场景下的数据安全保护措施学习卡的内容。 4. 学生分组分享在不同场景实施的具有可行性和有效性的数据安全保护措施	进一步引导学生深入思考，在不同的场景下，应当采取何种具体措施来保障数据安全

（续表）

教学环节	教学活动		设计意图
	教师活动	学生活动	
五、课堂小结，知识拓展	1. 带领学生回顾本节课所学的核心知识点。 2. 提醒学生关注生活中的其他可能涉及数据安全的场景，并鼓励学生如果遇到类似情况，记得与老师和其他同学分享交流	回顾本节课的核心知识点： 1. 数据泄露的主要方式和途径。 2. 影响数据安全的关键因素。 3. 不同场景下的数据安全保护措施及其应用	通过课堂小结梳理本节课的学习要点，并提出关于数据安全在其他生活场景中的问题，旨在培养学生关注生活中的数据安全问题，增强他们的防范意识与实践能力

（该案例来自温州市水头镇第三小学　钟云晴老师）

> 问题12：如何引导学生选用合适的数字化工具收集和处理数据，借助可视化方式呈现分析结果，表达自己的观点或预测事物的发展规律？

【问题分析】

在本模块中，"数据的组织与呈现"是一个核心教学内容，其目的在于培养学生的数据分析能力和应用数据解决实际问题的能力。这部分内容涵盖了从数据采集、加工到最终展示的全过程，实践操作性较强。然而，教师在教学过程中，易出现将学习简化为电子表格软件的操作技能训练，而忽视了运用数据分析揭示因果关系的学习，导致学生仅停留在对规律性事件进行表面推测的层面。

由于本部分内容涉及较多的数据处理环节，并且考虑到四年级学生在计算机操作能力上的差异，加之这部分内容通常需要多节课时来完成，因此，教师在设计教学内容时容易形成固定模式，即优先选择数字化工具收集和整理数据。电子表格作为一种重要的数据组织与整理形式，其格式规范统一，能够直观清晰地展示数据，便于理解和使用，且减少出错概率。尽管这样的方式适应学生的学习水平并有利于开展教学活动，但教师应当意识到，这种方式不利于培养学生对问题的深度分析能力。在不同情境下解决问题时，教师应鼓励学生自主分析问题，根据数据需求灵活选择合适的数据采集工具和数据处理方法，通过可视化方式对数据进行深入分析和展示。

数据的组织与呈现的关键在于提升利用数据解决问题的实际效能。在计算思维的框架下，"数据的组织与呈现"部分应该让学生经历方案设计、针对性选择数字化工具、实施数据采集、进行数据处理、以可视化方式呈现及解析分析结果、明确表达个人见解，以及预测事物发展规律等过程。教师应引导学生对比通过不同的数据处理路径获取的数据，分析解决问题的效率及其所得数据的准确性，从而帮助学生养成基于数据作出判断和决策的思维方式与行为习惯。

【问题解决】

在信息科技课程的教学中，运用数字化工具对数据进行组织和可视化呈现是培养学生计算思维的重要环节。计算思维体现了计算机科学中解决问题的逻辑过程，并将其迁移至使用信息科技解决实际问题的场景中。"数据的组织与呈现"部分的教学目标是培养学生的综合能力，使学生能灵活运用多种思维工具来解决问题。

为实现这一目标，教师可以组织学生开展班级调查活动，让学生亲身经历从收集数据、整理数据到呈现数据的完整过程。这样的实践活动可以帮助学生掌握利用数据解决问题、阐述观点的方法。例如，教师可以将学生分组，让他们收集组内同学的"姓名、性别、籍贯、出生日期"等数据，然后通过在线表格填写和整理收集的数据，并完成数据排序（如按年龄大小排序）、筛选（如统计男女生人数）等操作，最后使用图表实现数据可视化（如使用饼图展示男女生比例，使用柱状图展示各月份生日的人数分布）。通过这样的教学实践，学生不仅能够学习如何使用合适的数字化工具整理并展示所收集的数据，还能够了解数据在生活中的应用，以及数据间的关联。学生可以学会利用数据记录并描述周期性或规律性的事件，使用流程图等工具清晰地表达个人想法，以及借助电子表格预测结果等方法。

在教学过程中，教师还应指导学生总结用数据解决问题的一般流程，并以流程图的形式描绘各步骤，以提升其计算思维能力。

【案例参考】

"数据解码:雪糕销量预测之旅"教学设计供参考,如表6-3所示。

表6-3 "数据解码:雪糕销量预测之旅"教学设计

教学环节	教学活动		设计意图
	教师活动	学生活动	
一、创设情境,引入课题	1.夏天快到了,同学们喜欢吃雪糕吗?小熊的移动冷饮摊已经在不同地点售卖了5周雪糕。小熊根据前5周的雪糕销量数据制作了一个统计图(见图1)。你能告诉小熊第6周应该进多少箱雪糕吗? 图1 前5周雪糕销售统计图 2.同一张图表,不同的同学有不同的思考,每一种思考又是这么合情合理,到底应该进多少箱雪糕	发现问题,尝试简洁明了地解读图表,并表达自己的观点和依据 小组讨论,共同探讨问题并给出答案	以"小熊冷饮摊"为背景创设情境,激发学生的学习兴趣,并引导他们发现问题,即为解决小熊冷饮摊第6周应该进多少箱雪糕这一问题,首先需要收集相关数据,并判断哪些数据对于预测结果具有实际价值
二、自主学习,探索新知	1.小熊把前5周的摊位地点整理出来,制作了一个统计表(见表1)。看到这5周摊位地点的数据,你有什么思考?你能从中讲出一个什么样的故事? 表1 前5周摊位地点统计表 		第1周	第2周	第3周	第4周	第5周
---	---	---	---	---	---
数量(箱)	4	7	6	7	8
摊位地点	小区附近	学校旁边	小区楼下	学校旁边	学校旁边 | 2.小熊又找出了去年前6周的销售统计图,你能对比今年的数据得出有用的信息吗?你有什么想法呢?能不能将两张图画在一起?(新知) 任务1:绘制小熊冷饮摊今年和去年销量对比图	学生思考,在统计图的展示上,单纯的文字描述可能不够直观有力 为便于比较,动手制作去年和今年前5周销量的统计图表,以便在同一张图表中直观展现两年的数据变化	探讨哪些数据通过图表的形式呈现会更加清晰易懂,以及哪种形式的数字信息更适合借助图表进行展示。在学习新知识的过程中,了解如何利用图表有效地呈现多组相关数据以支持论点。制作图表是已学过的知识点,通过新旧知识的对比,运用知识迁移的方式,由一个具体实例扩展到更广泛的应用,深入探究数据背后的故事

(续表)

教学环节	教学活动		设计意图
	教师活动	学生活动	
三、小组合作，综合实践	任务2：两人一组，绘制天气与销量关系图表。结合其他因素推测小熊第6周应该进多少箱雪糕。 提供不同类型的图表在展示数据方面的区别（见表2）。 **表2　不同类型的图表特点** | 图表类型 | 特点 | |---|---| | 柱状图 | 表示每个项目的具体数量变化 | | 折线图 | 反映事物的变化情况 | | 饼图 | 表示每个部分在总体中所占的比例 | 教师巡堂，提示学生选择正确的图表类型	填写学习单。上网搜集历史天气数据（过往天气），预测下周天气数据，将这些数据整理录入到电子表格中，组织好数据结构，根据多种相关因素综合分析，进而形成有理有据的结论	学生通过自行收集和组织数据，进而对数据进行合理呈现，得出初步结论。在这个任务执行过程中，存在几处容易出错的地方，教师应引导学生自己发现并及时纠正错误
四、作品欣赏，评价交流	1. 作品赏析 汇总信息得出结论，并给出理由。（建议用多组数据支撑结论。） 2. 反思讨论 针对结论是否正确，图表是否能够清晰呈现数据内容，理由是否充分等几个方面，班内互相评价并提出建议。 3. 教师评价 4. 课堂总结	综合考虑之前提及的各种影响因素，以及其他可能的影响因素。 填写过程性评价表，以记录自己在数据分析过程中的表现和进步，并借此机会重新梳理思路	通过对生活中各种数据的收集与分析，我们能针对某些事物做出预测，但需要注意的是，这些预测并非总是准确无误的。生活中的许多因素可能会影响某一事物的发展结果。因此，在进行预测时，必须全面考虑各种潜在的影响因素，并深入探寻数字背后的逻辑关系

（该案例来自深圳市高级中学　李保成老师）

> 问题13：如何引导学生借助编码理解和认识信息社会，学会使用数据思考问题、分解问题和解决问题？

【问题分析】

在设计跨学科主题活动时，教师应当依据真实案例，并结合学生的实际学情，对教学活动进行重构，以引导学生主动且积极地参与问题解决过程。教师应指导学生在学习过程中经历完整的实践环节，包括体验观察、记录数据、处理数据并验证观点或探索"未知"的知识领域。

从心理学的角度看，学习抽象概念的有效途径之一是通过实例进行解析。教师需要善于从四年级学生的认知水平出发，选取他们能够理解的、具有代表性的真实的案例。例如，在课程学习、校园生活、城市交通和消费购物等领域，提供具体的数据应用实例，让学生在生活中的信息科技应用场景中进行反思，剖析简单问题的解决方法。

举例来说，在参观各类科技展览馆时，学生可能会被展览带来的震撼与新奇所吸引，而忽视了其中蕴含的数据价值。此时，教师可以适时提醒或引导学生分析不同媒介（如文字、图片、音频、视频等）所承载的信息，从中发现并挖掘更多的数据及其价值，并学会运用适宜的方法展示数据和信息。

【问题解决】

根据不同的问题，合理选择合适的数据处理工具和平台至关重要。在教学活动中，为了培养学生主动寻找合适的工具获取和收集数据的意识，教师需要充分考虑学生现有的信息技术技能水平，鼓励学生根据不同问题自行选择数字化工具收集和处理数据，并借助可视化方式揭示数据间的关联或展现数据的发展规律。同时，教师要教育学生在数据采集和存储的过程中注重保护个人数据和信息安全。

以"如何推荐同学参加校运会"这一真实场景为例，教师可以引导学生利用在线平台分析数据，体验数据可视化的表达方式，探究数据背后隐藏的信息，解决运动员的推荐问题。在这个过程中，学生不仅了解了数据可视化的概念和应用，还掌握了在线数据可视化平台的使用方法。学生将体验从发现问题、组织与呈现数据，到形成结论或预测结果，最后进行汇报展示的完整过程。

【案例参考】

"'码'上世界"教学设计供参考，如表6-4所示。

表6-4 "'码'上世界"教学设计

教学环节	教学活动		设计意图
	教师活动	学生活动	
一、扫一扫	1. 问题：在生活中，我们发现二维码有哪些实际应用？ 乘车码、健康码、信息登记二维码、收款码、付款码，以及名片二维码都是二维码的常见应用实例。 2. 在抢答游戏中，可以为校园内的植物制作专属二维码，引导学生扫描后快速抢答植物名称	学生主动思考并发现身边二维码的各种应用实例。 参与抢答游戏，通过扫一扫二维码来快速作答	通过组织学生进行扫一扫二维码活动，体验二维码的实际应用，从而有效提升学生的参与度
二、学一学	1. 展示三个具有代表性的矩阵式二维码，让学生相互比较并观察不同应用场景下二维码的共同特点。 2. 邀请学生分享他们所理解的二维码的特点，并在黑板上记录共性特征，接着介绍二维码的基本组成和作用： ① 位置探测图形（用于定位二维码的位置）。 ② 方块结构。 回顾二进制原理：计算机仅能识别二进制数（0和1），在矩阵式二维码中，填充颜色的方块代表数字1，空白方块代表数字0，最终形成黑白相间的二维码图案，其中包含了格式信息、版本信息、有效数据和纠错信息等内容。 3. 组织学生进行实践活动——通过为二维码的每个方块填写0和1，直观感受其编码规则。 4. 总结环节：看似微小的二维码，实际上能够承载大量的信息内容，如文本、图片、视频、音频甚至网址等都能通过二维码得以传递	学生观察和分析不同应用场景下的二维码，共同探讨其共性特点，进行小组讨论以深化认识。 理解二维码的原理。 通过填方格活动来表述二维码图形中每个方块所代表的二进制数	提供多种常见的二维码实例，引导学生观察并发现二维码的共同特征，进而归纳总结这些特征，旨在激发学生的探究欲望和好奇心，培养他们对二维码工作原理的探究动机，并调动起学生学习二维码生成与解析原理的积极性
三、做一做	1. 引出二维码制作工具：在线生成二维码是一种便捷且功能丰富的方法，以"草料二维码"为例，利用其生成器不仅可以轻松创建包含文本、图片、视频和网址的二维码，还能对二维码样式进行美化设计。 2. 演示如何使用工具制作存储文字信息的二维码，并指导学生实践操作。 3. 强调在传播信息时应自觉维护网络空间的文明秩序，组织学生动手制作含有积极健康内容的文字二维码，并互相扫码测试	熟悉生成二维码的工具，亲身体验制作二维码的乐趣。 鼓励学生自行生成个性化二维码，并互相扫描验证	在观看了教师的演示操作之后，学生可以通过在线平台制作二维码，从而掌握制作二维码的具体方法，并在此过程中深刻体会二维码在信息传播方面的高效性和便利性

(续表)

教学环节	教学活动		设计意图
	教师活动	学生活动	
四、创一创	1. 带领学生认识二维码的价值与意义，探讨它可以传递哪些类型的信息，以及在何种情境下适宜使用二维码（如传递正能量、方便日常生活、维护社会秩序等）。 2. 分享案例：乘车码作为二维码创新应用的一个成功案例，既缓解了车站售票压力，也减少了通行时间，提升了车站运营效率，降低了拥堵风险，使出行更加高效、便捷。 3. 创意设计阶段：提供思维导图，举例说明二维码的多种创意应用方式，鼓励学生发挥想象力，设想更多的二维码在生活中的创新用途，使其助力提升生活品质与维护公共秩序。 4. 小组讨论：组织学生分组讨论各自的想法，交流关于二维码在创意应用上的见解	学生了解二维码的价值与意义，思考能利用二维码传递什么信息，哪些场景中可以使用二维码。 了解二维码的创意应用案例——乘车码。 小组讨论，学生发散思维，设计应用场景，畅想二维码的应用	借助师生间的互动讨论，引导学生深入思考：二维码能承载哪些类型的信息，以及在哪些生活和学习场景中适宜使用二维码。 采用思维导图的方式举例说明，帮助学生拓宽思路，启发他们联想到更多二维码的创新用途和潜在应用场景
五、理一理	1. 理一理：引导学生总结本节课学到的二维码原理、生成方法、实际应用及其安全问题等方面的知识。 2. 完成课堂评价问卷，确保每位学生对本课的学习成果有清晰的认识。 3. 完成课堂作业，巩固所学内容	学生完成课堂评价问卷，对学习效果进行自我评估。 系统总结本课关于二维码原理、生成方法、实际应用、安全问题等内容的学习要点	组织学生梳理所学知识，进行自我反思和评价，同时布置相关作业以巩固课堂上学到的关于二维码的知识及技能

（该案例来自深圳市福田区荔园外国语小学（水围） 陈晓岚老师）

6.4 计算思维的测评和实践

1.（数字与编码）某小学 1~6 年级，每个年级有 12 个班，为了方便统计与管理，需要为每个班级进行编码，最适合 5 年级 4 班的编码方式是（　　）。

　　A. 5-04　　　　B. 2023-05-04　　　　C. 05-004　　　　D. 005-04

答案：A

解析：班级编码就是代表班级的编号。班级编码的规则为：1 位年级编号 +2 位班级编号。其中 5 年级的编码为 5，班级编码即哪一个班级，如 1 班即 01，2 班即 02，4 班即 04，故答案为 A。

计算思维相关知识：数字不仅可以表示数量和顺序，还可以用来编码。数字编码是用数字表示若干个信息，具有简洁性和唯一性的特点。

2.（数字与编码）小红使用 6 种馅料（分别用字母 A、B、C、D、E、F 表示）制作汉堡包。表 6-5 显示了一些汉堡包及其馅料。

表 6-5　汉堡及其馅料示意图

汉堡包				
馅料	C、F	A、B、E	B、E、F	B、C、D

下面的哪个汉堡包中有馅料 A、E 和 F？（　　　）

A.　　　　　　B.　　　　　　C.　　　　　　D.

答案：A

解析：通过分析表 6-5，汉堡包 ABE、汉堡包 BEF 和汉堡包 BCD 有相同的馅料 B，推理出馅料 B；通过汉堡包 ABE 和汉堡包 BEF 有相同的馅料 B 和馅料 E，推理出馅料 A、馅料 F 和馅料 E；最后通过汉堡包 CF 推理出馅料 C，故答案为 A。

计算思维相关知识：事物能够抽象成由数字、字母或文字构成的形式化表示。抽象的数字可以转化成生动有趣的图像，编码可以建立数据间的联系，可以让信息被有效利用。

3.（数字与编码）有 3 个大盒子、5 个中盒子和 3 个小盒子，需要按要求将 5 个大球、2 个中球和 5 个小球放进盒子里（见图 6-1）。1 个球只能放进尺寸相同或尺寸更大的盒子里，而且 1 个盒子里只能放 1 个球。

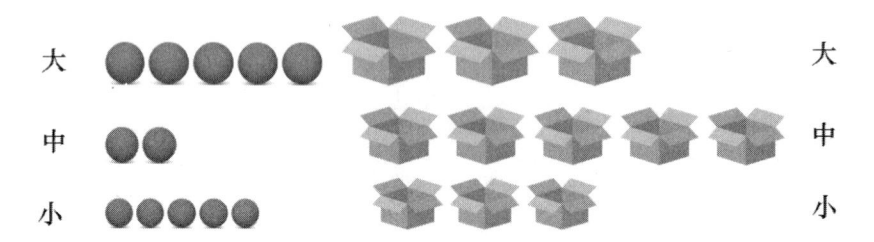

图 6-1　纸盒与球示意图

你最多能将多少个球放进盒子里？（　　）

A. 8　　　　　B. 9　　　　　C. 10　　　　　D. 11

答案：C

解析：通过分析题目，推理出有3个大球可以放进3个大盒子里，2个中球可以放进2个中盒子里，5个小球可以放进3个小盒子和2个中盒子（或5个小球放进2个小盒子和3个中盒子）里，最多可以将10个球放进盒子里，故答案为C。

计算思维相关知识：通过推理演算解决问题，尝试模拟、验证解决问题的过程。编码可以建立数据间的联系，理解编码是维护信息社会秩序的关键。

4.（数据的组织与呈现）小明这学期第一、第二、第三次数学考试的成绩分别是80分、85分、90分。如果我们用图表的形式表示小明这几次的考试成绩，最可能的应该是哪个？（　　）

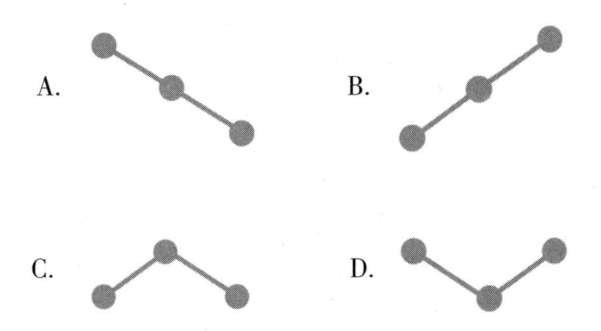

答案：B

解析：通过绘制考试次数与成绩的折线图呈现考试结果，最后推理出答案为B。

计算思维相关知识：选用合适的图表呈现数据结果，学会用"数据"说话。

第7章
身边的算法

本章主要内容

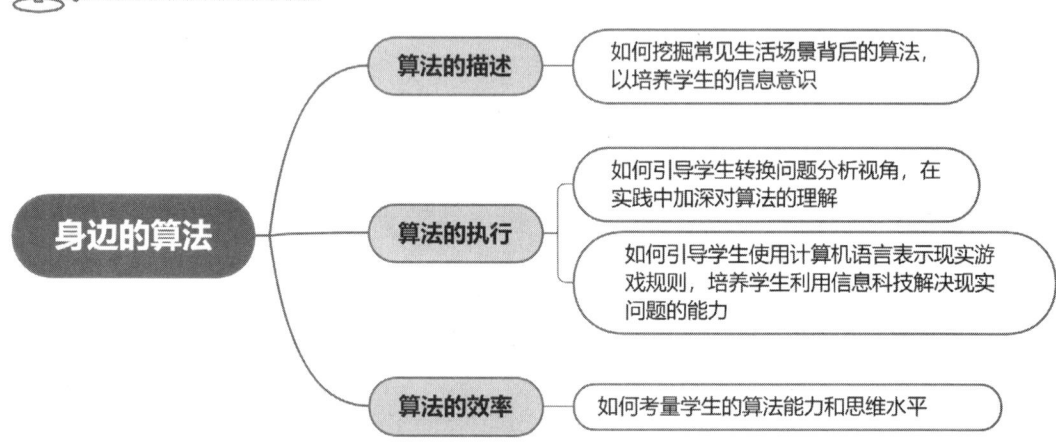

- 身边的算法
  - 算法的描述 —— 如何挖掘常见生活场景背后的算法，以培养学生的信息意识
  - 算法的执行
    - 如何引导学生转换问题分析视角，在实践中加深对算法的理解
    - 如何引导学生使用计算机语言表示现实游戏规则，培养学生利用信息科技解决现实问题的能力
  - 算法的效率 —— 如何考量学生的算法能力和思维水平

课标内容要求

1. 借助学习与生活中的实例，体验身边的算法，理解算法是通过明确的、可执行的操作步骤描述的问题求解方案，能用自然语言、流程图等方式描述算法。

2. 结合生活中的实例，了解算法的顺序、分支和循环三种基本控制结构，能分析简单算法的执行过程与结果。

3. 通过真实案例，知道算法步骤的执行次数与问题的规模有关，观察并体验采用不同算法解决同一问题时在时间效率上的差别。

4. 针对简单问题，尝试设计求解算法，并通过程序进行验证。

5. 以信息社会日常活动中蕴含的算法为例，讨论在线生活中算法的价值与局限（包括算法对知识产权保护的作用等），及算法对生活的指导意义。

7.1 模块概述

"身边的算法"模块是《义务教育信息科技课程标准（2022年版）》中第三学段（5~6年级）的内容。算法是计算思维的核心要素之一，也被认为是推动人工智能广泛应用的三大基石（数据、算法、算力）之一。本模块旨在通过剖析学生身边的简单算法实例，培养学生初步养成应用算法思维解决问题的习惯，并引导学生尝试使用自然语言、流程图、伪代码等多种形式描述算法。在实践探究的过程中，通过算法的迭代升级和对比分析，引导学生深入讨论和辨析算法的正确性与效率。

该学段学生的思维发展水平正处于从具象思维到抽象思维的过渡期，他们具备一定的抽象思维能力，但仍处于初级发展阶段。虽然该学段的学生在日常生活中经常接触电子产品，但是许多地区的信息科技课程是从三年级才开始开设的，这导致该学段学生在计算机学科基础知识方面相对薄弱，编程基础也参差不齐。程序设计是实现算法在计算机上自动化运行的关键，缺乏程序设计与实现，算法教学将无法达到其应有的教学效果。

为解决以上问题，本模块更多地借助"不插电"式的教学方法，将算法步骤以直观的形式展现给学生，以便于探讨复杂和抽象的算法。为了实现分层教学，教师可依托积木式编程、代码编程等多语言教学，借助"半成品"教学策略，既为学生搭建知识的承重墙，也为学生提供创新的空间。

7.2 核心素养的培养

算法是在对问题进行抽象、分解和建模后所设计的具体执行步骤，它通过编程技术实现自动化执行。算法借助符号、公式等形式化表达方式，将现实问题进行抽象表示，并转化为计算机可理解、可存储、可计算的问题形式，从而使原本复杂的现实问题适应计算机的处理需求。在逻辑推理方面，算法利用逻辑词、关系符号和逻辑符号来表述现实世界中的规则与推理机制。通过"分而治之"的策略，将大问题分解成多个小问题，然后将各个小问题的解决方案整合后形成大问题的答案。在编程中，采用"函数"等模块化编程方法有助于培养学生的问题分解能力。建模是对同类型问题建立通用的解决模型，通过"多题一解"的方式，将同一算法应用到不同的场景中，从而使学生体验到算法模型的普适性。在算法设计中，运用顺序结构、选择结构和循环结构这三种基本控制结构及其组合，能够确保正确地求解问题。同时，采用流程图、自然语言等方式清晰地描述算法的执行过程，有助于学生更好地理解和掌握算法。此外，教师还可以借助程序语言开发工具对学生编写的代码执行跟踪与调试，如设置断点、调整参数等。这样可以直观展示算法在计算机上的运行过程，以帮助学生深入理解和掌握算法。

7.3　关键问题

> 问题14：如何挖掘常见生活场景背后的算法，以培养学生的信息意识？

【问题分析】

数据、算法和算力是现代信息科技的三大核心支柱。数据可以通过内容直观展示，算力可以通过硬件设备的性能直观体现，而算法作为一种在计算机中运行的程序，由于其无形无质的特点，常常让学生在学习过程中感到抽象、难懂。目前，算法教学通常以直接的数学问题和计算机科学内部的具体问题为主线，教材中所涉及的算法案例也多为经典的、高度抽象化的数学模型和编程实例。这些案例与学生生活实际存在较大距离，教师如果过度依赖教材进行教学，会使得教学过程变成单纯的教材内容的传授。此外，教师也容易习惯性地使用算法的经典案例进行授课，导致传统算法教学案例脱离了学生的生活实际，难以有效地激发学生对算法学习的兴趣，不利于培养学生的深度思考能力，使得学生难以认识到算法学习的实际应用价值。

与此同时，小学高年级学生的认知发展水平正处于从具象思维向抽象思维过渡的关键期。如果直接采用数学难题或复杂的计算机科学问题作为教学引入点，可能会过于生硬，不利于引导学生主动探索算法、深入理解算法原理，并将算法知识迁移到实际生活场景中。

为了改善这些问题，教师应更加注重观察生活，深入挖掘身边常见场景中所蕴含的算法原理，选用贴近学生生活、易于感知的实例作为教学案例，这样才能更好地帮助学生理解和掌握算法知识。

【问题解决】

情景教学法是指教师利用课本材料、案例及周边事物等外界环境要素为学生创设其感兴趣的情景[1]。情景教学法通过提供真实的体验，不仅能够提高学生的学习效率，加深他们的学习深度，而且还能够提高他们的知识运用能力。在这个过程中，学生通过学知识、用

1　文嘉玲. 情景教学法探源[J]. 科技信息（科学教研），2008(23):258+272.

知识来创新地解决问题，凸显了学生的主体地位，同时也培养了学生解决问题的能力。

① 创设生活化的情境能够激发学生的兴趣并强化知识的实际运用。华罗庚所提出的"泡茶算法"生动地展示了生活中的并行和串行逻辑：是先依次完成拿杯子、拿茶叶、烧开水，最后泡茶、喝茶的动作；还是同时进行烧开水、拿杯子和拿茶叶的动作，水开后再泡茶、喝茶？算法在生活中无处不在。例如，导航软件应用路径规划算法来提供时间最优、收费最优等多种路线选择；网络通信中的加密算法确保了数字时代的信息安全和个人隐私；短视频平台采用推荐算法，针对每个用户推送个性化内容，实现"千人千面"的效果；搜索引擎结合搜索算法和排序算法，为用户提供最符合需求的搜索结果。这些都是算法与日常生活紧密相连的例证。

在科技较为发达的城市，如深圳，教师可以引导学生关注自动驾驶出行服务、刷"掌"支付等前沿科技应用，探究其背后所蕴含的算法，在培养学生科技创新能力的同时，也提升了他们对国家科技创新成果的自豪感。在科技资源相对稀缺的乡镇地区，教师可以从学生的日常劳动、游戏入手，如通过玩"石头、剪刀、布"或各种棋牌类游戏探讨其中的规则和策略，并尝试用计算机编程实现，以此培养学生的计算思维能力。

教师应留意挖掘贴近学生生活的各类算法实例。例如，整理书包、书柜的有效方法，合理规划放学后的学习和娱乐时间，多人外出游玩时的购票策略，乘坐出租车时的计价收费原理等。教师通过这些真实且贴近生活的场景，创新教学方法，驱动学生自主分析问题、设计解决方案，从而激发学生的学习动机，培养他们的知识建构能力和解决实际问题的能力。

② 跨学科融合是发展计算思维的重要途径。计算机算法与数学等学科在解决问题的过程中存在相似的步骤和思路。教师可以让学生首先运用数学方法解决问题，再过渡到计算机算法领域。通过对比不同方法，学生能够感受各学科思维的共通之处及差异性，从而深入理解算法的核心思想。

③ 场景—模型—新场景的思维过程是一个从具象到抽象，再从抽象回归到具体的过程。当学生认识到算法即解决问题的思路这一核心概念后，教师可以引导学生从现实生活场景过渡到有趣的游戏和其他丰富的生活场景中，提炼并解析这些场景背后的经典算法。也就是从个别案例中抽象出"算法"，然后将"算法"应用于同类型的其他案例中。例如，通过汉诺塔游戏讲解递归算法，通过走迷宫游戏渗透回溯思想，借助求解最大公约数来阐述数学中的递归算法，通过短视频推荐系统介绍推荐算法，以及搜索引擎中的搜索算法等，以此丰富学生对算法的认知，提升其抽象思维能力和知识的迁移应用能力。

【案例参考1】

时间小管家

算法作为计算思维的核心要素，其应用已经渗透到生活的各个层面。其重要性在于我们如何超越人为设计的游戏情境，将算法应用于解决生活中的实际问题，从而让学生真正体会到计算思维的重要性。教师应当从学生的生活实际出发，对生活中的具体问题进行抽象化处理，进而引导学生运用计算思维方法对问题进行深入分析，以便高效地解决问题。这就要求教师平日里要密切关注学生的生活，深入了解学生的日常活动，以便找到能够引发学生共鸣的实际问题。

例如，教师可以引导学生思考如何合理安排放学回家后到睡觉前这段时间的各项任务，通过优化个人时间管理方案提升执行效率。在这样的实际生活场景中，学生能亲身体验算法的存在，并通过问题分解不断优化自己的"生活算法"，从而提高学习效率。如果不按照科学的顺序规划时间，则可能导致部分任务无法完成或者完成效果不佳。

教师可以提问："同学们，请设想一下，从放学回家到准备睡觉前，你们应该如何合理分配和安排这段时间来完成各项任务呢？"

学生一般回答："我放学回家后通常会做作业、吃饭、玩耍、洗澡，然后睡觉。"

这时教师可以进一步阐述："大家提出的这个放学后的基本流程其实就是一个生活中的算法实例。不过由于每位同学的生活习惯各异，家庭作息时间也不同，因此这个流程会有不同的实施方案。针对各自的实际情况，我们能否对这个方案进行优化，使其更加精准有效呢？"

教师布置任务："请各位同学将这些事情详细列出来，并尝试细化。例如，在写作业这一项任务上，能否根据最近作业的不同类型进行分类，并预估所需的时间？"

学生列举具体要做的任务及预计用时：跳绳（约10分钟），吃饭（约30分钟），与小伙伴玩耍（约40分钟），完成书写类作业（约1小时），完成背诵等视频打卡类作业（约20分钟），课外阅读（约30分钟），洗澡（约20分钟），收拾书包（约10分钟），以及其他任务（约30分钟）。

教师继续提问："这些任务是否可以任意排序？是否存在一些必须遵守的时间或顺序限制呢？"

学生各自反思。

学生1表示："我家一般是6点30分吃晚饭，吃完饭不能立刻跳绳。"

学生2认为："小区里的小朋友一般7点左右才会下楼玩，太早或太晚下去都找不到伙伴。"

学生3提出："视频打卡类作业通常需要爸爸或妈妈在家协助才能完成，爸爸或妈妈通常是6点半才能到家，有时会更晚。"

学生4强调："收拾书包一定要在完成作业之后。"

学生5说："我习惯在临睡前洗澡。"

学生6指出："如果洗完澡后再跳绳，那就白洗了，所以洗澡应该安排在跳绳之后。"

教师总结："非常好，大家提出的这些细节正是我们在规划大问题时需要注意规避的小问题。所谓合理的时间规划，就是要确保在满足所有条件的前提下，让各项任务执行得更加流畅。现在，请大家依据刚才讨论的种种条件，利用流程图或时间表的形式描绘出你们自己规划好的时间管理方案。"

【案例参考2】

揭秘打车计费背后的智慧——探索分支结构之旅

从生活中的实际问题出发，以"计算打车费用"为切入点，通过这一具体情境让学生深入理解并实践应用分类讨论这一数学方法。然后，借由这一实例自然过渡到计算机算法中的"分支结构"，从而有效地激发学生对数学和编程学习的浓厚兴趣。

问题1：某市出租车收费标准规定，3千米以内（含3千米）每千米收费5元。超过3千米后，超出部分按每千米2.3元计费。已知行驶距离为 s 千米，如何用数学表达式表示车费 m 元？尝试用分支结构编程实现计费程序，如图7-1所示。

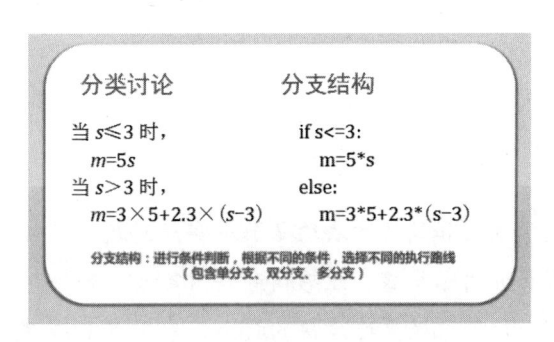

分类讨论	分支结构

当 $s \leqslant 3$ 时，
$m=5s$
当 $s>3$ 时，
$m=3 \times 5+2.3 \times (s-3)$
	if s<=3:
	　　m=5*s
	else:
	　　m=3*5+2.3*(s-3)

分支结构：进行条件判断，根据不同的条件，选择不同的执行路线（包含单分支、双分支、多分支）

图7-1　从分类讨论到分支结构

问题2：某城市为了节能减排，鼓励市民采取更为环保的出行方式，计划实行新的出租车计费标准：出租车起步价为8元（3千米以内，含3千米）；当行驶距离大于3千米且小于或等于10千米时，超出3千米的部分按每千米1.8元计费；当行驶距离大于10千米时，超出10千米的部分按每千米2.6元计费。假设行驶距离为 s 千米，该如何表示及计算相应的车费 m 元呢？尝试用多分支结构编程实现计费程序，如图7-2所示。

```
分类讨论                           多分支结构
当 s≤3 时,                        if s<=3:
    m=8                                m=8
当 3<s≤10 时,                     elif s<=10:
    m=8+1.8×(s-3)                      m=8+1.8*(s-3)
当 s>10 时,                       else:
    m=8+(10-3)×1.8+2.6×(s-10)          m=8+(10-3)*1.8+2.6*(s-10)
```

图 7-2　从分类讨论到多分支结构

接下来,设计"拓展延伸"问题,促使学生思考数学方法与编程方法之间的联系与区别,体验不同学科思维方式的异同。例如,设全班同学集体乘坐出租车出游,若增加 1 辆车,则每辆车恰好坐满 3 人;若减少 1 辆车,则每辆车正好载 4 人,那么全班共有多少人?

针对这个问题,学生已经掌握了运用数学方法来解题——列方程求解未知数。设原计划有 x 辆车,根据题意可得方程:$3(x+1)=4(x-1)$。解这个方程得出 $x=7$,因此 $3×(7+1)=24$,故全班共有 24 人。而在计算机编程方面,可以使用 Python 编程语言,通过循环结构利用穷举法解决问题。设定程序从 1 开始逐个尝试车辆数量,直至找到满足条件的答案并输出结果,如图 7-3 所示。

```python
for x in range(1,20):
    if 3*(x+1) == 4*(x-1):
        s=3*(x+1)
        print("一共需要车的数目为: ",x)
        print("班级总人数为: ",s)
```

图 7-3　Python 语言程序示例

在这个案例中,数学方法和编程方法均是解决实际问题的有效工具。数学方法通常涉及公式推导、方程求解和证明等步骤,能够精确给出答案。而编程方法则是借助编写计算机程序来解决问题,利用计算机运算速度快的特点,采用穷举法逐一验证所有可能性。编程问题解决过程涵盖算法设计、程序实现和调试等多个环节,尤其适用于处理较为复杂的现实问题。通过对这两种不同求解方式在真实场景下的对比,有助于培养学生的信息意识,初步感知计算机运算的特点,并能灵活运用三种基本程序结构和穷举思想来解决现实生活中的问题。

> 问题15：如何引导学生转换问题分析视角，在实践中加深对算法的理解？

【问题分析】

瑞士计算机科学家、图灵奖得主尼古拉斯·沃斯提出了著名的公式"程序 = 数据结构 + 算法"，这一观点强调了算法在现代信息时代的核心地位。算法与数据结构的紧密结合能够实现更为强大的功能，其中数据结构作为基础提供支持，而算法则居于高层，依赖于数据结构进行操作，对数据结构进行读取、处理和存储等操作。

在教学过程中，一些教师可能会从看似简单的生活场景中抽象出实际算法问题，但缺少适当的过渡，直接进行逻辑推理或者用字母等抽象符号来进行说明。这种方式跨度过大，容易导致学生听不懂、不理解，产生畏难情绪。然而，在面对小学高年级学生时，由于他们的学科基础知识相对薄弱，尚未接触过数据结构这一概念，如何在没有数据结构知识背景的情况下教授算法成为教师面临的一个挑战。为解决这个问题，教师需要寻找一种有效的方法，能够在不涉及复杂数据结构的前提下讲解算法的基本原理和应用，从计算机底层机制入手，阐述算法的工作流程和逻辑原理，引导学生从计算机的角度分析算法；使用可视化工具或设计简单的编程框架（支架式代码），以及调整算法参数等手段，帮助学生直观地感知和理解算法的内在机制。

【问题解决】

在解决问题的过程中，教师应考虑以下几个方面。

① 解析算法时转换主体视角。信息科技课程主要围绕人、信息、工具三者的关系展开，如图7-4所示。

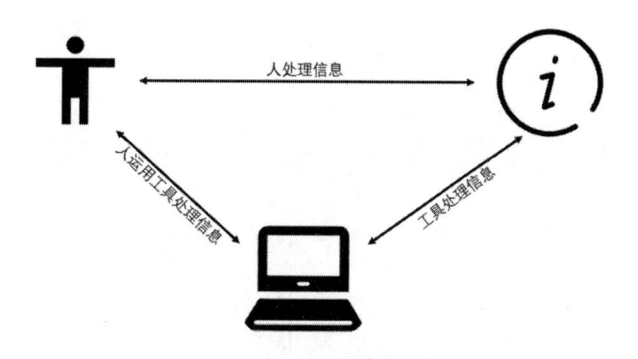

图7-4 人、信息、工具三者的关系

随着课程的不断改革，信息科技课程主要围绕以下三个层次开展教学：第一层次，人是如何处理信息的，反映了人与信息的关系；第二层次，人是如何运用工具处理信息，以提高信息处理效率的，反映的是人对技术的掌握；第三层次，工具是如何处理信息的，反映的是站在计算机科学家角度思考问题解决方案，注重培养核心素养[1]。

算法通过程序得以实现，并在计算机上运行与执行。因此，我们可以尝试从算法的实际执行者——计算机的视角来剖析算法。在现实中，许多学习者对计算机抱有一种"无所不能"的印象，普遍认为计算机功能强大，却较少深入思考计算机强大的原因。实际上，计算机本身相当"机械"，它仅能理解二进制编码，并且其基础运算仅为加法运算，然而正是由于计算机具备庞大的存储能力和超高的运算速度，才使其展现出炫酷而强大的一面。计算机能够不厌其烦地重复执行特定动作，利用其快速处理的优势解决复杂的现实问题，这恰恰体现了将复杂问题抽象成通用模型，并运用"分而治之"的策略，利用计算机高速运算的特性迅速求解整个问题的过程。为了更好地理解算法内在的工作流程和逻辑原理，我们需要从计算机底层机制出发，清晰透彻地解析算法是如何运作的。

② 直观性与思想性相结合。在从具体的现实个例过渡到普适通用的算法模型时，我们需要发掘并提炼出共通的模式。为此，我们可以灵活采用各种形象直观的教学方法，如动画演示、自然语言表述、流程图示意和游戏演示等形式，以帮助学生更深入地理解算法中的抽象思想，从而建立起对算法内在逻辑的认识。

③ 实践性与理论性相结合。教师可以通过搭建实践操作的脚手架并提供丰富的应用场景，为学生有效完成算法的编程任务提供支撑。当遇到超出学生当前执行能力的任务时，可适时采取任务分解策略，或者逐步揭示问题层次，着重培养学生的分析与分解思维。例如，在教学过程中，教师可以首先给出一个程序的基本框架结构，指导学生修改其中的关键参数或增加特定语句，以实现程序功能的递进式完善。这样，随着程序迭代过程的深入，学生能够在实践中逐渐领悟如何运用编程语言来实际表达和实现各种算法思想。

【案例参考】

探秘斐波那契数列：走进神奇的递归世界

大自然给了人类无穷灵感。例如，一棵树每隔一年会新增枝条，其枝条增长规律如图 7-5 所示。

---

1 王荣良. 计算思维教育 [M]. 上海：上海科技教育出版社，2014.

第 7 章 ◆ 身边的算法

图 7-5　一棵树各个年份对应的枝条数

一棵树的枝条数呈现1、2、3、5、8、13、21……的规律，这便是斐波那契数列在自然中的体现。该数列由意大利数学家列昂纳多·斐波那契以兔子的繁殖引入，因此这个数列被命名为斐波那契数列。假设在理想状态下新出生的兔子一个月的时间就可以成长为成兔并具有繁殖能力，成兔每个月可以繁殖一对幼兔（假设每次繁殖都是一雌一雄），并且所有的兔子都不会死亡。逐月统计兔子的对数，如图7-6所示。

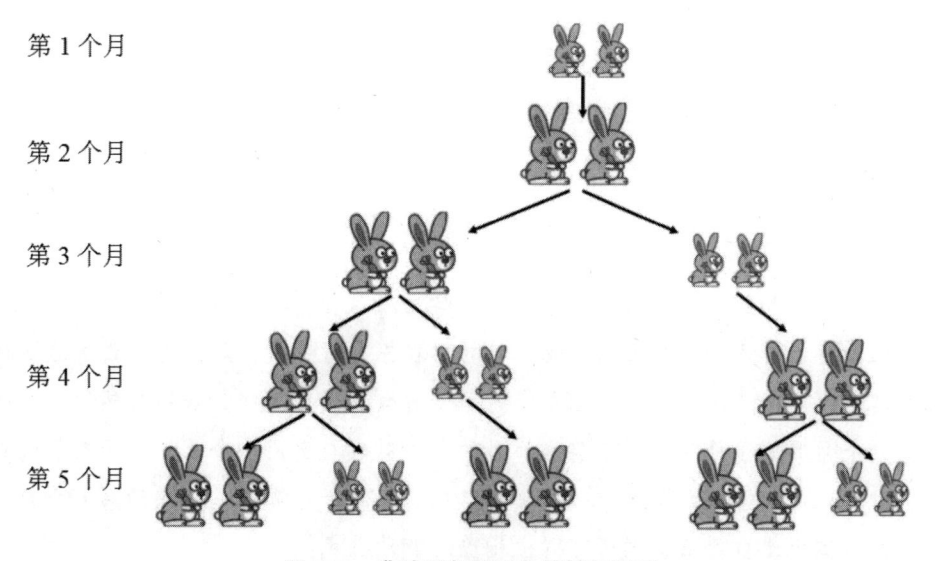

图 7-6　斐波那契数列兔子繁衍图示

请同学们参考图7-6，续画兔子的繁衍图示，并完成兔子繁衍数量统计表，如表7-1所示。

表 7-1 兔子繁衍数量统计表

第 n 个月	成兔数量（对）	幼兔数量（对）	总对数（对）
1			
2			
3			
4			
5			
6			
7			
8			
9			
10			
11			
12			

设置讨论与交流环节，引导学生说出兔子对数的变化规律。

请将你发现的兔子对数增长规律写下来（文字、公式等形式均可）：

根据你发现的规律，请问第 5 个月、第 7 个月兔子的对数分别是：

教师通过动画和图示生动展现情景，引导学生深入理解数列增长的规律，进而指导学生运用"顺向思维"方法完成表格数据的计算。在探究过程中，聚焦兔子数量这一核心变量，排除其他无关因素干扰，仅关注每个月兔子对数的变化规律。采用自然语言表述这一规律：第 n 个月的兔子总对数等于前一个月的兔子对数与更前一个月的兔子对数之和。进一步地，过渡到用数学公式描述这一算法规律：设 n 代表月份数，F_n 表示第 n 个月末的兔子对数，则根据上述自然语言描述可得出相应的数学公式：

$F_n=F_{n-1}+F_{n-2}$;

$F_1=1$;

$F_2=1$;

借助数学公式实现对规律的形式化表达。最后请学生补全如图 7-7 所示的流程图，流程图中的 A 是表示月份的变量，S 表示兔子总对数。

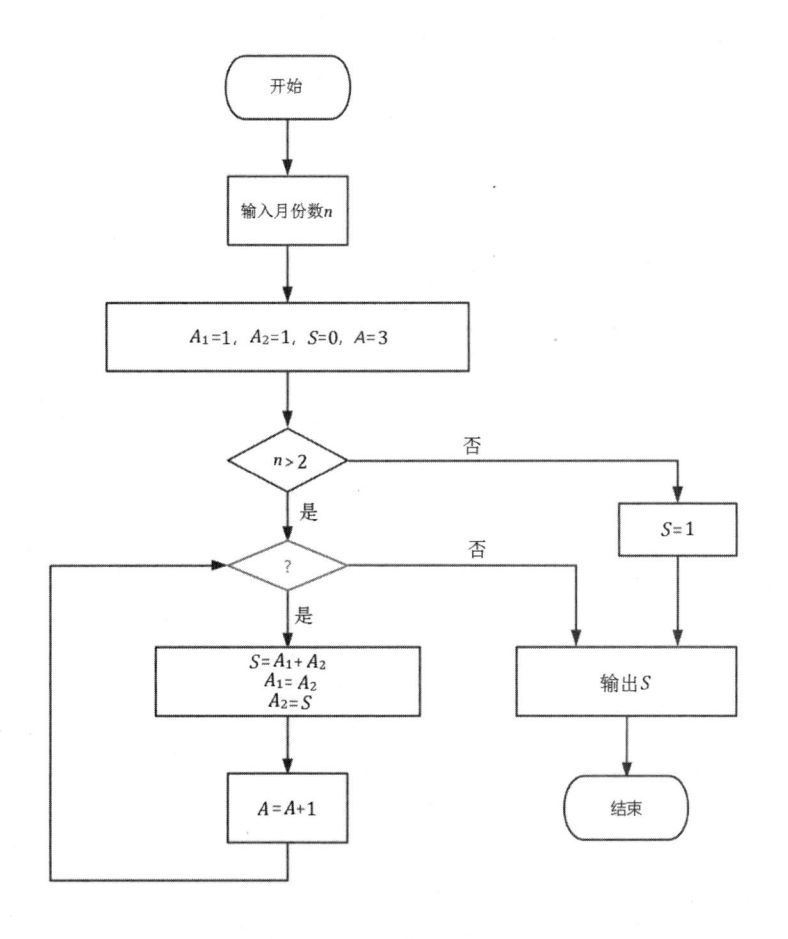

图 7-7 斐波那契数列兔子对数流程图

通过统计观察，引导学生发现生活中现象的规律，利用数学公式和符号抽象表示规律，借助流程图表示算法的执行步骤，帮助学生从现实生活过渡到计算机算法。

> 问题16：如何引导学生使用计算机语言表示现实游戏规则，培养学生利用信息科技解决现实问题的能力？

【问题分析】

在生活中，我们接触过多种博弈类游戏，如"剪刀、石头、布""21点""农夫过河问题（涉及狼、羊、菜的组合）""谁是卧底"等，这些游戏都可以通过编程中的顺序结构、分支结构和循环结构编写获胜策略的算法。此外，还有如汉诺塔、迷宫探索等游戏，可以通过递归、回溯等算法原理探寻解决游戏中问题的方法。将游戏元素与设计理念融入教学过程的游戏化教学方法，能够有效地激发学生学习的积极性和主动性，促使他们积极参与课堂学习。这种教学方法打破了传统教学模式的束缚，尊重学生的课堂主体地位，增强了教学的趣味性。

然而，本学段的学生活泼好动、喜欢游戏，在面对此类游戏化的学习情境时，对游戏的热爱可能会使他们过于沉浸在游戏体验中，而忽视了对游戏背后知识原理的深入探究。一个常见的现象是，学生在游戏中取得胜利，却无法清晰、有条理地使用计算机语言表述其获胜策略，表现出一种"意会易，言传难"的现象，不利于培养学生的高级思维能力。

北京大学尚俊杰研究员强调，游戏化教学的本质在于利用游戏为载体支持教学全过程。因此，跨学科的游戏化教学并不仅仅是让学生在游戏中玩耍，而是应当让游戏成为支持教学各个环节的有效工具，从而更好地提高教学质量。

例如，在教授汉诺塔游戏时，教师可以借助递归思想进行教学。教师可以组织学生进行分组合作学习，引入组间竞争机制及组内合作交流的方式，通过设计的学习任务清单，引导学生在"玩"的过程中不断领悟算法思想，进而自主习得知识。在此过程中，小组成员通过实际操作共同总结移动规律，逐步提炼出递归算法的核心思想。

【问题解决】

教师可以创设汉诺塔挑战赛的真实游戏竞技场景，鼓励小组间展开竞争，同时倡导小组内的合作。学生通过亲手操作汉诺塔学具，建立对汉诺塔游戏的基本感知，在组间的互动交流中共同总结出汉诺塔游戏移动的规律，并逐步领悟递归算法的核心思想。在实施游戏化教学时，教师需要关注以下几个要点：

① 平衡教育性和游戏性。游戏化教学能够调动学生的眼、手、口、脑等多感官参与，使课堂充满趣味性。然而，部分学生可能过于沉浸于游戏本身而忽视了对游戏背后知识原理的深入思考。因此，教师在设计教学活动时需兼顾教育性和游戏性的统一，找准两者的平衡点，合理组织教学内容和流程，引导学生在"玩"中"学"。

② 使用学习清单促进思维发展。要完成游戏往往需要经过多个步骤，从初始状态到胜利状态的过程较为复杂。虽然学生能够在某一具体步骤上依据游戏规则确定下一步的策略，但较难从全局视角把握整个游戏进程的整体策略和规律。为此，教师可以设计学习任务清单，帮助学生详细记录每个步骤的操作过程，引导学生从宏观角度分析问题解决策略，培养学生的问题分解能力和抽象思维能力。

③ 建立竞争奖励机制以保持学生的持久兴趣。考虑到学生个体差异大，部分学生对新知识吸收迅速，但也存在部分学困生在探索新知识时感到吃力。为了激发并维持所有学生的学习积极性与持久兴趣，教师可以建立有效的竞争奖励机制。同时，教师还需不断创新，设计多层次、富有趣味性和创新性的游戏任务，确保不同水平的学生都能从中获益。

【案例参考】

汉诺塔游戏中的递归奥秘探索

汉诺塔游戏（见图7-8）要求在不改变珠子上下顺序的情况下，借助2号杆把1号杆上的珠子移动到3号杆。每次只能移动1个珠子，大珠子不能放在小珠子上面。

在汉诺塔游戏的教学实践中，教师可以通过以下步骤引导学生深入理解游戏规则并发展递归思维。

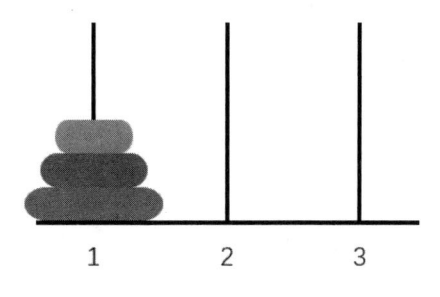

图7-8 汉诺塔游戏示意图

1. 充分实践，构建感知。教师要尊重学生的主体地位，引导学生深入了解汉诺塔游戏的规则，并发放相应的学具，确保每位学生都能通过实际操作逐步建立对游戏机制的直观感知。教师在此过程中应积极扮演组织者和引导者的角色，遵循"不愤不启"的原则，给予学生充分的体验和尝试空间。

2. 记录学习过程，设计学习任务单。在经过充分实践与试错后，每个学生都已初步形成了对游戏的直观理解。此时，教师可以要求学生借助学习任务单详细记录下每次移动的过程，为后续的分析和讨论打下基础，如图7-9所示。

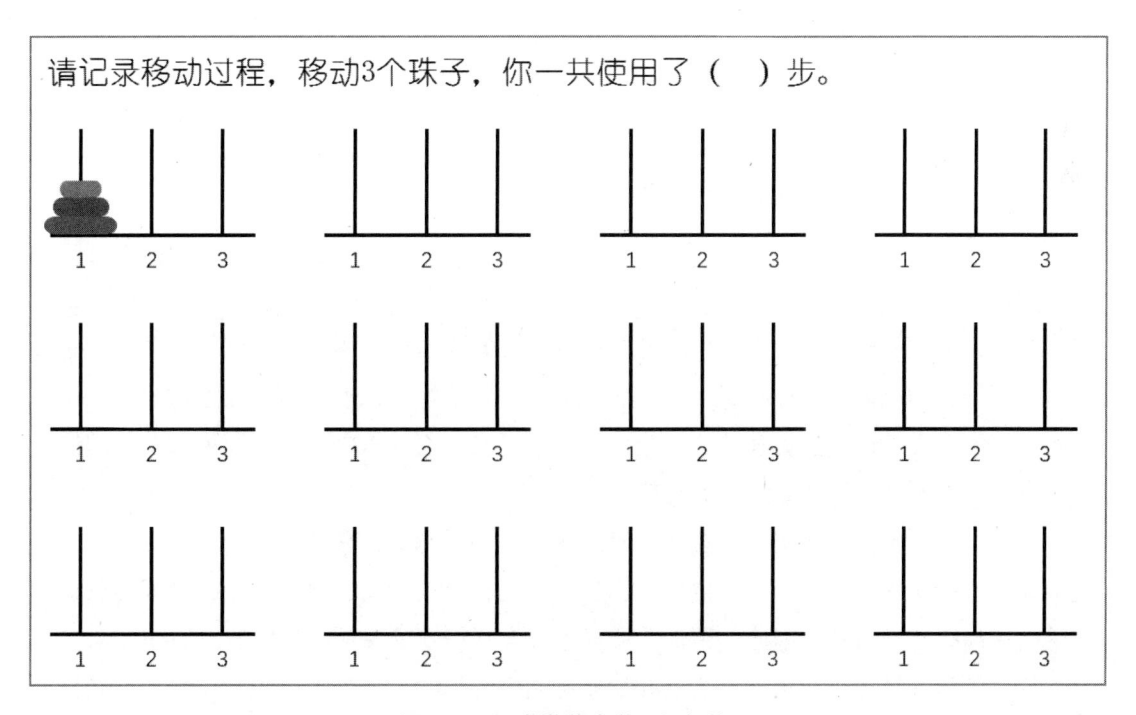

图7-9 汉诺塔游戏学习任务单

3. 分工合作，归纳提炼。为了深化理解，教师要鼓励小组成员之间进行合作，对比各自的移动步数及移动过程，进行归纳总结，回答以下问题。

> ① 要使移动步数最少，应将哪个珠子尽快移动到 3 号杆？
> _____
> ② 当把该珠子移动到 3 号杆时，其他珠子的排列情况如何？
> _____
> ③ 你们小组归纳出的汉诺塔游戏的获胜规则是什么？
> _____

通过学习任务单引导学生观察移动过程，并运用逆向思维分析问题。首先将问题分解：要想把 1 号杆上的珠子保持顺序移动到 3 号杆，需要先将最下方的最大的珠子移动到 3 号杆，而剩下的珠子也要按照这个原则进行移动。虽然该学段的学生还没有涉及"模块""方法""函数"等编程概念，无法用程序实现递归思想，但教师要引导学生厘清思路，清晰地表达也是达成学习目标的一种方法。

4. 难度升级，举一反三。在学生掌握了 3 个珠子的汉诺塔游戏的获胜规则后，升级游戏难度到 4 个珠子。移动 4 个珠子的难度升级幅度也较为接近学生的最近发展区。

问题17：如何考量学生的算法能力和思维水平？

【问题分析】

算法，作为一种通过深入剖析问题、抽象、分解、建模和程序自动化等一系列复杂过程所提炼的科学成果，已经超越了传统意义上的纯陈述性知识的范畴。在评估学生对算法的领悟深度、灵活运用能力和计算思维的发展水平时，仅仅依赖以知识积累为主导的传统评价方式已不再是最佳的教学评测策略。

思维，本质上是通过概念的理解、判断的形成、推理的过程和综合分析等手段，对陈述性知识进行深加工的过程。它揭示了客观事物的核心属性及其变化规律，是人类认知世界的一种高级心智活动。因此，评估个体的思维发展程度是一项具有挑战性的任务。

算法学习和计算思维虽然建立在知识基础之上，但它们的价值远超知识本身。知识是思维发展的前提条件和构筑基石，为思维加工提供了必要的素材。然而，知识的积累量并不能直接等同于思维发展的层次，因为知识是既定且相对固定的，而思维则是动态的、创新的。尽管传统的标准化试题能够较好地检验学生对知识点的掌握程度，且评分较为客观，批阅也较为便捷，但此类试题所提供的单一标准答案却可能限制学生的多元思维的发展，不利于培养学生的发散思维、创新思维和综合思维。为了全面考查学生的思维发散性，我们应当鼓励"一题多解"的教学策略。同时，为了更准确地评估学生对算法本质的理解程度及其知识迁移的能力，我们可以采用"多题一解"的教学策略，从而更好地推动学生的学习和思维发展。

【问题解决】

①"一题多解"的教学策略有助于提升学生对算法的深层理解，并考查学生的思维发展水平。算法实质上是一系列精确定义的指令集合，它能针对规范输入，在有限时间内输出预期结果。在教学过程中，教师可以引导学生通过自然语言描述、绘制流程图等方式表达不同的解决方案。由于学生的知识水平、生活经验和思维方式存在差异，他们在解决同一问题时可能会有不同的认知视角。因此，教师应在授课初期强调结果的正确性，同时鼓励学生进行发散思维与创新思维，允许学生从多个角度探索问题的解决方案。这样做不仅能让学生领略到算法的多样性和灵活性，还能在对比不同算法的过程中揭示出算法效率的差异性。根据笔者的教学实践，如果教师在问题提出之初便提供了一个现成的解决方案，学生可能会陷入单纯的模仿模式，而不愿主动进行创新或发散思考以寻找其他的解决途径。为了实施有效的"一题多解"教学策略，教师应采用启发式和开放性的问题，尽量避免过早地给出固定的"标准答案"。同时，教师应积极营造一个内容丰富的学习情境并通过适当的激励机制，充分调动学生的主动性与创新精神。

②"多题一解"的教学策略可以有效地检验学生对算法的理解深度和知识迁移能力。面对复杂的算法，教师可引导学生共同总结算法的核心，并鼓励他们提出改进意见。通过迭代更新算法、调整关键参数及观察分析比较，学生可以探讨和提升算法效率。例如，在多个不同场景中应用同一算法解决问题，教师应指导学生识别并理解这些场景背后所共享的相同问题解决模式，从而培养其抽象思维能力。这一过程不仅有助于深化学生对特定算法的掌握程度，也对学生在不同情境下灵活运用所学知识的能力提出了挑战。因此，"多题一解"教学策略是一种有效的评估手段，用于检测学生对算法知识的扎实掌握情况及其应用知识解决新问题的迁移能力。

【案例参考】

书海寻序——书柜中的排序算法

按照皮亚杰的认知发展理论，小学高年级的学生正处于从具体运算阶段向形式运算阶段的过渡期。在这个时期，教师如果直接以程序代码作为载体讲解排序算法，可能不够直观易懂，学生难以把握所学知识的实际应用价值。因此，为了帮助学生更好地理解和掌握排序算法，教师可以选取生活中的排序情境，并通过"不插电"的实践活动进行教学。例如，教师可以利用学生生活中常见的整理书柜的场景，考查学生对排序算法的理解程度。在教学过程中，教师通过让学生运用不同的排序方法解决同一问题，评估学生对算法理解的深度。

学生在家都有整理自己书柜的经历，而且教室也有图书角，假如书柜中待整理的书如图 7-10 所示，书籍上的数字表示书的高度。现在我们需要将书按照由高到低的顺序排列，应该如何整理呢？

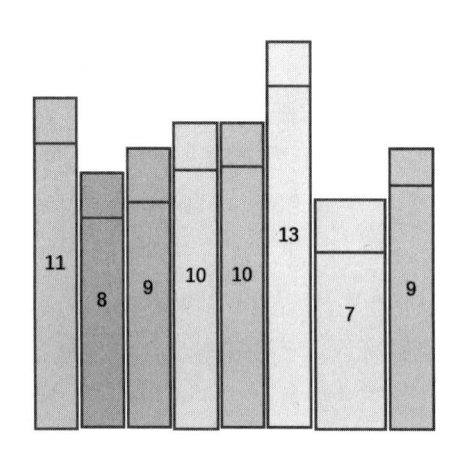

图 7-10 书柜中待整理的书

根据教学经验，在描述排序过程时，学生可能会简单地说："先将高度为 13 的书放在最左边的第一位，然后将高度为 11 的书放在第二位，以此类推。"这种站在人的视角下直接确定每本书最终位置的做法，往往忽视了排序过程中的精确思考和细致操作。此时，教师应当引导学生从计算机的视角重新审视排序过程。在计算机科学中，排序算法的核心在于"比较"和"交换"两个基本操作。为了帮助学生深入理解这一概念，教师可以通过演示或表格的形式，直观地展示计算机是如何进行比较和交换操作的。由于本例中的排序只与书的高度相关，所以教师可以把这个问题抽象为数字排序问题。以冒泡排序算法为例，教师可以通过图表来详细展示计算机在第一轮排序中的具体执行细节，如图 7-11 所示。

比较次数	排序过程	是否交换
0	11, 8, 9, 10, 10, 13, 7, 9	
1	11, 8, 9, 10, 10, 13, 7, 9	否
2	11, 8, 9, 10, 10, 13, 7, 9	是
3	11, 9, 8, 10, 10, 13, 7, 9	是
4	11, 9, 10, 8, 10, 13, 7, 9	是
5	11, 9, 10, 10, 8, 13, 7, 9	是
6	11, 9, 10, 10, 13, 8, 7, 9	否
7	11, 9, 10, 10, 13, 8, 7, 9	是
第一轮排序结果	11, 9, 10, 10, 13, 8, 9, 7	

图 7-11　冒泡排序法第一轮排序的过程及结果

通过统计比较和交换的操作次数，可以对比各种算法的执行效率。教师通过观察学生对于排序问题的不同解决方案（如冒泡排序算法、插入排序算法、选择排序算法、快速排序算法等），从"一题多解"的角度考查学生对算法掌握的程度以及计算思维能力的提升。

为了进一步考查思维的迁移性，教师还可以创设多元化的情景，通过"多题一解"的方式检测学生对算法的理解和计算思维发展的水平。例如，劳动课程会要求中小学生参与收拾碗碟等家庭劳动，学生在收拾碗碟时会遇到对盘子进行排序的情况，如图 7-12 所示。

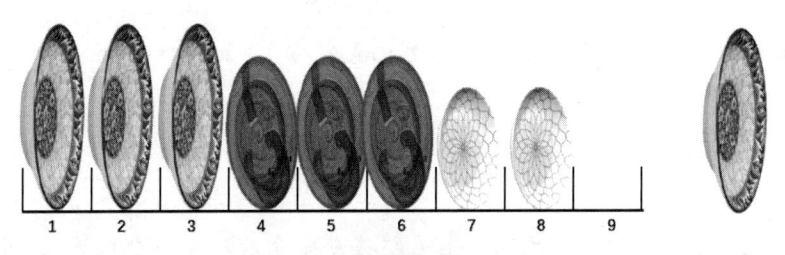

图 7-12　待整理的盘子

如图 7-12 所示，左侧是一排按大小顺序排列好的盘子，右侧为待放入的新盘子。在保持原有盘子从左至右、从大到小排列顺序不变的前提下，每次只能移动一个盘子，请问最少需要移动多少次才能将新盘子放到正确的位置上？

教师通过实物展示，要求学生逐步进行分析，并给学生留出足够的探索时间。在探索活动结束后，学生就其发现进行探讨。教师引导学生分析问题，具体方法如下。

抽象与分类。忽略盘子的其他特性，仅考虑盘子的大小，可以将所有盘子划分为 3 大类：大、中、小。待放入的盘子属于"大"类，根据题目要求，最终各盘子的排序结果如图 7-13 所示。

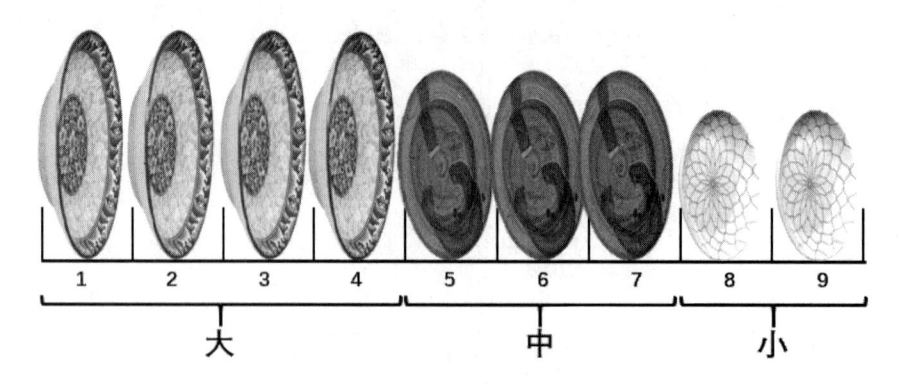

图 7-13 盘子整理后的效果

原则上，将待放入的大号盘子放入1、2、3、4号位置均可。由于我们希望尽量减少移动次数，最佳选择是将新盘子放入4号位置。但如图7-12所示，4号位置已经有一个中号盘子了。因此，最直接的办法是将中号、小号盘子均向右移动1个位置。这样就将4号位置空出来了，最终将新盘子放入4号位置。

通过上述分析，教师帮助学生厘清问题，引导学生进行算法描述：

（1）初始条件：有序排列的盘子队列（S），待放入的新盘子（Z）。

（2）结束条件：新盘子（Z）被成功放入队列（S）中，并保持队列的有序。

（3）算法过程：

① 将有序队列（S）的末尾记为 S_i，本题中为 S_8；

② 判断 i 是否等于0（即到达盘子队列的最前方），如果 $i=0$，则将新盘子放入 S_0 的位置，否则执行步骤③；

③ 比较当前位置（S_i）上的盘子与新盘子（Z）的大小，若 $S_i < Z$，则执行步骤④，否则执行步骤⑤；

④ 将 S_i 上的盘子放到 S_{i+1} 的位置上（即将盘子向后移动一个位置），并设置 $i=i-1$，然后执行步骤②；

⑤ 将新盘子放入 S_{i+1} 的位置上，流程结束。

其算法流程图如图7-14所示。

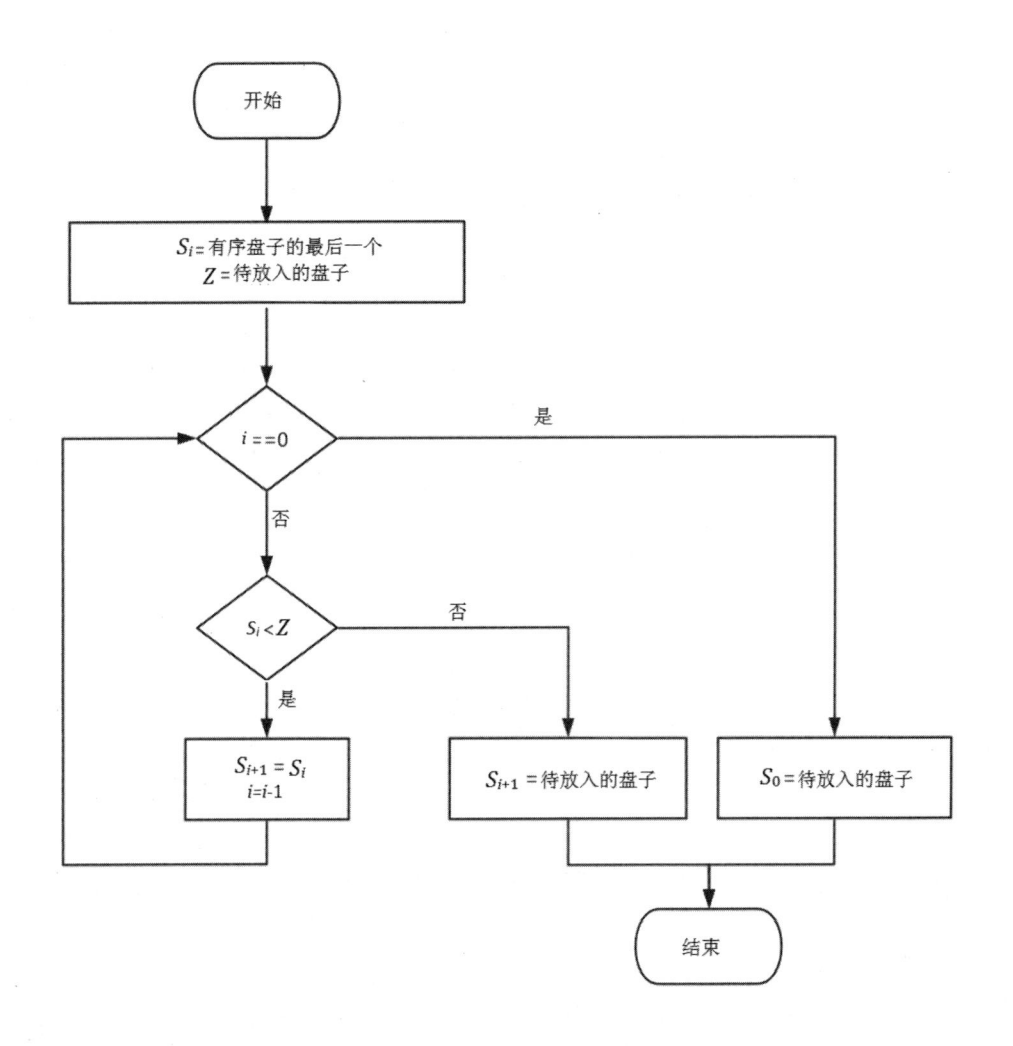

图 7-14　将盘子有序排序的算法流程图

学生通过实践操作，发现按照之前描述的算法步骤移动盘子，需要移动 5 个盘子方可空出 4 号位置。

然而，有部分学生可能会发现一个减少移动次数的算法，即只需要保持不同大小的盘子按照"大—中—小"的顺序排列即可，在同一类别的多个盘子中，无须将所有同一类别的盘子都向右移动，仅需将同一类别盘子最左侧的盘子移到该类别的最右侧即可。在本题中，我们只需移动两次盘子即可，即将 7 号位置的小盘移动到 9 号位置，将 4 号位置的中盘移动到 7 号位置，空出的 4 号位置放入新盘子即可。如图 7-15 所示，这种方法仅涉及两次移动，比先前的算法要少三次移动，因此是更优的解决方案。

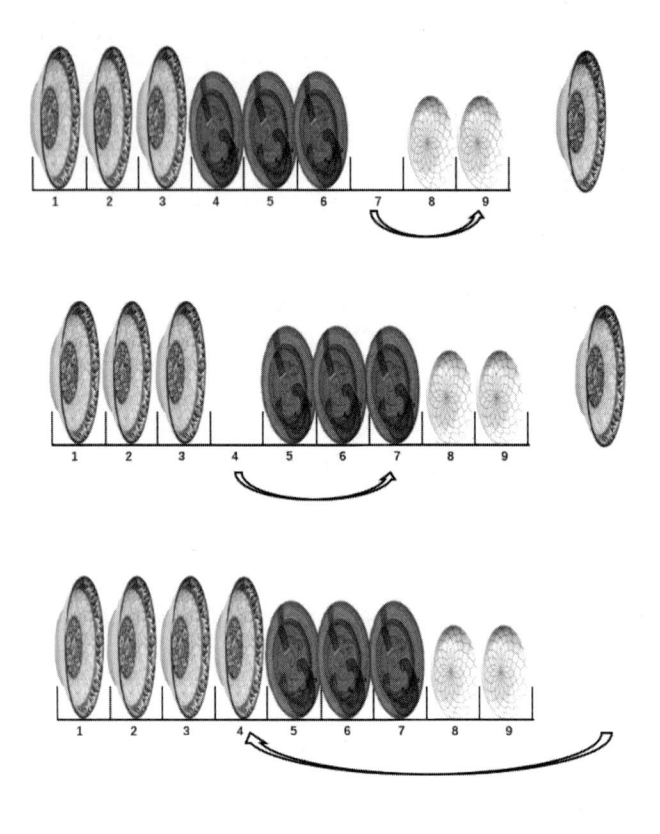

图 7-15　改进算法后的移动过程图示

(该案例来自深圳市南山区赤湾学校　唐明东老师)

案例评析：教师通过选取贴近学生日常生活和劳动实践的案例，深入挖掘其中蕴含的算法原理，并巧妙地融入计算思维的相关思维方式，这样的教学方法符合本学段学生的身心发展规律。实施"不插电"的实践活动，学生可以通过手动模拟和实际操作来探索算法的执行流程，这种方法不仅有助于编程初学者克服入门难题，还能够直观地呈现算法的执行流程，从而降低了学习门槛。教师应引导学生转换视角，从计算机的视角剖析算法的具体步骤，通过量化和分析这些步骤，揭示不同算法之间的差异。同时，教师应当鼓励学生对比各种算法在不同数据规模下的表现和效率，进一步加深学生对算法本质的理解，从而有效地促进其计算思维能力的发展。

7.4 计算思维的测评和实践

1. 小明的爸爸接小明从学校回家，从图 7-16 所示的回家路线图中可以看到他们昨天走的路线。每条线段代表一条道路，需行驶 1 分钟。圆点表示十字路口的交通信号灯，每遇到一个交通信号灯都会将行程延长 1 分钟，所以他们昨天的行程花费了 12 分钟。

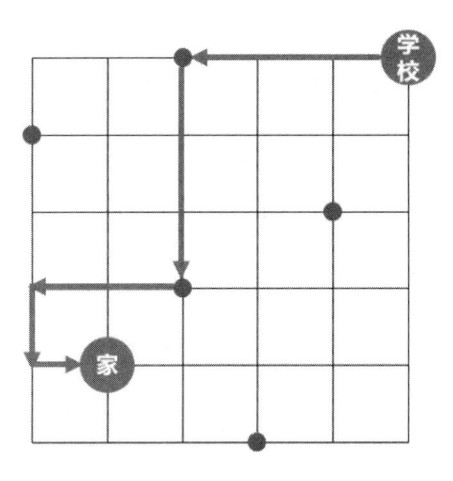

图 7-16 回家路线

今天他们想尽快回家，应该走下面哪条路线？（　　　）

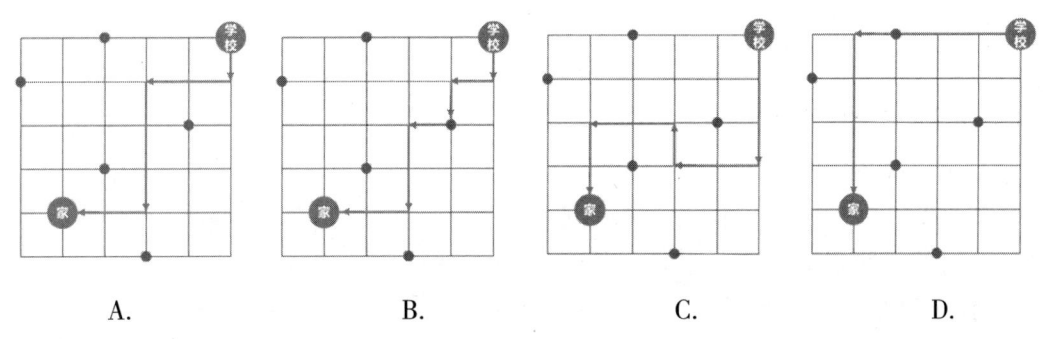

A.　　　　　　B.　　　　　　C.　　　　　　D.

答案：A

解析：根据理论推导，任何从学校到家的最短行程理论上都应经过 8 条道路，其中包含 4 条向下行驶的道路和 4 条向左行驶的道路。因此，选项 C 并不是最短的路线，因为它经过了 10 条道路。

此外，考虑到交通信号灯会延长整个行程的时间，所以在设计最短路线时，应当尽可能地避免经过有交通信号灯的十字路口。鉴于此，选项 B 和选项 D 由于无法避开交通信号灯而不能被视为最佳方案。同时，还可以进一步引导学生探寻其他同样耗时为 8 分钟的最短路径，如图 7-17 所示。

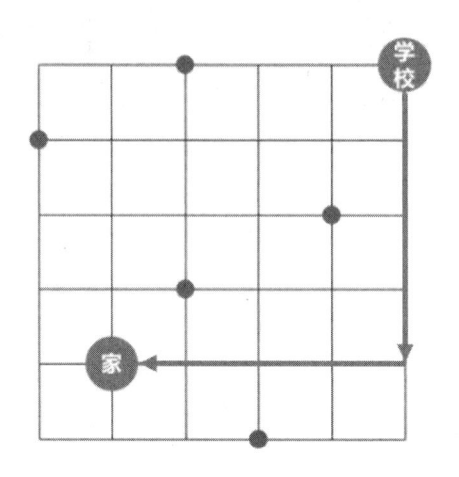

图 7-17　回家路线解析

计算思维相关知识：本题要求找到最快（或最短）路线。题目中的路线图对现实世界中的地图进行了抽象化处理，使用线段和点来代表道路与十字路口，并使用箭头符号表示行进的方向，构建出具有向量性质的线段模型。在这个模型里，每条线段所代表的道路耗时成本是相同的，即均需 1 分钟。

题目中存在多个选项，尽管不同的路线可以到达同样的目的地，但在算法层面，基于时效性的考量，这些路线之间存在着优劣之别。我们的目标是找出最短的路线，也就是挑选出时间效率最优的算法。

2. 某珠宝店发生盗窃事件，盗贼开车逃走了。警方确认了三名嫌疑人并将他们带回警局进行审问，得到以下确切信息。

① 锁定最终盗贼就在抓获的嫌疑人 1、嫌疑人 2、嫌疑人 3 当中，不可能是其他人。

② 嫌疑人 3 不参与任何活动，除非嫌疑人 1 也参与。

③ 嫌疑人 2 不会开车。

请问嫌疑人 1 一定有罪吗？（　　）

A. 是的　　　　B. 不是　　　C. 无法确定

答案：A

解析：由于嫌疑人 2 不会开车，因此当嫌疑人 2 被确认有罪时，意味着必须有其他嫌疑人——嫌疑人 1 或嫌疑人 3 中的至少一人共同参与犯罪。同时，如果嫌疑人 3 无罪，根据条件①判断盗贼只会在嫌疑人 1、嫌疑人 2、嫌疑人 3 当中产生，所以必定是嫌疑人 1 有罪。如果嫌疑人 3 有罪，则根据条件②依然可以得出嫌疑人 1 同样有罪。

综合以上分析，我们可以确定嫌疑人 1 一定是有罪的。通过运用逻辑符号、构建真值表等方式,能够全面展示所有可能情况,并从中找出任何自相矛盾的推理结论。此外,还可以利用编程语言来实现这一逻辑推理过程,从而有效地培养学生的抽象思维能力、问题分解能力和算法编程实践能力。

计算思维相关知识:本题需要进行逻辑推理,从现有的三条确切消息中找出逻辑关系,淘汰自相矛盾的假设。

假设用 a 表示"嫌疑人1有罪",用 b 表示"嫌疑人2有罪",用 c 表示"嫌疑人3有罪"。这一步骤使用符号抽象表示三个假设,使题目中的文字信息得以通过计算机用符号表示。

接下来借助逻辑符号表示三个假设之间的逻辑关系。其中 $\vee$ 表示逻辑运算中的"或",如 $a \vee b$ 为真,则表示嫌疑人1或嫌疑人2中至少有一个为罪犯,或者两者都是。$\Rightarrow$ 表示逻辑运算中的"蕴含",如 $a \Rightarrow b$ 为真,则表示如果嫌疑人1为罪犯,那么嫌疑人2也一定为罪犯。

接下来我们使用符号和逻辑符号表示警方给出的三条确切消息,并对问题进行分解,逐一表述:

① 锁定最终盗贼就在抓获的嫌疑人1、嫌疑人2、嫌疑人3当中,不可能是其他人。表示为 $a \vee b \vee c$。

② 嫌疑人3不参与任何活动,除非嫌疑人1也参与。表示为 $c \Rightarrow a$。

③ 嫌疑人2不会开车。表示为 $b \Rightarrow (a \vee c)$。因为嫌疑人2不会开车,这意味着如果嫌疑人2有罪(即 b 为真),那么嫌疑人2一定有一个同伙负责开车。

我们可以借助真值表淘汰那些自相矛盾的假设,推理真值表如表 7-2 所示。

表 7-2 推理真值表

a	b	c	$a \vee b \vee c$	$c \Rightarrow a$	$b \Rightarrow (a \vee c)$
假	假	假	假	真	真
假	假	真	真	假	真
假	真	假	真	真	假
假	真	真	真	假	真
真	假	假	真	真	真
真	假	真	真	真	真
真	真	假	真	真	真
真	真	真	真	真	真

从表 7-2 的第 5 至第 8 条记录可知,在保证三条消息都正确的情况下,嫌疑人 1 一定有罪。

第8章
过程与控制

本章主要内容

过程与控制
- 系统与模块
  - 在以硬件为主要教学载体的教学实践中，如何有效地引导学生从具体实例中抽象出过程与控制系统的计算过程
  - 以模块编程为核心的教学内容，如何有效地引导学生抽离并理解过程与控制的一般性原理及实现步骤
- 反馈与优化
  - 反馈与优化是过程与控制系统中的重要和典型环节，如何让学生通过身边的案例来分析"阈值""连续量""开关量"
- 逻辑与运算
  - 如何借助对典型应用场景的分析，引导学生在实践中探究计算机实现过程与控制的方式

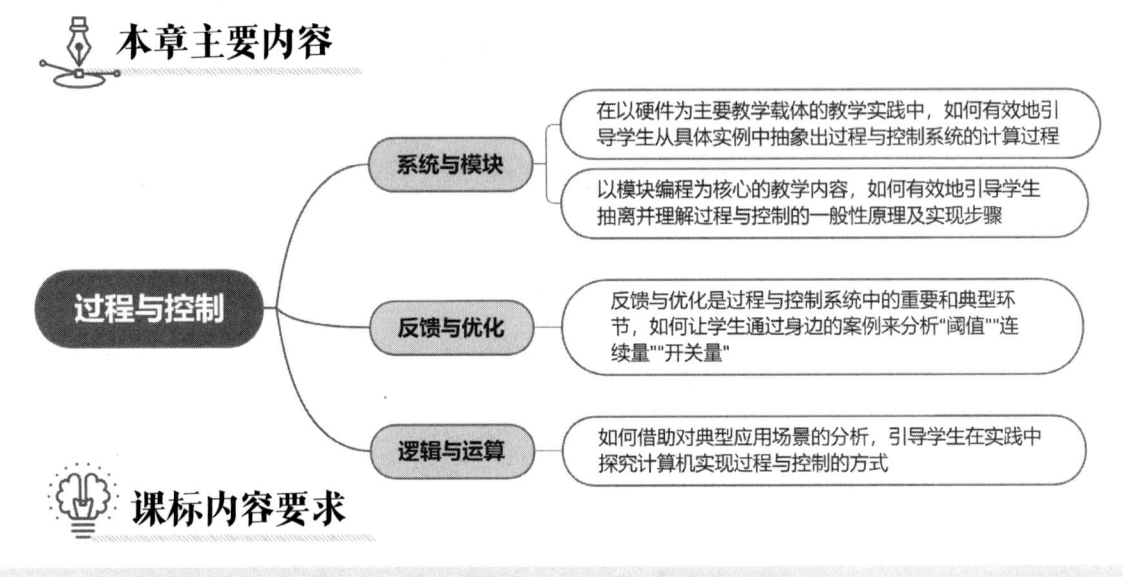

课标内容要求

1. 通过体验和认识身边的过程与控制，了解过程与控制可以抽象为包含输入、计算和输出三个典型环节的系统。

2. 通过观察身边的真实案例，了解一个大的系统可以分解为几个小的系统，一个系统也可以划分出功能相对独立的多个模块。

3. 通过分析具体案例，了解反馈是过程与控制中的重要手段，初步了解反馈对系统优化的作用。

4. 通过分析具体过程与控制系统的实例，了解系统的输入与输出可以是开关量或连续量，了解连续量可以经由阈值判断形成开关量，掌握开关量的简单逻辑运算。

5. 通过分析典型应用场景，了解计算机可用于实现过程与控制，能在实验系统中通过编程等手段验证过程与控制系统的设计。

6. 结合生活中的实例，理解过程与控制系统中存在安全问题，知道自主可控的系统在解决安全问题时起到的重要作用。

8.1　模块概述

"过程与控制"模块是《义务教育信息科技课程标准（2022 年版）》中第三学段（5~6 年级）的内容。本模块包括"系统与模块""反馈与优化""逻辑与运算"三部分内容。通过学习和生活中常见的过程与控制系统，学生可以了解过程与控制系统的特征及实现方式，理解利用计算机解决问题的方法，进一步认识过程与控制系统自身的特点和规律，知道其中的反馈、环路、优化等概念，能够借助编程实现并验证简单的过程与控制系统，知道自主可控的系统在解决安全问题时起到的重要作用。

本模块面向 6 年级学生。6 年级的学生正处于从具体运算阶段向形式运算阶段过渡的末期，他们能够逻辑地分析具体问题，理解类比的含义，并展现出可逆性的思维能力，正逐步向更高层次的形式运算阶段迈进。在前期的学习中，学生已具备了一定的信息获取能力、算法设计能力、实践操作能力，这些都为本模块的学习打下了知识与能力的基础。尽管学生在生活中已经接触到过程与控制系统，但他们对过程与控制这一抽象概念的理解尚不够深入，尤其对"输入—计算—输出"的计算模式，以及过程与控制系统的工作过程和内部构成的认识仍相对欠缺。

在本模块的教学过程中，教师可以结合贴近学生生活实际的案例，利用计算机编程平台和开源硬件，引导学生在实践操作和编程实验中理解过程与控制系统实现的原理，理解反馈与优化、逻辑与运算在过程与控制系统中的应用。在探究过程与控制系统的过程中，教师应鼓励学生通过分析问题，思考如何利用过程与控制系统解决问题，并进行实践操作。

8.2　核心素养的培养

本模块的教学活动是计算思维能力的具体体现和实际运用。在教学过程中，教师通过选取贴近学生生活实际的案例，结合计算机编程平台和开源硬件，引导学生在实践操作与编程实验中深入理解过程与控制系统实现的基本原理，领悟反馈与优化、逻辑与运算在过程与控制系统中的应用。在学习过程与控制系统的过程中，教师应鼓励学生通过分析问题，思考如何运用过程与控制系统解决问题，并进行实践操作，使学生在这一过程中亲历抽象、分解、建模、算法设计等思维活动，从而有效地培养学生的计算思维能力。在探究与实验环节，学生可以亲身体验模拟、仿真和验证解决问题的过程。值得注意的是，学生在一个系统上的探索发现或是对某个实验的操作尝试，往往可以迁移应用于其他系统或实验中。以上所述均为培养学生计算思维能力的有效途径，在实际教学过程中，我们可以以这些问题和活动作为重点突破口进行深入教学。

8.3 关键问题

> 问题18：在以硬件为主要教学载体的教学实践中，如何有效地引导学生从具体实例中抽象出过程与控制系统的计算过程？

【问题分析】

为了让学生直观地感受过程与控制系统"输入—计算—输出"的运行机制，教师通常会运用各类传感器进行数据采集和传输，并借助开源硬件模拟过程与控制系统。在这个教学环节中，重点在于让学生亲身体验并理解"输入—计算—输出"的计算过程，以及信息、数据与计算的内在联系。

然而，在强调借助硬件解决实际问题的教学实践中，可能会出现将作为教学工具和实验环境/平台的开源硬件转变为学习核心内容的现象。具体表现为：学生的主要学习活动已经转变为利用开源硬件完成项目，学习内容更多地聚焦于如何使用硬件设备解决实际问题，而对于如何从具体实例中抽象出过程与控制系统所蕴含的"输入—计算—输出"计算过程的学习则相对不足。

【问题解决】

从真实世界中提取问题，让学生经历观察分析—知识联结—问题抽象的思维过程

对于本模块的教学，我们强调从真实世界中提取问题，以便引导学生在实验活动中对现象进行细致观察与分析。这种教学方法旨在帮助学生将观察到的现象与学生已有的知识体系相联系，进而抽象出能够借助过程与控制系统解决的实际问题。在教学时，教师应增加让学生亲自"手动控制"过程与控制系统的环节，使学生深刻体会系统内部各环节之间的相互作用。经过多次"手动控制"的实践，学生自然而然地会萌生减少脑力、体力或时间消耗的想法，从而认识到系统改进的方向——自动化控制的重要性。

在此基础上，教师应进一步引导学生运用现有知识探讨实现自动化控制的方法。教师应组织并开展一系列实验探究活动，鼓励学生充分发挥其实验探究能力。这些活动应大致遵循"提出问题—形成假设—设计实验—收集数据—分析数据—得出结论"这一科学探究流程，明确解决问题的具体方法。此时，从现实生活中提炼出的问题就可以被成功地抽象为一个可通过过程与控制系统来解决的问题模型。接下来，为了帮助学生更好地理解和展示过程与控制系统的计算机制，教师可以指导学生利用流程图等可视化方式展示和解析过程与控制系统的计算机制。

【案例参考】

声 控 灯

一、教学情境

在"十四五"规划期间，我国提出以科技创新驱动能源行业实现低碳转型的战略目标，旨在全面提升能源领域的绿色低碳转型水平。作为个体，我们可以从日常生活的点滴做起，如在使用电灯时，我们如何通过科技手段实现"人来灯亮，人走灯灭"的节能效果？

二、任务分析

学生在生活中会频繁接触各类电器设备，但他们往往并未深入思考其工作原理。教师通过引导学生观察与实验，帮助学生从熟悉的生活情境出发，理解并剖析过程与控制系统中的"输入—计算—输出"的计算过程，进一步鼓励学生自主探索过程与控制系统的内在机制。

三、策略与方法

观察分析：教师可以选取学生易于理解的生活实例，如楼道声控灯，引导学生分析楼道声控灯系统的工作原理。通过实际参与问题分析，学生可以更好地了解系统的特性、解析系统的构成，并理解系统运行的过程和原理。

知识联结：教师借助数字化学习工具和环境，如模拟演示视频、具有交互功能的数字化课件、开源硬件、编程平台等，引导学生尝试解决问题。学生在观察和体验中将知识与技术相结合，尝试实现系统中的过程与控制功能。在教学过程中，教师可结合开源硬件进行实践教学。学生可以通过编程语言配合声音传感器，设计出识别声音后亮灯的程序，并将其下载至开源硬件中，使硬件系统能实现识别声音并自动亮灯的功能。这样，学生可以通过数字化工具直观地感受系统控制的流程，并联系所学知识，尝试构建简单的过程与控制系统。

问题抽象：在教学活动中，教师要根据实际需求，灵活采用主题探究、实验探究等教学方法，组织学生进行自主探究和协作学习。学生通过实践活动体验和理解抽象的过程与控制系统实现的具体步骤，从而掌握"系统与模块"在实践中的应用及其核心环节。例如，在声控灯系统的教学中，教师可以从楼道声控灯的实际应用场景出发，进而拓展至声控阅读灯的情境设计，引导学生分析不同场景对声控灯功能的不同需求，并在此过程中提炼出声控灯系统实现的通用计算模型及方法。

四、教学设计

该案例的教学设计如表8-1所示。

表8-1 "声控灯"教学设计

教学环节	教学活动		设计意图
	教师活动	学生活动	
一、激趣导学	展示声控灯，引导学生体验声控灯的功能	通过观察，思考并分析楼道声控灯的实现过程	激发学生的学习兴趣，初步体验声控灯的工作过程
二、观察实验	引导学生根据楼道声控灯的实现过程设计程序，讲解声音传感器，梳理系统的计算过程	根据楼道声控灯的实现过程设计声控灯程序并下载程序进行测试	在分析楼道声控灯实现方式的过程中，锻炼学生分析、解决问题的能力
三、探究实验	引导学生思考阅读声控灯"输入—计算—输出"的计算过程，为阅读声控灯设计合理的功能	根据声控阅读灯的功能需求，设计声控灯系统的实现过程并尝试实现	设计阅读声控灯"输入—计算—输出"的计算过程，提升学生对过程与控制系统计算过程的理解
四、展示交流	组织小组进行展示活动。	以小组为单位，展示小组所设计的声控灯	进一步思考声控阅读灯系统优化的办法，锻炼学生利用技术解决问题的能力

（该案例来自深圳市龙华区玉龙学校 郑泽章老师）

> 问题19：以模块编程为核心的教学内容，如何有效地引导学生抽离并理解过程与控制的一般性原理及实现步骤？

【问题分析】

在以产品设计为导向的教学模式中，确实存在着重视学生作品的完成度，而忽视过程与控制系统的构建方法及其在产品设计过程中的应用的问题。在进行本模块的教学时，教师首先要确保学生理解"输入—计算—输出"的基本计算过程，然后在此基础上组织学生开展实验探究活动。通过实验，鼓励学生积极发挥科学探索精神，利用计算机进行实时观察、记录和分析数据，直观了解这一计算过程；在探究阶段，教师应着力培养学生的创新、创造能力，让学生借助编程平台实现对计算机控制系统的实践操作，从而提升其数字化学习与创新能力。

然而，在实际教学过程中，教师为了追求教学进度的完整性，有时过于侧重完成开源硬件项目的制作，以至于忽视了对学生运用数字化工具进行深度学习和个性化创新的引导。这样可能导致学生未能充分建立针对问题的模型，也未能形成独立解决问题的策略，最终的作品可能仅停留在简单的模仿阶段，缺乏深层次的理解与创新。

同时，本模块所涉及的控制系统理论含有较为复杂的计算内容，对于此学段的学生来说，全面理解可能存在困难。因此，教师需要引导学生从实际观察和简易计算着手，提炼出可由四则运算和基本逻辑运算（如"与""或""非"）表述的简化计算模型。尽管如此，在教学实践中，复杂的程序设计环节仍会占用较多时间，使得本模块的教学显得更偏向于编程技术教育而非系统控制原理的传授。

【问题解决】

在实践探究中学习应用，让学生经历问题分解—模式识别—拓展应用的过程

在教学过程中，教师应积极融入"自主、合作、探究"的学习模式，以激发不同层次的学生积极参与学习活动。这种学习模式能有效提升学生触发新观点的频次和质量，充分发挥传帮带的教学效能。面对问题解决环节，教师需要引导学生积极分析解决问题的方法和策略，鼓励他们将新知识与已掌握的知识相结合，识别并理解问题解决的一般模式。当学生成功识别出问题解决的通用模式后，教师应进一步指导他们拓展这些方法并应用于实践中，灵活运用该模式去解决更多类型的问题。

【案例参考1】

聊天机器人

一、教学情境

学生都用过数字设备上的语音助手，但是它们的功能是如何实现的呢？本案例通过制作一个简易的聊天机器人，让学生更深入地了解其背后的原理和实现过程。

二、任务分析

聊天机器人是一种基于人工智能技术的智能应用，学生在生活中已熟悉了聊天机器人的基本操作方式并能够分析出聊天机器人"输入—计算—输出"的计算过程。要制作一款简易的聊天机器人，学生需要理解聊天机器人信息处理的内在机制，进而才能创造性地设计与实现这一智能化应用。

三、策略与方法

问题分解：通过学生熟悉的实例，引导学生逐步分析过程与控制系统的计算过程及其组成结构。首先，教师要让学生体验语音助手的使用过程，并对这一过程进行细致分解。然后，引导学生探讨每个分解步骤所对应的系统组件和功能实现。

模式识别：学生在重复实现过程与控制系统的过程中，逐步识别并掌握其内在的模式特征。在聊天机器人的教学环节中，教师可以组织学生进行小组合作探究活动，测试和分析聊天机器人的运作流程，激发学生积极参与学习的热情，从而增强他们对聊天机器人工作模式的理解与识别能力。此外，教师还可借助编程平台，鼓励学生基于已有的编程技能，自主设计并实现聊天机器人程序，通过实际操作来测试和完善其各项功能。

拓展应用：通过拓展聊天机器人的应用场景，教师可以引导学生更深入地理解过程与控制系统的计算机制。除了基本的聊天功能，还可以引导学生探讨其在诸如迎宾机器人、导航机器人和天气预报机器人等不同场景中的应用。在教学过程中，教师应鼓励学生采用小组合作模式，引导学生创新性地解决实际问题，并将所识别到的过程与控制模式应用于解决这些具体场景中的问题。

四、教学设计

该案例的教学设计如表 8-2 所示。

表 8-2 "聊天机器人"教学设计

教学环节	教学活动		设计意图
	教师活动	学生活动	
一、情境导入，明确任务	展示手机语音助手的功能，引导学生思考聊天机器人的功能，带领学生体验聊天机器人	通过观察、思考，分析聊天机器人的工作过程	激发学生的学习兴趣，增强学生的探索能力，初步理解聊天机器人的工作原理
二、体验探究，识别模式	介绍项目任务，引导学生抽象聊天机器人功能实现的过程，分析功能实现的方法。以聊天机器人为例，如提问天气情况时，机器人会通过网络查询并回复天气信息；问候你好时，机器人会回复你好	在体验聊天机器人功能的基础上，分析聊天机器人功能实现的过程。尝试设计算法实现简单的聊天机器人的功能	让学生分析聊天机器人功能实现的过程，抽象聊天机器人人机交互的模式，并尝试设计算法进行实现，以提升学生解决问题的能力
三、设计实践，制作系统	引导学生设计具有特定功能的聊天机器人，如讲故事机器人、迎宾机器人等，提供算法设计的指导	基于场景设计聊天机器人的功能，通过算法实现其功能	自主学习编程模块，设计算法实现聊天机器人的功能，培养学生的探究学习能力
四、展示评价，拓展应用	组织学生展示、评价作品，引导学生总结聊天机器人实现的模式，并尝试将其模式应用到不同的场景中	展示本组作品，观看他组作品，进行评价与反思。思考聊天机器人可以拓展应用的场景	引导学生进行评价与反思，进一步识别聊天机器人的实现模式，并拓展该模式的应用，提升学生的思维能力

（该案例来自深圳市龙华区第三实验学校　邢爽老师）

【案例参考 2】

智能结算

现实生活中的问题形态各异，对应的分析方法也各有千秋。因此，教师应积极引导学生主动分析各类问题，从而更好地培养他们抽象问题、分析问题的能力，而这恰恰是计算思维的重要组成部分。在分析过程中，我们将复杂的问题分解为多个小问题，逐一攻克，并深入思考每个环节背后的算法设计原理。通过适当的调整和完善，逐步构建出解决问题的完整方案，以此加深对过程与控制系统内在逻辑的理解和认知。

一、教学情境

随着技术的不断进步，智能结算设备在超市、商场等场所被广泛应用。学生对智能结算这一概念并不陌生，许多同学都曾体验过通过扫描商品二维码或条形码进行快速支付的便捷操作。然而，智能结算系统是如何识别并读取商品上的条形码或二维码信息，进而展示商品详情，并迅速计算出总价的呢？它的内部设计原理又是怎样的？我们是否能够通过体验设计过程，从而深入探究计算机在此过程中实现信息处理与控制的具体方式呢？

二、任务分析

人工智能应用正呈现出蓬勃发展的态势，智能支付、人脸识别、智能音箱和无人驾驶等技术已渗透到我们的生活中。然而，在教学实践中，如何引领学生从对这些生活化的人工智能应用场景的浅层认知，到深入理解其背后的工作机制，是一个迫切需要解决的问题。为达到这一目标，需要让学生亲历方案分析、算法设计及迭代优化这一完整过程。尽管学生对智能结算等应用已有初步体验，但对于其内在工作原理往往缺乏深度思考。为此，在本案例中，教师通过方案分析，引导学生掌握智能结算系统的设计原理，进而通过实践性的算法设计与不断的迭代优化，使学生能够从实际案例中提炼出算法模型，并在算法模型形成雏形后再返回到实际案例中去验证和完善算法的有效性和适用性。

三、策略与方法

观察分析：通过让学生观察智能结算这一学生熟悉的生活场景，学生可以将其中的具体问题抽象化并构建模型，运用算法思想（即一系列有序的操作步骤）设计出解决方案。例如，在超市购物时，消费者选取商品后，只需通过智能结算设备扫描所购商品的条形码或二维码，屏幕上就会显示出对应商品的单价；点击结算按钮后，系统能迅速计算出总价。为使学生深入理解这一过程，可让他们参与体验，并通过观察与思考，逐步揭示从建立商品信息库、扫描商品信息码，再到平台显示商品详情和总价这一系列过程背后的原理及控制方式。

问题分解：超市的物品要卖出，需要先将物品上架，即把商品信息输入到一个信息库中。信息库中应该包含商品的哪些信息？学生通过思考与讨论，确定商品名称与商品价格是关键信息，从而得出结论。通过数字化工具，学生进一步学习如何运用数据结构中的"列表"与"变量"，以便有效地存储这些信息，并能够计算出商品总价。

模式识别：程序编写好后，还需进行测试与优化。学生以小组为单位展示他们设计的智能结算系统，邀请其他师生参与模拟体验，并收集他们的使用反馈，以便持续改进和完善设计方案。通过归纳总结和梳理，有助于学生理顺逻辑思维过程，让他们清晰地理解结算问题是如何被解决的。

拓展应用：在生活中遇到相似的问题时，学生应如何应对？通过教师的一系列引导性提问，学生能够逐步梳理和明确自己在面对问题时发现问题、提出问题和解决问题的思维路径。

四、教学设计

该案例的教学设计如表 8-3 所示。

表 8-3 "智能结算"教学设计

教学环节	教学活动		设计意图
	教师活动	学生活动	
一、激趣导学	播放智能结算的视频，引导学生体验智能结算系统	通过观察、思考，分析问题	激发学生的学习兴趣，增强学生的探索欲望，初步理解智能结算系统的工作原理
二、建立商品信息库	介绍项目任务，引导学生分析程序，分析要使用的模块及模块的参数设置	小组讨论制作商品二维码及商品列表信息的方法	培养学生分析问题、解决问题的能力
三、编写结算程序	引导学生设计变量，为学生配置扫描器，体验扫描商品的流程	学习变量的应用，增加变量后，编写结算程序	自主学习程序模块的设置方法
四、模拟体验智能结算程序	组织模拟活动	以小组为单位，展示小组设计的智能结算系统，进行模拟体验	进一步修改参数，优化程序

（该案例来自龙华区中心小学　王欣老师）

问题 20：反馈与优化是过程与控制系统中的重要和典型环节，如何让学生通过身边的案例来分析"阈值""连续量""开关量"？

【问题分析】

反馈与优化是过程与控制系统中的关键内容。控制系统按照其控制策略可以划分为开环控制系统和闭环控制系统两种类型。学生需要理解在不同情境下选择适当控制方式的重要性，并深刻理解闭环控制中反馈机制的作用。此外，基于反馈信息的控制系统能够实现对稳态性能的调节与优化。因此，在这一阶段，学生要掌握优化的基本概念。然而，这部分内容对于学生而言较为抽象，理解起来有一定的难度。为了帮助学生克服这一难点，教师在教学过程中，重点在于如何借助身边的实例来引导学生分析并理解"阈值""连续量""开关量"在反馈与优化过程中的应用。

【问题解决】

在任务分析过程中进行观察、分析，将问题转化和形象化，以引导学生解决实际问题

在信息科技课程的教学实践中，教师首先应当自觉地将自己和学生定位为数字时代的共同学习者与科学探究的合作伙伴。基于对教学内容的深入分析和对学生学情的准确把握，教师应引领并陪伴学生一起沉浸于真实的问题情境之中，通过运用信息科技的基础知识分析问题，并经历问题分解、抽象化处理、自动化实现等环节，让学生体验计算思维的过程。学生可以借助观察、分析、转化和形象化表达等多种方法，基于真实的情境对关键要素进行抽象处理。教师应引导学生将抽象的概念具象化，分析过程与控制系统中存在的反馈机制和系统优化策略。

【案例参考1】

企鹅生存环境调节

一、教学情境

海洋馆迎来了新成员——企鹅，这些企鹅原本生活在较为寒冷的环境中。如何在海洋馆中为企鹅创造适宜而舒适的环境，成为学生热烈讨论的话题。

学生A：企鹅生活在寒冷的环境里，可以说是现在最不怕冷的鸟类了。它们主要生活在冰雪覆盖的南极，那又怎么可以生活在海洋馆中呢？

学生B：其实企鹅生活在 $-2℃$ 左右的环境中最舒适，因此企鹅馆的叔叔阿姨为了给企鹅营造一个舒适的生活环境，专门设计了一个能自动调节温度的系统，使得企鹅馆的温度常年保持在 $-4℃\sim0℃$ 之间，企鹅在那里生活得可舒服了。

学生A：我也想设计一个这样的温度控制系统来保护我们的企鹅宝宝。

学生B：可以啊！我们一起来设计吧。

二、任务分析

像这样的情景对话，对于6年级的学生而言是非常贴近生活的。他们在生活中经常会遇到相似的场景，并可能进行一些简单的操作尝试，但他们未必能意识到这些活动背后蕴含的是典型的过程与控制系统的原理。传统的信息科技课程教学中，教师往往侧重于讲解设备或系统的具体使用方法，之后布置相关任务，让学生通过仿真程序等工具进行练习并提交作业，而在这一过程中，对过程与控制系统原理的深度剖析可能并不充分。

在新的信息科技课程标准中，计算思维的培养尤为重要，而抽象化思考正是其中的核心要素之一。面对学生A、学生B所进行的情境对话实例，教师面临的挑战在于如何从对话内容中提取关键要素并引导学生进行抽象理解，进而将过程与控制中的"输入—计算—输出"三个基本环节的概念予以抽象化呈现，这是信息科技教师需要深入思考和实践的教学内容。

三、策略与方法

观察：鼓励学生观察身边的各种系统，并在条件允许的情况下，引导他们进行初步分析。教师可以预先准备一些实例或案例，以供学生观察、辨析和学习。

分析：计算思维的核心在于将实际问题抽象为可利用的条件，进一步将其转化为计算机可以理解和执行的形式。通过挖掘问题中隐含的关系，构建结构化的模型，并基于此设计出算法再通过编程进行实现。在分析情景对话时，我们首先应从对话内容中提炼关键要素，如本例中的"保持环境温度在 $-4℃\sim0℃$"的需求。我们可以暂时将这个范围（$-4℃\sim0℃$）视为已知条件，并围绕这一条件展开前期的假设和预设工作。

从计算思维角度来分析，企鹅生活所需的环境因素可以抽象为输入指令（预设温度和时间）——控制电路根据输入的指令进行计算——系统开始运转或暂停（保持舒适的环境温度），可以看出企鹅生活环境中的温度控制系统的工作过程可以分为"输入—计算—输出"三个环节。

转化：将所有问题可视化，有助于我们快速理解系统内部的构成要素。生活中存在大量类似的问题场景，如果教师能够引导学生学会将现实生活中的实际问题进行抽象化处理，提炼出问题的核心部分，并通过可视化方式呈现出来，将能更有效地培养学生的计算思维能力。

形象化：大型系统通常由若干个小系统构成，而不同系统中往往存在着相似的组成元素。在系统内部，可以将系统的一部分视为一个子系统，这个子系统本身也是由一系列相互关联的单元所组成的独立系统，并且其功能可被划分为多个相对独立的模块。为了更好地帮助学生理解系统这个较为抽象的概念，教师可以从生活中发掘类似的问题情境，确保每一个理论问题都能找到现实案例作为支撑。

例如，教师可以引导学生关注并列举身边的各类控制系统，进一步调查和研究各行业中广泛应用的控制系统的实例，借助生活中的具体案例作为教学载体，让学生通过分析和解决问题来亲身体验学习过程。这样，就可以将教学内容的关键点有机串联起来，使学生逐步掌握识别系统特征、剖析系统结构和理解系统的控制原理等技能。同时，教师还应积极做好引导工作，提前准备一些具有代表性的系统案例，包括对学生提出的系统案例进行筛选和深度分析。

总之，尽管过程与控制的概念看似陌生，但它们其实与我们的生活紧密相连，要求我们更多地从实际出发，对各种生活案例进行抽象化提炼。

【案例参考 2】

小型扩音系统

从实际生活情境出发，学生通过运用开源硬件和编程平台，动手搭建一套能够根据周围环境声音强弱自动调整播放音量的小型扩音系统。通过这一实践过程，学生将更深入地理解和掌握过程与控制的原理，特别是对"输入—计算—输出"这一计算过程有更为直观的认识。在此过程中，学生能深刻理解外部环境的输入信号经过计算处理后产生输出结果，进而影响外部环境并形成反馈回路的机制。同时，这样的实践活动也有助于学生对"阈值""开关量""连续量"等概念的理解，体会"连续量"如何通过"阈值"判断转化为"开关量"的实际应用。

一、教学情境

"小型扩音系统"是《义务教育信息科技课程标准（2022 年版）》中的跨学科主题活动。本主题活动鼓励学生尝试观察生活中的多种设备，并利用相关模块硬件或在线模拟工具，动手实现一个能够根据实际情境连续调节音量大小的小型扩音系统。在教学过程中，教师应指导学生使用各类硬件与软件资源，综合运用信息科技、数学和科学等多学科知识来搭建这一小型扩音系统，使其具备自动调整音量的功能。此类实践活动旨在提升学生运用过程与控制的系统性方法，提高学生发现问题、解决问题的能力。

二、任务分析

利用相关模块硬件，并通过编写程序，搭建一套小型扩音系统。该系统能够根据环境声音的嘈杂程度自动调整音量：在嘈杂环境中适当增大音量，而在安静环境中则适当减小音量。学生在实际操作过程中，通过使用模块硬件、编写程序和亲手搭建这一扩音系统，逐步理解和掌握"扩音系统"的过程与控制方法的内涵。

三、策略与方法

观察分析：因为本主题的主要任务是搭建一个小型扩音系统，学生需要适当了解声音传播的原理，并根据原理构思设计小型扩音系统。然后通过分析扩音系统的构成，采用相关的模块硬件，搭建可以自动控制音量的小型扩音系统。在此过程中，理解小型扩音系统工作的过程与原理。

问题转化：扩音系统搭建好了，如何播放声音？怎样监测环境声音的大小？能否控制音量？……将这些问题进行转化，编写程序，并基于搭建好的小型扩音系统进行反复实践与检验，再根据检验情况，适当调整模块硬件，逐步完善编写的程序，最终实现用按键控制音乐播放，并能检测环境声音大小的功能。音量作为开关量，与设置的"阈值"进行比较，进而自动调整扩音器的音量，实现"声控开关"的效果。

环境声音时刻在变化，只根据某一时刻检测到的环境声音大小调整音量，存在音量波动大的问题。因此对一段时间内的环境声音大小进行连续监测，对这个连续量计算平均值，可以减少音量的波动。此外，监测到的环境声音大小与音量大小的范围也存在不匹配的问题。为解决这一问题，我们可以将监测到的声音大小直接与播放的音量进行映射，从而实现音量的自动调节。通过这一系列的转化和形象化处理，并反复进行测试与检验，我们不断对程序进行迭代优化，最终达成预期效果。本过程实现了从理论到实践，从硬件搭建到程序设计，从观察分析再到问题转化和实践检验的完整过程。

四、教学设计

该案例的教学设计如表 8-4 所示。

表 8-4 "小型扩音系统"教学设计

教学环节	教学活动		设计意图
	教师活动	学生活动	
一、制作简单音乐播放器	1. 介绍模块硬件 （1）介绍模块硬件。 （2）按小组分发模块硬件	1. 模块硬件准备 （1）了解模块硬件及其作用。 （2）领取实验用的模块硬件：乐动掌控板 *1、MP3 音乐播放模块 *1、喇叭 *1、Type-C 数据线 *1、连接线 *1	了解实验内容，为实验做准备
	2. 讲解模块硬件的连接 （1）介绍连接方法。 （2）进行巡查，指导学生连接模块硬件	2. 学习模块硬件的连接方法 （1）学习模块硬件的连接方法。 （2）动手实践，连接模块硬件。 使用连接线将 MP3 音乐播放模块连接到乐动掌控板 P15 和 P16 引脚，并在 MP3 音乐播放模块上连接喇叭，如图 1 所示 图 1 连接模块硬件	培养动手实践能力，掌握模块硬件连接的方法

（续表）

教学环节	教学活动		设计意图
	教师活动	学生活动	
一、制作简单音乐播放器	3.示范音乐文件的存储方法 （1）讲解音乐文件的存储方法。 （2）示范查找音乐文件，并将音乐文件存储于MP3音乐播放模块的U盘中	3.掌握存储音乐的方法 （1）打开MP3音乐播放模块中内置的存储器。用数据线连接计算机和MP3音乐播放模块侧面的Type-C接口。使用计算机打开MP3音乐播放模块上的U盘。 （2）存储音乐。 ①在计算机中查找保存的MP3（或WAV）格式的音乐文件，或从网上搜索MP3（或WAV）格式的音乐文件。 ②存储音乐文件于MP3音乐播放模块的U盘中。 ③断开MP3音乐播放模块与计算机的连接	准备音乐素材
	4.程序设计 （1）讲解添加MP3音乐播放模块扩展指令的方法。 （2）指导学生编写播放音乐的程序。反复测试，查验效果，完善程序	4.程序设计 （1）学习添加MP3音乐播放模块扩展指令的方法。 打开mPython软件，单击"扩展"→"添加"→"执行器"，选择"MP3音乐播放模块"，单击"加载"按钮。 （2）编写播放音乐的程序。 ①显示播放音乐的操作提示。 ②初始化MP3音乐播放模块，默认不播放音乐。 ③设置若干按键用于控制音乐的切换、暂停等，程序如图2所示。 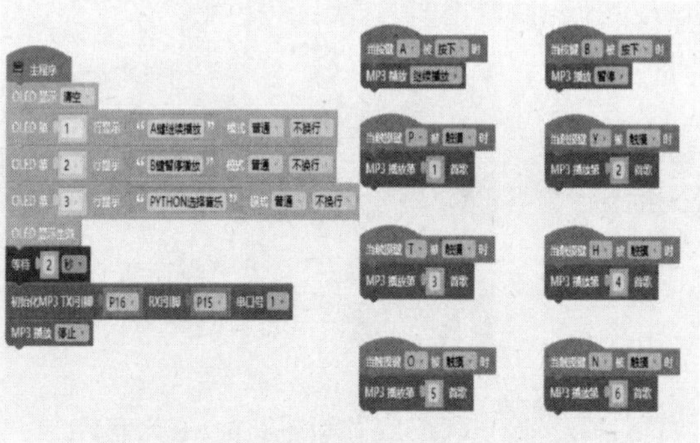 图2 控制音乐播放的参考程序	培养计算思维能力，提升编程水平

（续表）

教学环节	教学活动		设计意图
	教师活动	学生活动	
二、使用掌控板内置麦克风调节音量	1. 示范获取声音的方法 巡查指导学生编写程序，通过乐动掌控板的麦克风检测声音，并在控制台显示声音的变化情况	1. 学习获取声音的方法 编写程序，通过乐动掌控板的麦克风检测声音大小，图3所示的程序供参考 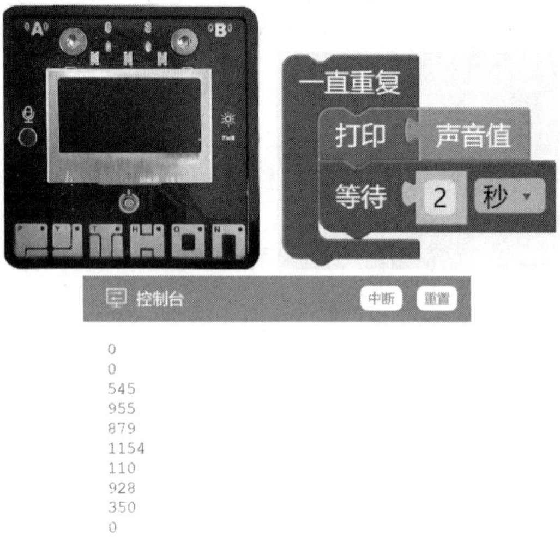 图3　检测声音的参考程序	获取外部信息即"输入"
	2. 指导学生制作"声控"开关 将检测到的声音大小作为"开关量"，与设定的"阈值"进行比较。当"开关量"大于"阈值"时，调大MP3音乐播放模块的音量，并亮灯，反之，调小MP3音乐播放模块的音量，并灭灯，实现"声控开关"的效果	2. 制作"声控开关"，程序如图4所示 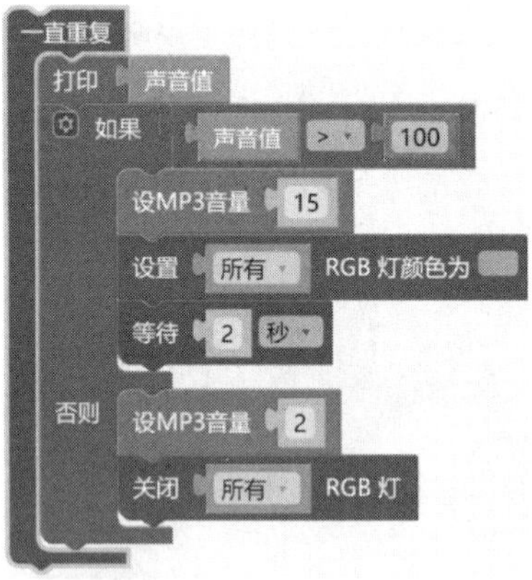 图4　"声控开关"参考程序	通过"计算"，经由"阈值"判断形成"开关量"，再进行"输出"，实现"声控开关"的功能

（续表）

教学环节	教学活动		设计意图
	教师活动	学生活动	
二、使用掌控板内置麦克风调节音量	3.介绍数值映射方法 将麦克风检测的声音数值映射到MP3音乐播放模块。指导学生观察显示的数值	3.实现数值映射 学习关联麦克风与MP3音乐播放模块的音量。查看声音值的变化（0到31之间），如图5所示 图5　声音值的变化	建立关联方法，将麦克风获取的声音数值映射到MP3音乐播放模块
	4.介绍自动控制音量的方法 介绍通过求一段时间内声音平均值的方式，来减少声音值波动的方法	4.学会自动控制音量的方法 ①创建一个列表，将声音值存入该列表中。 ②计算连续1000次声音的平均值。 ③计算一段时间内声音的平均值。 程序如图6所示 图6　计算声音值变化的程序	掌握扩音系统自动控制音量的方法，加深对过程与控制的理解

（该案例来自深圳市龙华区鹭湖外国语小学　古兴东老师）

> 问题21：如何借助对典型应用场景的分析，引导学生在实践中探究计算机实现过程与控制的方式？

【问题分析】

在本模块的教学中，学生在初步理解过程与控制系统后，教师应引导他们开展探索和实验，让学生全程参与问题解决的过程，并着重培养他们的抽象思维能力、分解能力、建模能力和算法设计等关键能力，以全面提升学生的计算思维水平。在过程与控制系统实现的不同阶段，从问题分析、解决方案的构思到实践探究和调整优化，教师都应融入对学生进行计算思维的培养。然而，在实际教学过程中，我们发现学生在整体性思考过程与控制系统实现方面往往得到的指导不足，这容易导致学生难以获得综合性的实践活动的机会，从而影响他们综合应用所学知识解决实际问题的能力。

【问题解决】

在评价反思中梳理思路，让学生经历方案分析—算法设计—迭代优化的过程

在整个教学活动中，教师可贯穿运用过程性评价与总结性评价两种方法。在过程性评价阶段，教师应借助可视化工具和过程记录工具，帮助学生分析问题，鼓励学生尝试多种解决方案，并系统地梳理出解决问题的方法。在抽象化处理问题的环节中，教师应鼓励学生通过实验探究的方式，深入剖析问题解决方案。这不仅有助于学生全面掌握问题的解决方案，更能促使他们在设计和调试算法的过程中，不断完善自己的算法设计。

在总结性评价环节，教师主要通过组织学生分享和展示活动来进行评价，让学生展示自己的成果并与他人进行交流和讨论，这有助于促进学生对整个学习过程进行深度反思和总结，从而进一步拓展和强化他们对过程与控制系统的应用能力及理解程度。

【案例参考】

自动浇水器

一、教学情景

基于生活场景设定问题：长时间外出时家中植物无人照料，面临缺水的问题，请提出你认为可行的解决办法。

二、任务分析

在本案例中，我们通过设定植物自动浇水的问题情境，引导学生使用控制器、土壤湿度传感器和水泵等硬件设备搭建一套可进行远程控制的浇水系统，并在编程平台上设计相应的远程控制程序，以实现对植物浇水的自动管理。本案例内容巧妙融合了科学、生物、物理、信息科技及数学等多个学科的知识，让学生通过跨学科学习的方式，综合应用多学科知识来解决问题，同时深刻理解自主创新对于国家可持续发展的重要性。为了培养学生在综合性实践活动中探索过程与控制系统实现方法的能力，教师在教学过程中可借助评价工具进行有效的实施与指导。

三、策略与方法

贴近真实情境。 教师引导学生观察、分析实际问题，并对问题进行抽象化处理，通过绘制思维导图来系统地梳理待解决的问题。在本环节中，我们以生活中的过程与控制系统为切入点，探讨如何解决植物长时间无人看管时的浇水问题，并进一步分析自动浇水系统需具备哪些功能。接下来，学生利用思维导图工具详细分析自动浇水系统如何实现三个核心功能模块，即获取土壤湿度数据、依据土壤湿度判断是否需要为植物浇水、控制浇水行为。这样的教学方法有助于学生从整体上把握和理解问题的本质。

全局把握问题。学生应进行系统性的学习以识别过程与控制的模式，并通过实验探究记录单来深化对新知识的理解。在问题导向的教学模式下，学生需要全面理解所面临的问题，即如何实现一个高效且可靠的自动浇水系统。首先，学生需要研究自动浇水系统如何有效地获取土壤湿度数据。教师适时引入土壤湿度传感器并详细讲解其工作原理和功能，进而组织学生进行实验——使用土壤湿度传感器检测不同干湿程度土壤的湿度值。为了培养学生的科学探究精神与实践能力，本环节提供了实验探究单，要求学生在实验过程中详细记录各种条件下土壤湿度测试的结果。最后，通过对收集到的数据进行分析，学生将能掌握不同干湿程度土壤的具体湿度变化规律。

整体性地思考。在本环节，学生被引导撰写实施方案并完成算法设计，以便将他们的理论学习转化为具体的应用实践。本环节提供了产品设计单，旨在引导学生进行创新应用实践。为了确保每位学生都能在学习活动中进行有意义的建构与互动，本环节采用小组合作模式进行，充分发挥"传帮带"的团队协作效应，同时，小组内部的观点交流和碰撞有助于激发学生利用数字化工具进行创新探索的兴趣。当各小组形成各自的解决方案后，教师可以组织阶段性的方案展示活动。展示活动的核心内容是展示小组的设计方案，阐述"输入—计算—输出"的完整计算过程。这样的阶段性成果展示，有助于各个小组相互借鉴他组的创新思路，对本组设计方案进行迭代优化，从而为后续的实践探究奠定坚实基础。

综合化地实践。在本环节，学生在设计的自动浇水系统方案的基础上，将着手进行实际操作，利用开源硬件设计一套自动浇水系统，并对设计的自动浇水系统方案进行调试与优化，借助调试记录单详细记录实践过程中遇到的问题及其解决策略。开源硬件作为一种教学工具，对于学生理解"输入—计算—输出"这一计算过程至关重要。为避免学生在学习如何使用硬件上耗费过多时间，本环节特提供微课资源作为辅助手段，以支持学生更高效地进行实践探究和调试优化活动。在实践探究过程中，学生不可避免地会遇到各种问题。发现问题、分析问题并解决问题是提升学生综合能力的重要途径。因此，本环节特别配备了调试记录单，要求学生在记录单上翔实记录所遇到的问题的具体情况，深入分析问题产生的原因，以及采取何种方法予以解决，从而引导学生深入思考过程与控制系统可能出现的各种问题及应对措施。

公开展示与分享。在本课程的最后，学生将公开展示与分享他们的自动浇水系统项目成果，通过作品评价和自我反思进一步拓展和强化学习效果。在展示过程中，各小组需重点阐述"输入—计算—输出"过程中采取的策略，以及他们的系统最终实现的效果，并详细说明在此过程中遇到的问题及其解决办法。在小组成果展示过程中，由其他小组成员担任评委的角色，对展示的自动浇水系统进行打分，记录下展示组在制作自动浇水系统过程中值得借鉴的地方，以及有待改进和优化的部分。借助评价单，学生将进行总结与反思，思考自己的项目在设计和执行上的优势与不足。通过这样的集体展示与互评活动，学生不仅能持续深化对"输入—计算—输出"这一计算过程的认识，从而更加透彻地理解过程与控制系统的原理。同时，学生通过观察和学习他组的创新实践方法，也将激发学生在数字化创作中萌生更多的创新意识与灵感。

四、教学设计

该案例的教学设计如表 8-5 所示。

表 8-5 "自动浇水器"教学设计

教学环节	教学活动		设计意图
	教师活动	学生活动	
一、情景导入，明确问题	1. 提出问题：因长期外出无人为植物浇水导致植物枯萎的问题如何解决。 2. 引导学生提出解决办法。 3. 从"输入—计算—输出"这一计算过程梳理自动浇水器的设计方案	1. 通过观看视频、阅读资料了解问题情景。 2. 通过思考、讨论对问题进行剖析。 3. 小组初步梳理自动浇水器的实现方案	学生对课程内容有大概的了解，明确课程的学习要求与目标。学生从观察、分析再到思考解决方法，引导学生开始进行项目探究
二、任务驱动，逐层分析	**探究任务 1：自动浇水系统的组成零部件** 提出问题①【输入】：根据哪些条件能够判断植物是否需要浇水？——讲解土壤湿度传感器。 提出问题②【计算】：如何根据土壤湿度传感器的数据判断水泵的开启与关闭？——讲解土壤湿度。 提出问题③【输出】：如何控制水源的开启和关闭？——讲解水泵。 **探究任务 2：土壤湿度达到哪个值需要为植物浇水？** 实验对象：不同湿度的土壤。 教师引导学生通过类比分析得到判断水泵开关的土壤湿度数值	1. 通过层层深入思考自动浇水系统的组成部分。绘制自动浇水器的组成部分图。 2. 通过对比实验找出判断水泵开关的土壤湿度值，完成实验探究单	让学生通过问题引导逐步理解项目，为后续进一步制作自动浇水系统做好铺垫。 通过实物观察及教师讲解，理解传感器、水泵、光环板等硬件的工作原理与作用
三、项目制作，开展实践	1. 引导学生画出流程图，尝试编程，根据实际情况设置土壤湿度值的范围，实现智慧节水，并将程序下载至光环板。 2. 引导学生将土壤湿度传感器、水泵、光环板等硬件进行连接。 3. 引导学生检查程序是否正常运行，并进行程序及设备调试	1. 以小组为单位完成自动浇水系统的程序设计的算法，绘制流程图。 2. 搭建硬件并尝试编程实现	教师带领学生开展实践创作，将学生思考、教师引导、学生合作探究相结合

(续表)

教学环节	教学活动		设计意图
	教师活动	学生活动	
四、作品展示，交流分享	1.通过平板电脑投屏的方式展示学生的作品。 2.引导学生思考：自动浇水器可能存在什么问题？如何尝试优化	观看各组制作的自动浇水器的成果，评价各组作品并记录如何优化本组的自动浇水器	通过展示作品和交流，学生可以感受到成功的喜悦，并体会到解决生活中的实际问题所带来的乐趣。在这个过程中，教师展示没有成功运行的自动浇水器，小组间互相帮助，鼓励没有成功运行的小组解决问题

8.4 计算思维的测评和实践

1.在石头岛上，有一个名为"STONE"的灯光设备，可以识别人的动作并亮对应的灯。例如，人摇头时，S灯亮；人挥左手时，T灯亮；人挥右手时，O灯亮；人踢左脚时，N灯亮；人踢右脚时，E灯亮。如果想借助此设备发出"SOS"的求救信息，应该如何做？（　　）

A.先挥左手，接着摇头，再挥右手

B.先挥右手，接着摇头，再挥左手

C.先摇头，接着挥右手，再摇头

D.先摇头，接着挥左手，再摇头

答案：C

解析：

选项A：先挥左手，接着摇头，再挥右手，对应亮的灯是"TSO"。

选项B：先挥右手，接着摇头，再挥左手，对应亮的灯是"OST"。

选项C：先摇头，接着挥右手，再摇头，对应灯亮的是"SOS"，所以这是正确答案。

选项D：先摇头，接着挥左手，再摇头，对应亮的灯是"STS"。

计算思维相关知识：本题通过动作来控制灯的开关，这一游戏体验可以加深学生对"输入—计算—输出"这一计算过程的理解，提升学生的计算思维能力。

2. 贝布拉斯图书馆收藏了许多用贝布拉斯语写的珍贵书籍。为了保存书籍，贝布拉斯图书馆使用了 10 个书架，每个书架有 10 层。贝布拉斯图书馆根据书名中的贝布拉斯字母，为每个字母分配了一个特殊的编号。这样每本书就被指定了一个特殊的数字来代表它的位置，以便人们能很快找到这本书。书名中的贝布拉斯字母与其编号如表 8-6 所示。

表 8-6　贝布拉斯字母与其编号

贝布拉斯字母	□	△	☆	○	◉	◇	♡	☁
编号	1	2	3	4	5	6	7	8
贝布拉斯字母	✚	✿	☾	🐟	⛰	≈	◌	🐚
编号	9	0	1	2	3	4	5	6

如果书名是 ◉ ◇ ○ ☆ △，则其特殊编号是 56432。请问红色书籍与选项中哪本书籍的特殊编号相同？（　　）

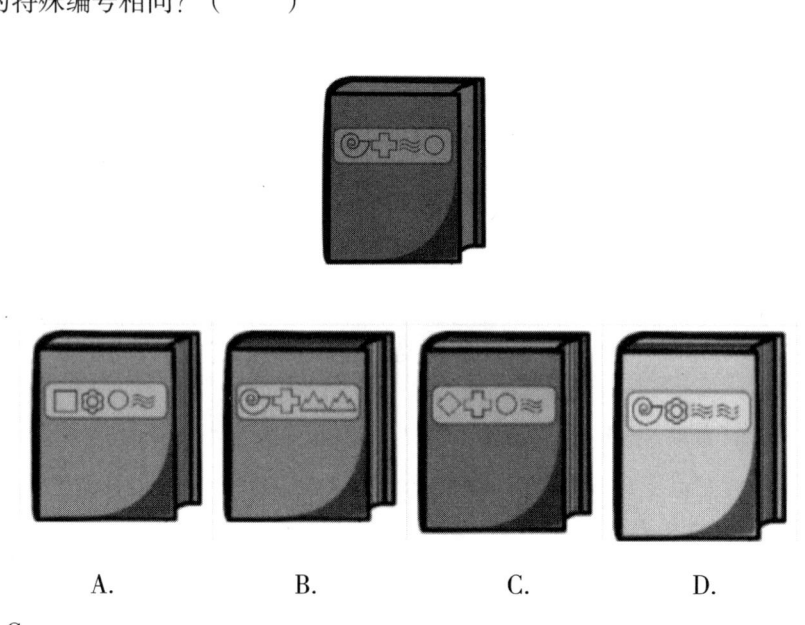

A.　　　　B.　　　　C.　　　　D.

答案：C

解析：根据表 8-6，红色书籍的特殊编号为 6944，现在让我们为其他四本书查找特殊编号，如图 8-1 所示。

A.   B.   C.   D.

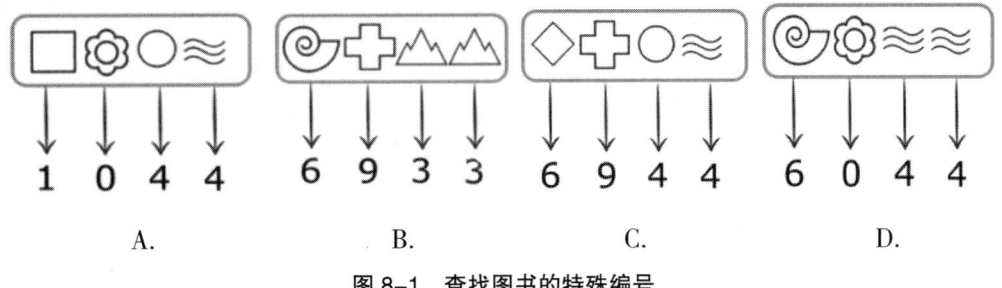

图 8-1 查找图书的特殊编号

可以发现，只有选项 C 的书的特殊编号是 6944。

计算思维相关知识：在计算机科学领域，"哈希表"是一种数据结构，通常用于存储和快速检索经常查询的数据。哈希表使用索引码（通常为数字码），该索引码称为"键"，以指示数据的存储位置。在此题目中，通过使用映射表技术，可以为每本书生成唯一的"键"，这一过程是计算处理过程的关键体现。在实际操作中，不同的贝布拉斯字母组合可能会对应相同的键值，即多本书对应同一个键，这可能会导致系统冲突，造成信息检索的困难。因此，在设计"哈希表"的生成方法时，计算机科学家需要考虑冲突的可能性，并采取相应的措施来避免或减少冲突的发生，这体现了利用过程与控制的反馈机制对执行效果进行优化的思想。

3. "海狸号"空间站指挥官正在和飞行员讨论宇宙飞船前往下一个行星的路线和速度，这颗行星距离"海狸号"空间站 100 亿千米。宇宙飞船可以通过以下计算机指令进行导航。

指令 F：宇宙飞船保持光速以下的速度匀速行驶（只使用少量燃料），并在 5 年内到达目的地。

指令 L：宇宙飞船以光速行驶，在 7 小时内完成到达目的地的一半的路程，使用 1/6 的能量。

指令 S：宇宙飞船可以在宇宙空间中跳跃，在 2 小时内完成到达目的地的一半的路程，使用 1/3 的能量。

以下哪条指令序列不能满足：宇宙飞船在 10 小时内到达目的地，并有足够的能量可以在一个月内返回空间站？（ ）

A.S,L   B.S,S   C.L,S   D.L,L

答案：D

解析：选项 A、B、C 都可以让宇宙飞船在 10 小时内到达目的地。

在选项 A 中，首先执行指令 S，在 2 小时内消耗 1/3 的能量完成一半的路程；接着执行指令 L，在 7 小时内消耗 1/6 的能量完成另一半路程。宇宙飞船在 9 小时内就可顺利到达目的地，并且此时剩余 1/2 的能量足够宇宙飞船在一个月内返回空间站。

在选项 B 中，首先执行指令 S，在 2 小时内消耗 1/3 的能量完成一半的路程；接着再次执行指令 S，在 2 小时内消耗 1/3 的能量完成另一半路程。总共花费 4 小时，宇宙飞船就可到达目的地，并且此时剩余的 1/3 的能量足够宇宙飞船在一个月内返回空间站。

在选项 C 中，首先执行指令 L，在 7 小时内消耗 1/6 的能量完成一半的路程；接着执行指令 S，在 2 小时内消耗 1/3 的能量完成另一半的路程。宇宙飞船在 9 小时内就可顺利到达目的地，并且此时剩余的 1/2 的能量足够宇宙飞船在一个月内返回空间站。

在选项 D 中，首先执行指令 L，在 7 小时内消耗 1/6 的能量完成一半的路程；接着再次执行指令 L，在 7 小时内消耗 1/6 的能量完成另一半的路程。宇宙飞船在 14 小时内到达目的地，未能满足题目要求。

所以答案选 D。

计算思维相关知识：这个问题是在给定的约束条件下，创建一个命中目标的指令序列（程序）。通过输入指令告诉计算机如何执行特殊的任务，经过计算机的计算处理，再输出结果，体现了过程与控制系统的计算过程。

第 9 章
互联网应用与创新

本章主要内容

```
                    ┌── 互联网基本原理与功能 ──── "互联网基本原理与功能"的内容理论
                    │                              性强，较为抽象，应如何设计教学活
                    │                              动提升学生的计算思维能力
                    │
  互联网应用与创新 ──┼── 互联网创新应用 ────────── 如何引导学生运用互联网思维提高解
                    │                              决问题的能力
                    │
                    └── 互联网安全 ──────────────── 如何引导学生运用计算机科学领域的
                                                    思想方法，养成分析、处理互联网安
                                                    全问题的系统思维，并能迁移运用于
                                                    解决其他互联网问题
```

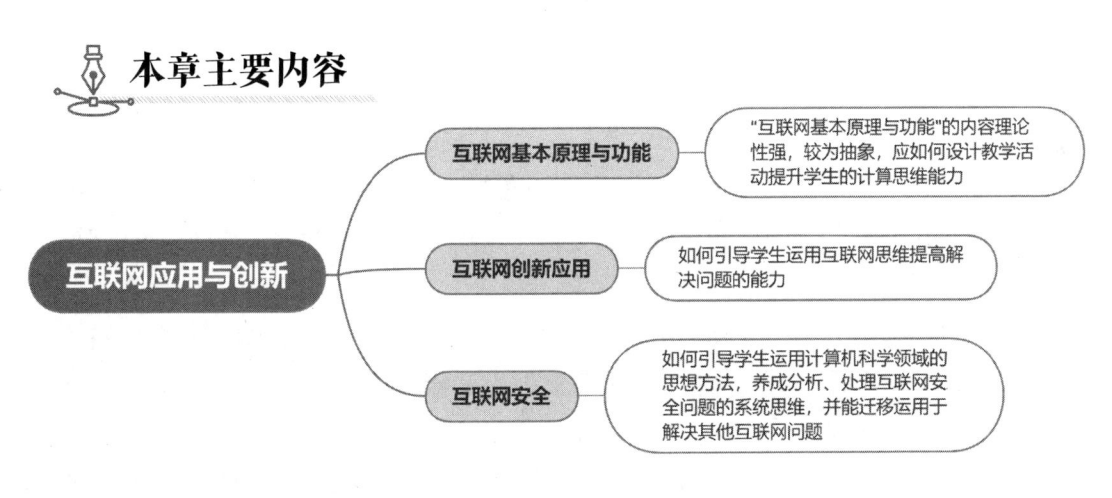

课标内容要求

1. 通过在线活动，分析互联网应用的特征，认识到互联网对社会发展的创新价值和潜力。

2. 能够根据学习和交流的需要，使用互联网搜索、遴选、管理并贡献有价值的数据和资源，能够创建具有特色的作品。

3. 了解常用互联网应用中数据的构成，能够使用适当的数字化工具对网页进行编辑和发布。

4. 初步了解互联网协议，知道网络中数据的编码、传输和呈现的原理。

5. 在"互联网+"情境中，体验在线学习、生活和交流的新模式，合理应用互联网提高学习与生活质量。

6. 使用互联网应用时，能够利用用户标识、密码和身份验证等措施做好基本防护，会使用加密软件对重要数据和个人信息进行加密保护。

7. 了解云存储、云计算的原理，能够使用网盘进行数据备份，认识到互联网带来的新媒体、新社交、新资源对学习和生活的影响。

9.1 模块概述

"互联网应用与创新"模块是《义务教育信息科技课程标准（2022年版）》第四学段（7~9年级）的起始学习模块。本模块包括"互联网及其影响""互联网基本原理与功能""互联网创新应用""互联网安全"四部分内容。

通过本模块的学习，学生能加深对互联网及相关新技术本质的认识，初步具备利用互联网基础设施和计算思维方法解决学习和生活中各种问题的能力，增强自觉维护网络安全与秩序的意识和责任感，全面提升数据安全意识。

具体来说，本模块要求学生能够根据不同的学习任务，灵活运用互联网工具或平台，如搜索引擎、社交媒体、短视频平台和协同写作等，实现较精准的信息搜索、沟通交流与团队协作，同时积极分享有价值的数据和资源。学生应学会使用网页编辑工具、在线写作工具等创建和管理网络文档，熟练运用在线课堂进行在线学习与交流，体验在线学习与生活的新模式。学生还应通过将互联网应用与生活中的具体应用进行类比，体会互联网如何通过分解、编码、传输和重新组合等一系列规则（协议），逐步化简并解决复杂的远程数据传输和通信问题。在使用互联网应用时，学生应懂得如何注册或更改用户信息、设置合理的安全密码，具备识别网络谣言和防范不良信息的能力。

从思维发展的特点来看，7年级学生开始逐渐摆脱具体事物的限制，能运用概念进行思考，能提出假设及检验假设，他们的抽象思维能力正逐步形成。尽管如此，他们的思维模式仍容易流于表面和片面。对一线教师来说，根据学生的思维发展特点，在本模块的教学中融入有效的思维训练是非常重要的。

9.2 核心素养的培养

一般来说，在本模块的教学过程中，教师可以通过两种教学方法培养学生的计算思维能力。一是教师可以训练学生在真实情境中发现问题，提取问题的基本特征，然后对问题进行抽象、分解、建模、算法设计，最终解决问题。二是教师可以采取基于"问题解决"的大单元或项目式学习方式，让学生通过分析问题，选择合适的方法和策略，规划执行的顺序，最终解决问题，并将这种解决问题的方法迁移运用于解决其他问题。

在本模块中，对于理论性较强的内容较适合采用第一种教学方法。教师面临的挑战是如何根据学生的思维发展特点，设计出既基于真实情境又融入有效的思维训练的活动，以促进学生计算思维能力的发展。

收集、整理数据并制作数字作品和"互联网+"应用等内容适合采用第二种教学方法。教师面临的挑战在于，新课标颁布后，内容及形式多样的不同的新教材未必能完全符合本地或本校学生的学习需要，这就对教师提出了新的要求，对现有教材内容进行重构或二次开发，精心设计课堂教学活动，探索运用大单元、跨学科融合等教学模式，选择恰当的混合教学手段开展教学，并将课堂式学习延伸到课外项目式学习，以达到培养学生核心素养的目标。

面对这两个挑战，教师需要在充分了解并熟悉"互联网应用与创新"模块的主要内容和培养目标的基础上，挖掘教学内容中蕴含的计算思维教育价值。通过引导学生运用分解、抽象、建模、算法设计等方法，学生可以更好地理解互联网相关知识，并借鉴互联网原理解决现实问题，从而促进学生计算思维能力的发展。

9.3 关键问题

问题22："互联网基本原理与功能"的内容理论性强，较为抽象，应如何设计教学活动提升学生的计算思维能力？

【问题分析】

本模块的"互联网基本原理与功能"部分要求学生能通过生活中的具体应用体会互联网如何将复杂的远程数据传输和通信等问题逐步化简为分解、编码、传输和重新组合等一系列规则（协议）。学生应认识到互联网通过使用互联协议将各种数字设备之间的互通互联及可靠数据传输问题进行逐层分解，每一层只完成相对简单的任务。学生需要思考互联网的TCP/IP协议如何将复杂问题通过一步步分层、分解，直至细化到网络设备和具体算法能处理的程度。

"互联网基本原理与功能"是信息科技课程中的科学原理类内容，其教学内容偏理论，较为抽象。初中学生普遍关注中考升学，学生常常会在信息科技课堂上忙于其他学科的练习或作业。可以想象，如果教师采取传统的授课方法，枯燥的理论，单调的听讲，学生容易缺乏学习主动性，知识掌握不扎实，更谈不上对学生进行思维能力的培养。长此以往，学生将失去挖掘理论类知识中蕴含的思维方法的兴趣，不利于学生的成长。

因此，我们不妨以"互联网基本原理与功能"内容为例，探索理论类内容的教学方法，以提高学生的学习兴趣。

【问题解决】

从思维训练的角度来看，"互联网基本原理与功能"部分涉及计算思维的以下内涵。

① 计算思维中的分层思想：分解是计算思维中一种基本的思维方式和工具。分解是将一个复杂问题分解成多个较小、较简单的问题，以便更好地理解和解决复杂问题。分层思想可以理解为分解的一种特殊方式。

无论你是通过专线连接互联网，还是使用手机的移动网络上网；无论你是用手机还是笔记本电脑或者台式机；无论你使用哪一款浏览器，只要你打开的网址相同，那么你看到的内容就是一致的。从技术解决的思路来看，不管接入互联网的方式如何变化，接入设备有多么不同，分层系统只需要处理基于不同技术的本层功能，不用管其他层如何处理、如何连接，各层次相对独立，互不影响，处理过程简洁而高效。这种分层思想或分而治之的方法的特点是各层独立性强，容易实现、容易维护。分层思想不仅应用在互联网领域，在科技领域和社会各个领域都有广泛应用，火箭的设计、公司管理结构等都会运用分层架构。TCP/IP协议就是一个典型的分层结构协议。它将网络通信的过程分解为不同的层次，每个层次执行特定的功能，层次之间可以交互。某个层次发生变化时，其他部分不受影响，这样的系统更便于管理和维护。

② 计算思维中的模块化思想：计算思维中的分解还隐含着模块化的思想。我们可以运用模块化思想，把复杂问题拆分成一个个较简单的任务模块，分别完成每个任务模块并将其组合起来，就可以解决复杂的问题。模块可以组合、分解、更换，嵌入到更大的系统中，就像汽车由发动机、底盘、车身、电气系统等四大部件组成；计算机由显示器、主机、键盘、鼠标等配件组成。在互联网的数据编码、组织、传输、接收和验证中，也包含了模块化的思想。

学生在小学阶段已学习过"信息交流与分享""信息隐私与安全""在线学习与生活""数据与编码"等模块，对互联网的基础应用有初步的了解，在学习"互联网基本原理与功能"内容时，学生可以通过类比、分析、抽象、归纳，从表面认识深化为对互联网和相关新技术本质的认识，初步具备利用互联网基础设施和计算思维方法解决学习和生活中各种问题的能力，这也为他们高中学习"网络基础"模块打下基础，使学生能够在逻辑上理解网络运行的基本原理，学会从协议和结构的角度看待网络中数据的传输，并具备分析网络传输中出现的简单问题或排除简单故障的能力。

【案例参考1】

设计一个二进制手表

——创设趣味问题，掌握二进制编码的相关知识

小学信息科技课程第二学段的"数据与编码"模块可以视为"互联网应用与创新"的预备知识模块。由于小学生的思维发展特点，他们对二进制的基本原理只能进行简单的认识。要深入理解互联网数据编码与传输的原理，离不开对二进制编码的学习。通过长期摸索，笔者从传统的教师讲、学生听的教学模式，先改进为融入中国古代二进制文化，挖掘传统文化内涵，再转变为由学生进行真实情境下的作品设计、自主学习的教学模式，这种教学模式的改变取得了较好的学习效果。教师提出有趣的真实问题"如何设计一个二进制手表"，学生通过用LED灯的明灭表示不同的数字，探索二进制编码的原理，并进一步探索为什么计算机会使用二进制数，最后学习和练习如何进行不同数制的转换。通过这一过程较好地锻炼了学生的计算思维能力。

教师首先提出问题：热爱计算机科学的你一定不能错过市面上出售的二进制手表，这种手表只用LED灯的明灭表示时间，这个手表应该长什么样呢？学生进行小组讨论后，手绘二进制手表的原型，并以小组为单位展示作品。教师再次提出问题：二进制手表如何表示时间？学生小组讨论，尝试读懂当前时间，填写LED灯状态表格并进行展示，如图9-1所示的学习任务单供参考。

手表界面图如下图所示，只能分别用一排灯的开关（明灭）表示小时数、分钟数。

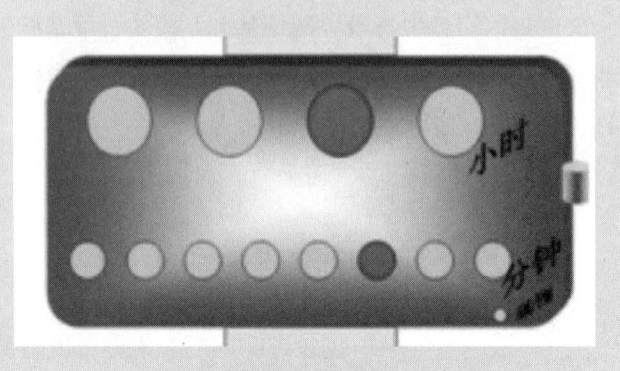

手表界面图

请尝试推测出各小时数对应的 LED 灯开关情况，并在下表中用数字 0、1 表示开关情况。

各小时数对应的 LED 灯开关情况表

小时数	开关状态	用数字 0、1 表示	小时数	开关状态	用数字 0、1 表示
0	○○○○		6	○○○○	
1	○○○○		7	○○○○	
2	○○○○		8	○○○○	
3	○○○○		9	○○○○	
4	○○○○		10	○○○○	
5	○○○○		11	○○○○	

图 9-1 学习任务单

【案例参考 2】

揭秘"不说话猜姓氏"

——在游戏中理解原理，融合计算思维训练

趣味游戏是学生喜欢的一种学习方式。通过玩"不说话猜姓氏"游戏，并探索游戏的原理，学生能够理解二进制数的编码、组织、传输、接收、重组的原理，体会如何将复杂的远程数据传输和通信等问题逐步化简。通过探索如何对信息进行分解、编码、传输和重组等一系列的规则并进行通信，理解互联网的通信原理，并将原理中蕴含的简化思维运用到生活与学习中。

环节一：玩游戏

游戏规则：两人一组，学生甲向学生乙依次出示6张卡片，要求学生乙告知每张卡片上是否有学生乙的姓氏，有就把这张卡片抽出来。学生乙抽出所有有自己姓氏的卡片后，学生甲说出学生乙的姓氏。

环节二：游戏原理揭秘

注意：假设卡片上的姓氏包含本班所有同学的姓氏，大约50个，少于$2^6=64$，所以使用6张卡片就可以，可以参考表9-1中百家姓前63个姓氏及其对应的二进制编码为本班所有同学的姓氏进行编码。

表9-1 百家姓前63个姓氏及其对应的二进制编码

序号	姓氏	二进制编码	序号	姓氏	二进制编码	序号	姓氏	二进制编码
1	赵	000001	22	吕	010110	43	潘	101011
2	钱	000010	23	施	010111	44	葛	101100
3	孙	000011	24	张	011000	45	奚	101101
4	李	000100	25	孔	011001	46	范	101110
5	周	000101	26	曹	011010	47	彭	101111
6	吴	000110	27	严	011011	48	郎	110000
7	郑	000111	28	华	011100	49	鲁	110001
8	王	001000	29	金	011101	50	韦	110010
9	冯	001001	30	魏	011110	51	昌	110011
10	陈	001010	31	陶	011111	52	马	110100
11	褚	001011	32	姜	100000	53	苗	110101
12	卫	001100	33	戚	100001	54	凤	110110
13	蒋	001101	34	谢	100010	55	花	110111
14	沈	001110	35	邹	100011	56	方	111000
15	韩	001111	36	喻	100100	57	俞	111001
16	杨	010000	37	柏	100101	58	任	111010
17	朱	010001	38	水	100110	59	袁	111011
18	秦	010010	39	窦	100111	60	柳	111100
19	尤	010011	40	章	101000	61	酆	111101
20	许	010100	41	云	101001	62	鲍	111110
21	何	010101	42	苏	101010	63	史	111111

在每个姓氏的二进制编码中，从左到右的数位依次为第6位、第5位、第4位、第3位、第2位、第1位，将每个姓氏的二进制编码对应数位上是1的姓氏写在同一张卡片上。如将姓氏的二进制编码中第1位是1的所有姓氏（见表9-2）写到卡片1上（见表9-3）。

表9-2 姓氏的二进制编码中第1位是1的所有姓氏

序号	姓氏	二进制编码	序号	姓氏	二进制编码	序号	姓氏	二进制编码
1	赵	000001	23	施	010111	45	奚	101101
3	孙	000011	25	孔	011001	47	彭	101111
5	周	000101	27	严	011011	49	鲁	110001
7	郑	000111	29	金	011101	51	昌	110011
9	冯	001001	31	陶	011111	53	苗	110101
11	褚	001011	33	戚	100001	55	花	110111
13	蒋	001101	35	邹	100011	57	俞	111001
15	韩	001111	37	柏	100101	59	袁	111011
17	朱	010001	39	窦	100111	61	酆	111101
19	尤	010011	41	云	101001	63	史	111111
21	何	010101	43	潘	101011			

表9-3 卡片1上的姓氏

卡片1			
赵	孙	周	郑
冯	褚	蒋	韩
朱	尤	何	施
孔	严	金	陶
戚	邹	柏	窦
云	潘	奚	彭
鲁	昌	苗	花
俞	袁	酆	史

其余卡片依此类推,如表9-4~表9-8所示。

表9-4 卡片2上的姓氏

卡片2			
钱	孙	吴	郑
陈	褚	沈	韩
秦	尤	吕	施
曹	严	魏	陶
谢	邹	水	窦
苏	潘	范	彭
韦	昌	凤	花
任	袁	鲍	史

表9-5 卡片3上的姓氏

卡片3			
李	周	吴	郑
卫	蒋	沈	韩
许	何	吕	施
华	金	魏	陶
喻	柏	水	窦
葛	奚	范	彭
马	苗	凤	花
柳	酆	鲍	史

表9-6 卡片4上的姓氏

卡片4			
王	冯	陈	褚
卫	蒋	沈	韩
张	孔	曹	严
华	金	魏	陶
章	云	苏	潘
葛	奚	范	彭
方	俞	任	袁
柳	酆	鲍	史

表9-7 卡片5上的姓氏

卡片5			
杨	朱	秦	尤
许	何	吕	施
张	孔	曹	严
华	金	魏	陶
郎	鲁	韦	昌
马	苗	凤	花
方	俞	任	袁
柳	酆	鲍	史

表9-8 卡片6上的姓氏

卡片6			
姜	戚	谢	邹
喻	柏	水	窦
章	云	苏	潘
葛	奚	范	彭
郎	鲁	韦	昌
马	苗	凤	花
方	俞	任	袁
柳	酆	鲍	史

可以把同一张卡片上的姓氏的顺序打乱，让游戏更有迷惑性。

游戏时，学生甲向学生乙展示6张卡片。假设学生乙抽出了卡片4和卡片2，即可知道他的姓氏的二进制编码是001010。对照表9-1，可以知道这名同学姓陈。

环节三：玩一个"不说话猜_____"游戏

小组活动：各小组根据"不说话猜姓氏"游戏的原理，自己制作"不说话猜_____"游戏，思考以下问题：需要几张卡片？每张卡片上的内容与排列顺序是什么？答案卡应如何设计？

完成后以小组为单位进行展示与解释。

【案例参考3】

将网络分层结构与商品配送的快递过程进行类比

本案例在于将所学知识与真实情境进行类比，引导学生从经验型思维转化到理论型思维。

对于网络基础等较为抽象的概念和知识，可以采用与学生生活密切相关的现象作为教学案例，通过对比、抽象等方式进行学习，将有助于学生更深入地理解这些概念和知识。

教师可以选取与学生生活紧密相连的案例，如利用网络购物中商品配送的快递过程来类比网络协议的分层模型。通过这种生动的对比，教师可以引导学生理解并领会网络协议的分层思想，如互联网的核心协议 TCP/IP 协议，它通过将复杂的问题分解为多个层次，每一层处理特定的任务，从而简化了问题的解决过程。通过这样的教学方法，结合分层分解和细化再组合的方法，学生不仅能够学习如何将复杂问题进行抽象、分解和建模，而且还能培养他们设计算法、形成问题解决方案的能力。

计算机的通信过程可以通过生活中的案例进行类比，以增强学生对网络协议分层结构的理解。例如，用不同母语的人如何交流、邮政系统的信件投递、网络购物的商品快递过程等。以网络购物中商品配送的快递过程为例，一个包裹从卖家发出到达买家手中，需要经过多个环节（见图 9-2），这个过程可以与 TCP/IP 协议的工作流程相对应（见图 9-3）。通过观察两个示意图，学生能够自然过渡迁移到协议的分层工作原理，理解网络的分层结构，加深对互联网及相关技术本质的理解，初步具备运用计算思维解决问题的能力。

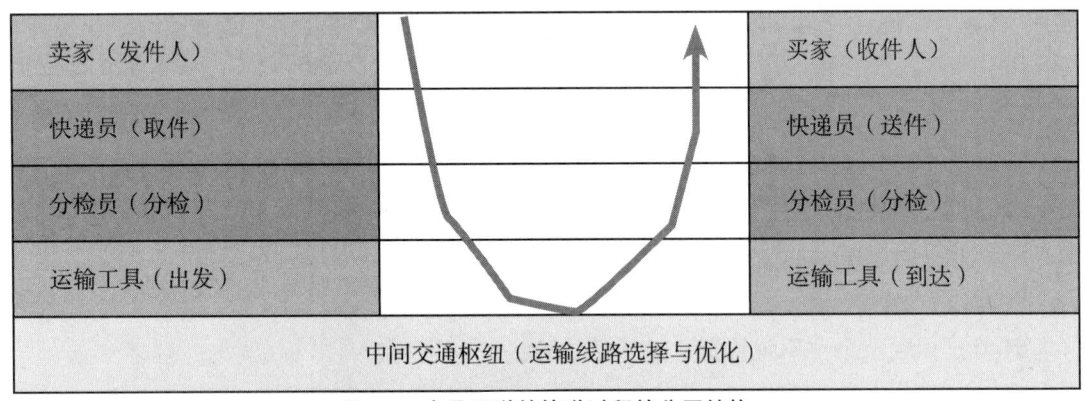

卖家（发件人）		买家（收件人）
快递员（取件）		快递员（送件）
分检员（分检）		分检员（分检）
运输工具（出发）		运输工具（到达）
中间交通枢纽（运输线路选择与优化）		

图 9-2 商品配送的快递过程的分层结构

应用层	← HTTP、FTP、DNS →	应用层
传输层	← TCP、UDP →	传输层
网络层	← IP、ICMP →	网络层
网络接口层	← 以太网、Wi-Fi →	网络接口层

图 9-3 TCP/IP 协议的分层模型

问题23：如何引导学生运用互联网思维提高解决问题的能力？

【问题分析】

互联网最重要的特点就是开放、平等、互动、协作、共享。互联网思维就是遵循互联网的特点和规律的思维方式。在"互联网应用与创新"模块的学习中，教师要努力营造开放、平等、互动、协作、共享的信息科技课堂，将互联网思维内化为学生的思维品质。

【问题解决】

教师在教学中要注重互联网思维训练中蕴含的计算思维教育。

以问题为导向，以解决问题为目标的教学方法，可以让学生在经历解决问题的过程中获得真实的体验。利用互联网思维解决问题的过程，不仅包含了分解复杂问题为一个个任务，并通过互动、协作等方式完成这些任务，还包括了抽象、建模，构建出用计算机和互联网解决问题的过程模型，并能将这一模型迁移到其他问题的解决过程中。这样的过程能有效地将计算思维潜移默化地渗透到学生的思维活动中。

在学习"互联网应用与创新"模块时，教师可以从两个方面来培养学生的互联网思维。

① 教师需要营造一个开放、平等、互动、协作、共享的课堂环境。

在这样的环境中，教师可以设计开放性问题，鼓励学生从多个角度寻找答案并解决问题。师生之间的交流与讨论应该是平等的、积极的。通过小组合作的方式，学生可以进行协作，共享他们的经验与成果，从而提升他们的整体思维水平。

② 教师需要设计大单元、跨学科的主题活动。

教师通过设计大单元、跨学科的主题活动，充分利用"互联网+"的在线学习、在线交流、在线协作和在线资源共享等方式，使学生自然而然地将开放、平等、互动、协作、共享的互联网思维方式融入日常的生活和学习中。通过这种方式，教师可以有效地培养学生运用互联网新技术开展在线学习、自主学习、终身学习的能力。

【案例参考】

1. 设计假期作业以培养学生运用互联网思维综合解决问题的能力

在当前的教育体系中，由于信息科技课程每周的课时量一般为1~2个学时，这样的课时安排对于开展大单元或跨学科主题的学习，往往存在学习时间间隔太长而导致学习不连贯、每周课时太少而导致学生无法进行充分的研究等问题。笔者所在的学校，在假期时，教师会为学生布置各学科的作业。这些作业一般都会被设计成综合性的任务，旨在促进学生的自主学习和能力提升。例如，初一年级的信息科技课程的假期作业，要求学生使用在线问卷调查工具，或专业类网站的数据收集和整理等功能，通过在线交流、在线协作完成特定的学习任务或研究课题，如表9-9所示。

表 9-9 信息科技学科寒假作业方案

信息科技学科的寒假作业为信息科技 7 年级上册教材第四章"表格数据处理"中第六节"综合活动：采集数据做研究"的内容。通过亲身体验"确定课题，设计研究方案""采集数据，开展研究""撰写研究报告""成果展示与交流"四个环节，提高自己获取信息、处理信息、合作探究解决问题的综合实践能力。你可以任选下列两个任务中的一个进行探究。 **1. 具体内容** 　　（1）可选作业任务一：选择一个你感兴趣的问题，或你一直关注或研究的主题，利用问卷星、问卷网、腾讯问卷等在线问卷调查工具，自主设计问卷题目，并将问卷发送给目标调查群体。建议调查样本量不少于 30 人，在收集到足够的数据后，你需要撰写一份包含表格、图表和数据分析等内容的调查报告。 　　课题研究参考方向如下： 　　① 调查同班同学的劳动习惯，如平时在家每周有多少时间进行清洁、烹饪、整理等家庭劳动，有无参加义工活动，参加哪些方面的义工活动及参与时长等。通过调查研究，探讨是否有必要增加劳动种类和时长等。 　　② 调查本年级同学使用电子产品的时长，并将其与眼睛近视、脊椎侧弯检查结果进行关联分析，以探明使用电子产品的时长与近视、脊椎问题之间是否存在相关性。 　　③ 调查本年级同学对校本课程选修课的需求，根据调查结果，向学校提出校本课程开发的具体建议。 　　（2）可选作业任务二：选择一个你感兴趣的问题，或你一直关注或研究的主题，自行设计表格，收集相关数据，并在数据整理的基础上，撰写一份包含表格、图表和数据分析等内容的调查报告。 　　课题研究参考方向如下： 　　① 对家门口每天的噪声水平进行调查，记录不同时间段的噪声数据，并在报告中利用数据表格和图表展示噪声情况的变化趋势，根据分析结果，提出改进意见或建议。 　　② 调查附近公园内的花卉品种，区分本地花卉与外来花卉，统计各自的占比，并分析它们的特点等，撰写数据分析报告。数据分析报告中应包含表格、图表等内容。 　　③ 从气象网站等权威网站获取气象数据，如每月降雨量等，分析近十年深圳或你的家乡的降雨量变化，撰写包含表格、图表的数据分析报告。 **2. 预估完成的时间** 　　可选作业任务一：根据所选课题的要求，预计完成时间约需 3~5 天，每天 1 个小时左右，以完成问卷设计、调查问卷发放、数据收集及报告撰写。 　　可选作业任务二：根据所选课题的要求，可能需要安排一天的时间进行专题研究和报告撰写，或者可能需要每天若干次、连续一周进行数据收集。

2. 融合学校特色的跨学科主题活动培养学生运用互联网综合解决问题的能力

笔者所在的学校建有楼顶农场，会安排学生每周参与劳动课程。此外，学校还组织了各类富有特色的劳动活动，并将寒暑假劳动作业设为必修作业。每年，学校都会举办劳动文化节，其中，劳动嘉年华作为劳动文化节的压轴活动，不仅展示学生的创意作品，还开展义卖活动，学生将自制作品进行义卖，所筹款项会捐献给对口帮扶学校。在学习"互联网创新应用"的内容时，学校将这一教学内容与劳动嘉年华活动相结合，开展以"劳动嘉年华"为主题的跨学科主题活动。学生以小组或班级为单位，运用各种互联网平台和工具，为劳动嘉年华活动进行准备、展示与宣传工作。学生首先在线学习番茄栽培、中国结编织、橡皮印章制作、绳编篮子、印染等各种劳动技能。学生完成作品制作后，通过在线文档记录全班同学要提交的劳动作品名称、数量、作品简介、作品海报等信息。各小组或班级通过在线会议分享劳动经验。不同小组之间进行分工合作，分别承担不同的任务：有的小组负责制作学校楼顶农场的AR（增强现实）并在网络中进行分享；有的小组使用免费的图片传播平台，分享劳动嘉年华作品义卖活动；有的小组负责制作和分享劳动作品的短视频合集；有的小组通过在线合作文档和网盘共享素材，进行公众号或视频号的编辑与网络宣传。活动的最后，学生总结并分享"互联网+"的应用技巧，通过真实的情境体验，提升学生运用互联网创新工具综合解决问题的信心和能力。"劳动嘉年华"跨学科主题活动包含的各项任务如表9-10所示。

表9-10　劳动嘉年华跨学科主题活动任务表

任务编号	具体内容	互联网应用
任务1：在线学习	1. 在线学习番茄栽培、中国结编织、橡皮印章制作、绳编篮子、印染等各种劳动技能	资源的收集、遴选、管理；在线学习
	2. 使用在线文档记录每个同学的劳动作品名称、数量、作品简介、作品海报等信息	数据处理
任务2：网上购物	购买制作作品所需的材料、工具等	在线生活
任务3：劳动分享	各小组或班级通过在线会议分享劳动经验	在线交流
任务4：楼顶农场的AR制作	以小组为单位收集制作AR所需的图片，通过网盘进行共享。在线学习AR的制作方法，下载软件并进行创作	在线学习；资源的收集、遴选、管理；作品创作
任务5："劳动嘉年华"照片拍摄与图片直播	以小组为单位，拍摄活动照片，通过网络连接摄影设备与手机或笔记本电脑，寻找合适的图片传播平台，存储并分享照片	在线学习；资源的收集、遴选、管理；作品创作
任务6："劳动嘉年华"视频拍摄与视频编辑	以小组为单位，设计"劳动嘉年华"活动的视频脚本，制作拍摄大纲，现场录制视频，并进行视频编辑	在线学习；资源的收集、遴选、管理；作品创作
任务7：宣传公众号或视频号	通过在线合作文档和网盘共享素材，进行公众号或视频号的编辑与网络宣传	资源的收集、遴选、管理；作品创作；网页或视频的编辑与发布

> 问题24：如何引导学生运用计算机科学领域的思想方法，养成分析、处理互联网安全问题的系统思维，并能迁移运用于解决其他互联网问题？

【问题分析】

"互联网安全"涉及多个方面的内容，包括用户识别，密码学原理，身份验证机制，以及文件加密和备份策略。

用户标识可以通过数据分析形成个人的数字画像；密码学涉及加密和解密算法，以及口令的生成和管理；身份验证可以采取单一密码验证或密码加验证码的两步验证，甚至采用人脸、指纹等生物特征识别技术，不同的验证方法在安全性和便利性之间存在差异；文件加密可以保护数据在传输过程中不被篡改或泄露，而文件备份则确保了数据的持久性和可恢复性。在学习这些互联网安全知识时，要探索其背后的数学原理或科学理论，形成一套系统地分析与处理安全问题的方法，并能够将所学知识迁移运用到不同的场景中。

【问题解决】

为了有效应对某些特定应用场景的网络安全挑战，教师需要设计真实的模拟情境，指导学生注册用户标识、设置合理的密码、遵循严格的身份验证流程、使用网盘备份文件，以及对重要数据和个人隐私信息进行加密保存和传输。通过这些实践活动，学生将能深刻理解网络安全的重要性，并掌握保护重要数据和个人信息的基本方法与技术手段。

在体验网络安全防范措施时，教师要设计教学活动，使学生能够探索网络安全防范措施背后的数学原理与科学理论。例如，学生应理解二进制编码的特点，认识到二进制编码在计算机信息表示中的重要作用。通过理解编码的特点，学生可以更好地把握编码在信息传输过程中的作用。此外，教师还可以通过介绍密码学的真实历史故事，激发学生的学习兴趣。通过学习密码学原理，学生能够尝试简单的密码加密和解密过程，从而培养学生的计算思维能力。学生可以通过编写简单的密码加密和解密程序，从而深入理解遍历、映射、递推等算法思想。根据7年级学生的认知发展特点，教师可以引入初步的算法思维训练。例如，通过破解密码的活动理解遍历的思想；编写相关程序实现密码的加密和解密，进一步培养学生的递推、映射等计算思维能力。最后，通过向学生介绍各类网络安全问题并进行归类，引导学生形成科学的分类意识。

【案例参考】

密码揭秘

教师可以用生活中的真实情境导入课题。例如，教师忘记了旅行箱的3位密码，在没有复位密码锁的工具时，该如何解决呢？教师可以引导学生思考解决方法，如使用逐一尝试密码的方式进行破解，也就是用穷举法解决问题，并思考如何通过编程来实现这一过程。

教师可以通过在线问卷调查的方式了解学生平时设置的密码类型，并即时呈现统计结果，这些结果可以包括纯数字、纯英文字母、数字加英文字母、数字加英文大小写字母，以及使用特殊字符的密码比例。利用密码破解程序，学生可以观察到不同长短、不同组合的密码被破解所需的次数和时间，从而直观地了解怎样的密码安全性更高。在此过程中，学生不仅亲身体会设置安全密码的方法，同时也理解了破解密码程序中穷举遍历的思想，教师可以鼓励学生在日常生活中积极地尝试每一种方法的可能性，找出所有答案的思维方法。

学生可以学习编写简单的凯撒密码加密和解密程序。凯撒密码是一种最简单的替换加密方法，它通过对字母表上每个字母向前或向后进行一定数量的偏移来实现加密和解密。通过这种简单的加密和解密方法，学生可以学习和体会递推和映射等算法思维的应用。

此外，教师还可以给学生播放一些关于密码学的教育视频，如《密码奥秘》视频，以提高学生的学习兴趣。通过学习密码学的历史和发展，以及它们在重大历史事件中的应用，学生可以更加深刻地理解密码学的重要性和趣味性。最后，教师可以引导学生总结出信息加密传输的全过程，即"信息—加密—传输—解密—信息"的工作模型。通过这种归纳和提炼，学生可以更加清晰地理解整个加密和传输过程的工作原理，并学会如何在实际生活中应用这些知识来保护自己的信息安全。表9-11所示的"密码揭秘"教学设计供参考。

表9-11 "密码揭秘"教学设计节选

教学环节	教学活动		设计意图
	教师活动	学生活动	
一、创设情境，导入教学	1. 教师介绍自己忘记了旅行箱的3位密码，向学生提问：要怎么处理呢？ 2. 进行在线问卷调查：学生常用密码复杂程度调查。 3. 出示密码破解程序，提问：用户使用怎样的密码才更安全。 4. 观看网络安全视频	学生回答问题。 将密码锁的3位密码全部试一次的遍历方法。（实际应用中有用工具复位密码、找凹槽基础码等其他方法。） 尝试使用不同密码，观察密码穷举的次数。 思考并回答怎样的密码更安全。 思考保障网络安全的其他措施	通过创设情境，引发思考，激发学生的学习兴趣。 了解穷尽所有可能性的算法思想。 引导学生从多方面思考问题，直观感受密码安全性的重要性

（续表）

教学环节	教学活动		设计意图
	教师活动	学生活动	
二、自主探究，循序渐进，学习新知	1. 字符的输入与输出 教师布置编程任务，完成一个字符的输出和显示。 2. 单个字符的加密和解密过程。 （1）教师展示 ASCII 码编码表。 （2）教师布置任务：将加密一个数字的程序的关键部分补充完整。 （3）教师布置任务：将解密一个数字的程序的关键部分补充完整。 3. 三个字符串的加密和解密过程。 （1）以生活中的例子说明循环、数组在多个字符解密中的作用。 （2）布置任务：将加密有3个字符的字符串的加密程序的关键部分补充完整。 教师可以提供多次循环和数组难点微课、学习单等自学资源。 （3）布置任务：将解密有3个字符的字符串的解密程序的关键部分补充完整	每个学生完成程序： 输入一个字符，输出一个字符的程序设计 完成加密一个数字的程序的关键部分。 完成解密一个数字的程序的关键部分。 编写加密字符串程序的关键部分。 编写解密字符串程序的关键部分	通过简单的字符输入和输出，再到单个字符的加密和解密，初步学习映射等算法知识。 通过编写加密和解密两个反向过程的程序，培养学生的类比和反向思维。 掌握循环、数组在加密和解密编程过程中的作用，并能应用到类似的编程过程中

参考解密程序如图 9-4 所示。

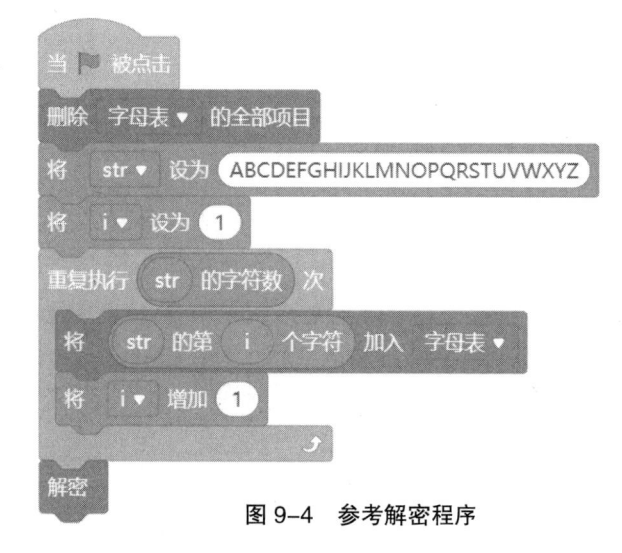

图 9-4　参考解密程序

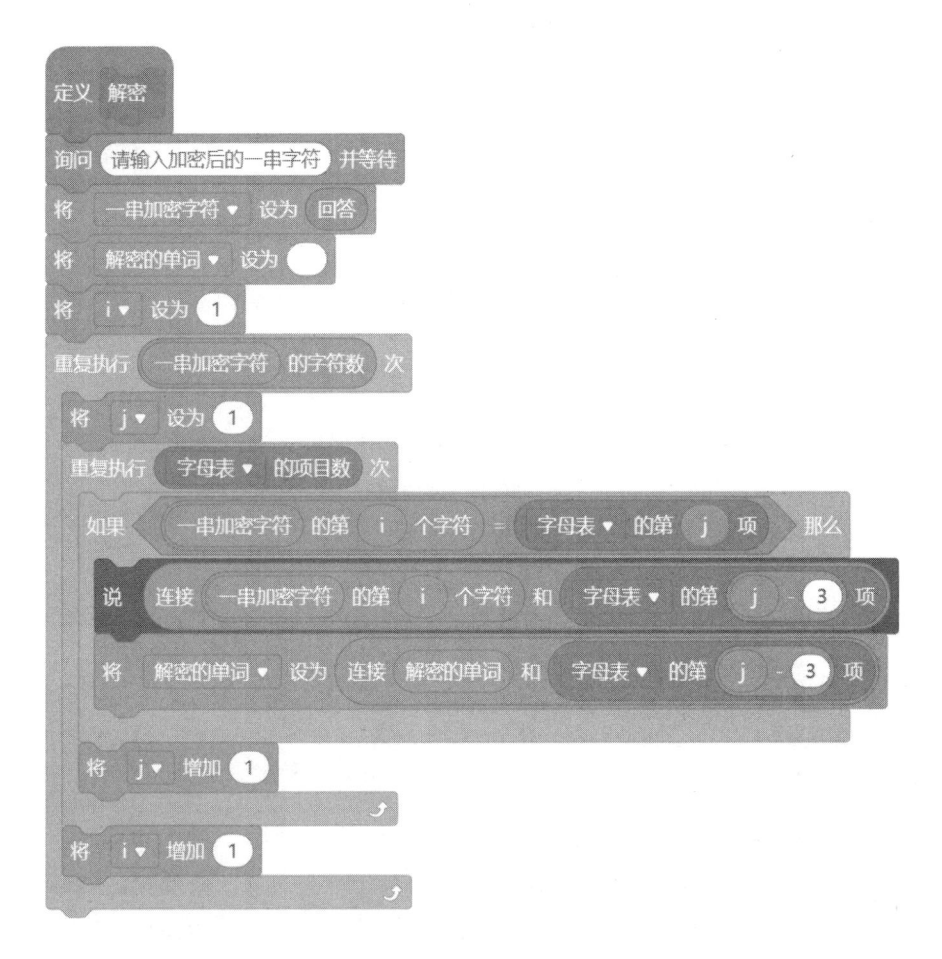

图 9-4　参考解密程序（续）

9.4　计算思维的测评和实践

1. 获取信息的来源决定了信息的可靠程度，下列哪一种是直接信息来源？（　　）

A. 报纸杂志　　　　　　　　　　B. 亲自做实验

C. 查阅专家访谈记录　　　　　　D. 大型门户网站

答案：B

解析：信息的获取包括亲身探究、与他人交流获取、检索媒体采集等，其中亲身探究属于直接信息来源，是获取信息的重要途径之一。

计算思维相关知识：了解获取信息的多种途径，识别不同途径的优势与不足，能够合理运用不同方式获取和甄别信息。

2. 为了提高密码的安全性，以下措施不恰当的是（　　）。

A. 定期更换密码　　　　　　　　　　B. 不用生日做密码

C. 尽量不要使用少于 8 位的密码　　　D. 给不同的账号设置相同的密码

答案：D

解析：密码越复杂，并经常更换，密码安全性越高。

计算思维相关知识：密码是保护个人信息与网络安全的重要方法，学习如何正确设置密码是计算思维能力的一种体现。

3. 与十进制数 68 对应的二进制数是（　　）。

A. 01000100　　　　　　　　　　　　B. 01111100

C. 10111101　　　　　　　　　　　　D. 00110110

答案：A

解析：最简单的转换方法为 68=64（2^6）+4（2^2），即 01000100。

计算思维相关知识：了解二进制数与十进制数互相转换的方法，了解计算机的工作原理。通过运算可以掌握不同进制数之间进行转换的方法。

4. 有 5 张纸牌，其正面的桃心数量分别是 16、8、4、2 和 1。每张纸牌的下面都有一个编号，该编号依据纸牌的状态标记为 1 或 0。若标记编号为 1，则纸牌正面朝上，桃心可见；若标记编号为 0，则纸牌正面朝下，桃心不可见。这些纸牌的编号可以生成数字编码。如图 9-5 所示，有 2 张纸牌正面朝上，因此编码为 01001。

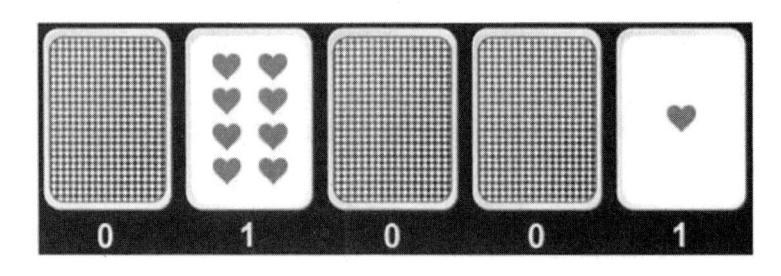

图 9-5　示例纸牌组合

如果朝上的纸牌可见的桃心数量是 26，那么 5 张纸牌所组合的编码是什么？

答案：11010

解析：16+8+2=26，因此必须使有 16 颗桃心、8 颗桃心、2 颗桃心的纸牌正面朝上，其他纸牌正面朝下，故编码是 11010，如图 9-6 所示。

图 9-6　牌面组合分析

计算思维相关知识：在计算机中，只使用 0 和 1 对文本、图片、视频和音频等信息进行编码。要让学生了解二进制数的原理，并能运用二进制数表示某种信息，培养学生抽象、建模的计算思维能力。

5. 小明有一个专门用来输入秘密信息的键盘。当按下键盘上的一个键时，屏幕上会显示不同的字母。键盘按键与字母的对应关系如图 9-7 所示。

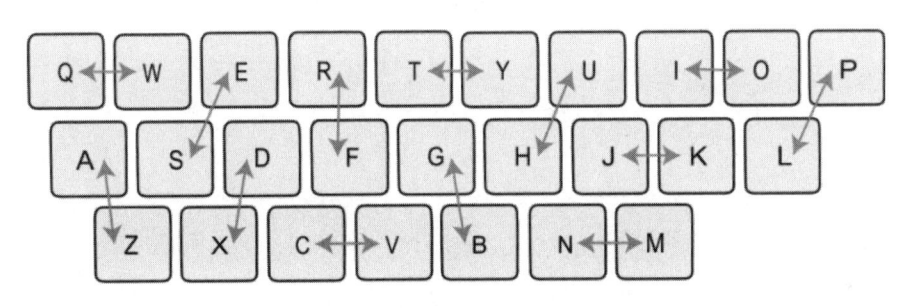

图 9-7　键盘按键与字母的对应关系

在图 9-7 中，箭头表示按下按键时与显示的字母的对应关系。例如，当小明按 S 键时，屏幕上显示的是字母"E"；当小明按"E"键时，屏幕上显示的是字母"S"。现在，屏幕上显示了一条秘密信息"NIFMOMB"。那么请问原始信息是什么？（　　）

A. MOLDINGA　　　　　　B. MERMAID
C. MORNING　　　　　　 D. MICROBE

答案：C

解析：根据图 9-7 所示的键盘按键与字母的对应关系，将按下的按键与屏幕上显示的字母相匹配，就可以推导出原始信息：N-M, I-O, F-R, M-N, O-I, M-N, B-G，因此答案为 MORNING。

计算思维相关知识：了解密码的加密与解密过程，了解编码和解码的方式。在推导的过程中形成解题的步骤和模式，训练学生的建模和算法设计的计算思维能力。

6. 调查购物网站如何进行数据分析与用户画像，学习正确使用互联网中的数据及保护数据安全。

评价标准：能够通过网络搜索、阅读电子图书馆资料、借阅实体书、亲身实践等方式，了解、整理、归纳出购物网站进行数据分析和用户画像的原理、方法、典型案例，并进行实践体验，完成一篇主题调研报告。

计算思维相关知识：设计真实情境的主题活动，让学生综合运用互联网中的应用进行调研，体验主题调研的一般步骤，构建主题调研的处理模式，提升学生的问题解决能力，并能迁移到其他类似情境。

7. 调查本班同学会遇到的互联网信息安全问题、信息安全意识情况和信息安全保护措施，并提出改进方案。

评价标准：能够针对感兴趣或关注的安全问题，设计合适的调查问卷的问题，发动足够数量的人员填写问卷，并根据问卷调查的结果，提出改进安全保护措施的可行性方案。

计算思维相关知识：培养学生运用互联网思维与互联网知识，发现、调研、解决现实问题的能力。

第 10 章

物联网实践与探索

本章主要内容

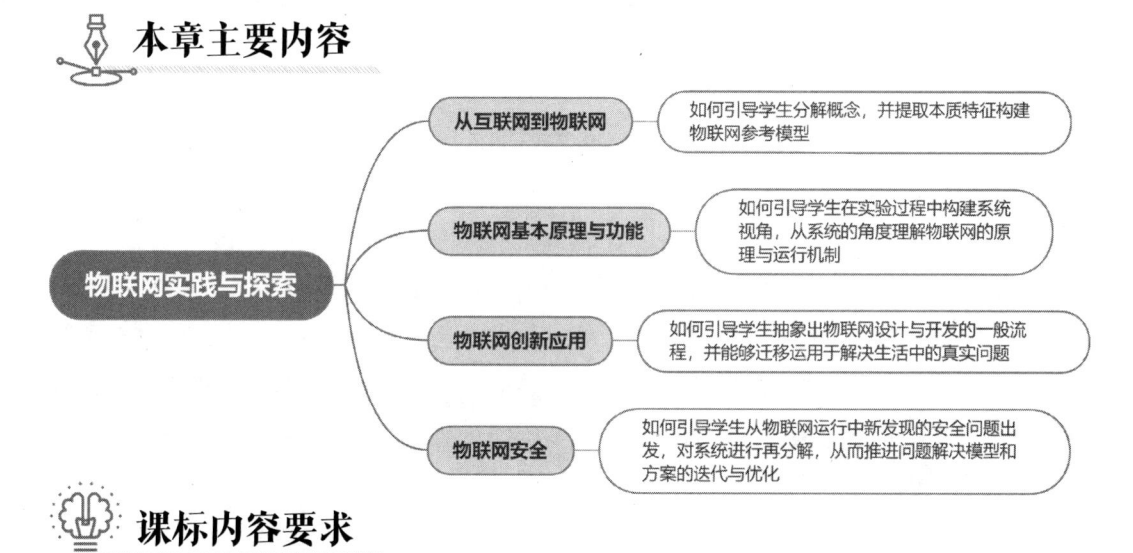

物联网实践与探索
- 从互联网到物联网 —— 如何引导学生分解概念，并提取本质特征构建物联网参考模型
- 物联网基本原理与功能 —— 如何引导学生在实验过程中构建系统视角，从系统的角度理解物联网的原理与运行机制
- 物联网创新应用 —— 如何引导学生抽象出物联网设计与开发的一般流程，并能够迁移运用于解决生活中的真实问题
- 物联网安全 —— 如何引导学生从物联网运行中新发现的安全问题出发，对系统进行再分解，从而推进问题解决模型和方案的迭代与优化

课标内容要求

1. 通过实例感受万物互联的场景，知道物联网与互联网的异同，认识到物联网的普及对学习和生活的影响。

2. 通过对身边真实应用场景中物联网的分析，认识物联网实现万物互联的基本原理。

3. 自觉遵守物联网实验的操作规程，会使用实验设备搭建物联系统原型，并能通过实验平台读取、发送、接收、汇集和使用数据。

4. 通过简易物联系统的设计与搭建，探索物联网中数据采集、处理、反馈控制等基本功能，体验物联网、大数据及人工智能的关系。

5. 了解身边的物联设备及其对塑造网络虚拟身份的作用，有意识地保护个人隐私，进行安全防护。

6. 了解物联网中发展自主可控技术的意义，了解自主可控生态体系对我国国家安全的重要作用。

10.1 模块概述

"物联网实践与探索"模块是《义务教育信息科技课程标准（2022年版）》第四学段（7~9年级）的中间模块。本模块包括了"从互联网到物联网""物联网基本原理与功能""物联网创新应用"和"物联网安全"四部分内容，依次对应了"认识物联网的意义——了解物联网基本原理——开展物联网创新探究——知道物联网相关的安全问题"这一学习过程。通过本模块的学习，学生能初步理解万物互联给人类信息社会带来的影响、机遇和挑战；了解物联网（特别是传感器系统）是连接物理世界与数字世界的纽带和媒介；了解物联网与互联网的异同，熟悉主要的物联网协议，以及识别典型物联网应用的特点；在信息科技与其他学科的学习过程中，能够有效利用基本物联网设备与平台，设计并实现具有简单物联功能的数字系统。

8年级学生已经在之前的课程学习中建立了坚实的信息科技知识基础。在初中阶段，尤其是现代信息科技教育过程中，随着学生年龄的增长，他们的探究能力和水平也在不断提高，表现出强烈的求知欲、学习力和敏锐性，然而，对于具有一些较深层次的知识与技术应用来说，他们仍缺乏透彻的理解，需要在教师的科学引导下对感性知识进行分解和抽象，从而汲取知识。

10.2 核心素养的培养

本模块的内容既包含具有一定深度的科学原理，也包含丰富的实践与应用。当代学生身处于一个高度数字化的世界中，物联网技术已逐步渗透到他们生活的各个角落，尽管他们并不缺乏物联网技术的实践经验，但对生活中的传感器的原理并不完全熟悉，这就决定了他们亟须从直观体验上升至理性建构，形成恰当的思维模型和理论体系。教师适时而关键的引导对学生计算思维能力的培养和提升至关重要。

无论是对物联网的相关技术工具的运用，还是对网络中数据的流动过程相应原理的理解，抑或是设计搭建简单的物联系统原型，计算思维均贯穿其中并发挥着关键作用。然而，如缺乏适当的引导，学生容易有"云深不知处"之感。因此教师需要高屋建瓴，在更宏观的层面引导学生，帮助他们理解物联网的本质特征，构建系统化的视角。

在对实际问题的探究中，教师可以基于具体案例，引导和激发学生的探究欲、求知欲，充分运用分解、抽象等计算思维的核心方法，鼓励学生在充分理解和掌握技术工具与物联网层级模型的基础上对实际问题进行探索实践。在这一过程中，教师可利用探索实践的机会，引导学生深入打磨建模能力与算法思维，运用分解、抽象、建模等计算思维方法帮助学生掌握物联网设计的方法，了解和接纳与物联网相关的知识和应用情境，并促进学生的计算思维能力得到充分的提升。

10.3 关键问题

问题 25：如何引导学生分解概念，并提取本质特征构建物联网参考模型？

【问题分析】

在本模块的"从互联网到物联网"部分，学生计算思维能力的培养主要体现在物联网概念的教学上。由于物联网的知识体系庞大，对初中学生来说，他们刚刚跨入少年期，理性思维的发展还很有限，看问题偏向于直观和感性，对问题缺乏深入思考，因此，如果仅用概念灌输的方式，容易让学习变得枯燥无趣，增加学生理解的难度。

分解作为计算思维的一种核心方法，能够帮助人们更好地剖析问题的本质和内在结构，进而高效地解决问题。因此，教师在教学实践中应精心设计教学内容，运用概念分解的方法，引导学生深入浅出地理解和抽象出物联网的核心属性。

在实际教学中，教师需采用适宜的教学策略，通过分解、抽象，从物联网应用的不同模块中提炼出关键的核心要素和本质特征，助力学生在思维中建立"感知层—网络层—应用层"的物联网系统的参考模型概念。

【问题解决】

1. 聚焦实例

在"从互联网到物联网"这部分教学中，教师需引导学生辨析互联网与物联网的异同，并深入理解"万物互联"的基础原理，阐述如何实现物理世界与数字世界的关联。这部分内容涵盖"衣食住行"各个领域，由于理论体系庞大且概念繁多，若在教学时采取泛泛而谈、不分主次的方法"眉毛胡子一把抓"，则易造成对学生的"大水漫灌"，使学生感觉枯燥，进而影响学习效果。因此，在教学策略上，教师不妨先缩小研究范围，聚焦于学生感兴趣的某一特定方面，"小而美"地进行深入探究。例如，可以选定农业生产中的物联网应用作为切入点，聚焦物联网对农业生产的影响，通过剖析一个"智能植物农场"的案例，引领学生专注于其中一个具体的物联网应用场景，通过对该场景的细致分解与分析，将物联网的概念逐步细化并具体化，从而有效地促进学生对物联网概念的深度理解和把握。

2. 问题驱动

在设计单元课程的过程中，重要的是要强调本质性问题，然而这类问题往往较为抽象且内容广泛，初中生理解起来可能具有一定难度。此时，教师应将这些本质性问题转化为具有驱动性的探究性问题，以便更有效地激发学生的探索兴趣和思考动力。优质的驱动性问题能够引导学生进行高阶思维活动，为信息与内容的展开提供明确的学习目标，从而激活整个单元所涉及的概念内涵。

一个理想的驱动性问题应当具备以下特征：真实性，即问题应基于现实情境；开放性，允许多元化的解答角度；挑战性，促使学生跳出舒适区去深度思考；趣味性，吸引学生的注意力并保持学习热情；高代入感，使学生能身临其境地参与问题解决过程中。简而言之，驱动性问题应包含一定的不确定性因素，以刺激学生的思维活力和创新意识。

3. 由表及里、层层递进

从思维发展的角度看，虽然初中生的抽象逻辑思维开始逐渐占据主导地位，但其抽象逻辑思维仍保留着一定程度的经验性特点，并正在逐步向理论型过渡。

因此，在教学实践中，教师应当秉持"以学生为主体"的教育理念，当面对宏观的知识主题时，引导学生将其分解为若干与生活紧密相连的知识点。对于每一个知识点，精心设计并实施富于体验性的教学活动。鉴于初中生具有较强的独立思考意愿，教师应通过自主探索活动中的成功体验来激发他们深入探究的热情。教师可以根据学生的实际探索进度和知识积累情况，不断深化和拓展教学内容，使学生由直观表象而入，由抽象升华而出；从感性感受而入，自理性认识而出。

例如，在"物联网：远程天文台"这一案例中，学生可以选择"远程查看云量监控"作为分析对象。学生能够理解生活中接触过的远程摄像头的概念及其应用方式，教师可以以此为基础，指导学生剖析其中涉及的硬件设备（如摄像头）和软件技术（如网络传输、手机 App 等）的作用及意义。通过对各部分功能的解析，帮助学生理解它们之间的对应关系（摄像头——感知层，Wi-Fi、5G 网络——网络层，手机 App——应用层）。

通过由表及里、逐步积累、逐渐丰富、螺旋上升的教学方法，教师能有效地引导学生把握事物本质，最终建立对物联网系统参考模型的概念。

【案例参考】

物联网：远程天文台（第1课时）

"物联网：远程天文台"是一节以科学知识为引导，帮助学生理解物联网系统参考模型的信息科技课程。本节的主要内容是引导学生了解天文台的工作内容和原理，进而在工作内容的需求基础上分析与设计远程天文台的物联网系统架构，帮助学生建立物联网系统参考模型的概念。

教学过程：

① 了解天文台要做的工作，并由教师总结。教师可引导学生使用"头脑风暴"的方法对天文台的工作进行分解，提取其中关键信息，引导学生整理总结，对概念进行抽象升华。可引导拆分出"日常保障""设备监测""观测运行"等模块，如表10-1所示。

表 10-1 模块示意表

工作模块	工作细分
日常保障	供水
	供电
	网络
	安防
	……
设备监测	气象条件监测
	设备保存条件监测
	……
观测运行	圆顶控制
	望远镜控制
	科学记录
	……

② 聚焦其中一点，引导学生思考俗语"天有不测之风云"背后的意义，感受掌握"气候变化"对于天文台的重要性。引导学生从气象监控设施方面进行思考，导入主题"云量监控"。

③ 由于学生未接触过专业设施中的监控设备，可以通过家用监控摄像头与专业的云量监控全天相机（见图10-1）的对比，促使学生进行"迁移类比"，理解其中的工作原理，通过日常内容与高大上的内容的对比，消解学生的畏难情绪。

图 10-1　安装于室外的云量监控全天相机

④ 在学生理解其中的原理后，引导其对相应的物联网系统进行分解。学生可以很快地从中拆分出"摄像头""通信网络""手机App"三个主要的功能模块，引导学生理解和阐述各模块的作用。

⑤ 引导学生分解该物联网系统，理解其与物联网系统参考模型的对应关系，形成分层示意图，如图10-2所示。

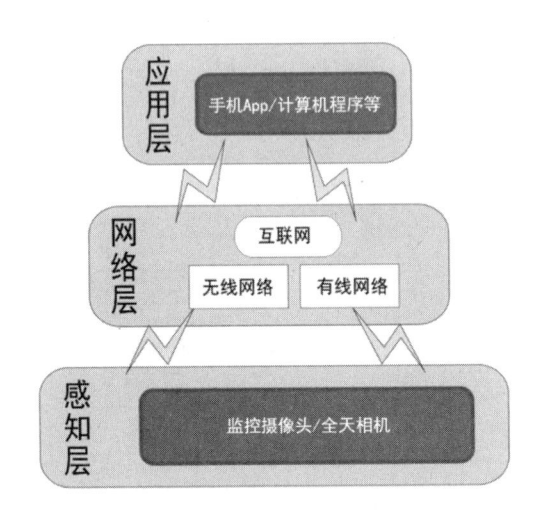

图 10-2　分层示意图

⑥ 进一步引导学生讨论物联网系统中信息的流动方向，为理解物联网系统中的数据传输进行知识铺垫。

> 问题26：如何引导学生在实验过程中构建系统视角，从系统的角度理解物联网的原理与运行机制？

【问题分析】

物联网本质上是一个信息系统，因此，要理解物联网的基本原理与功能，实质上就是对信息系统运作机制的深入剖析和理解。尽管在物联网的具体应用层面可能会出现局部的无序性或复杂性，如各种不同的传输协议、多样的实验设备、多种编程语言，以及各异的应用平台等技术细节，但在系统层级上必然是有其一定的秩序的。

学生在进行实验操作时，如果仅仅是按部就班地"搭积木"，那么他们的关注点会更集中于动手实践的过程，而非信息系统的整体构建与逻辑联系，这将不利于学生形成"系统"概念和整体观。同样，过早地、过度地注意技术细节，也会对学生理解整体系统的运行造成困扰，妨碍学生对整个物联网信息系统的宏观理解。

构建系统视角的关键在于对信息系统中要素的有效抽象化处理和整体模型的建构。为了避免陷入"一叶障目不见泰山"或者"盲人摸象"的尴尬境地，必须从各模块中提炼和抽象出其核心概念，运用这些概念对系统进行整体模型的建构，从而从宏观层面观察和理解系统整体的运行情况。若要帮助学生理解系统是如何有序运行的，就必须聚焦于系统的整体结构，适当淡化背后复杂的底层技术细节，这样更有助于教学内容的落地实施和实验活动的有效开展。

【问题解决】

1. 采用类比的方法，为学生理解系统提供切入点

我们可以从感知、通信、控制反馈三个维度理解物联网的参考模型。其中感知层相当于物联网的眼睛和耳朵，负责对物理世界的信息进行采集、识别；网络层相当于物联网的神经系统，承担着感知数据和控制信息的双向传递任务；应用层是物联网与用户（包含人、组织或其他系统）之间的交互接口，它由提供各类应用服务的硬件设备和软件系统共同构成。

通过这一形象生动的类比模式，教师可以提供给学生一个直观易懂的认知入口，通过逐级深入的教学方法，引导学生逐步将物联网的基础概念抽象化，从易于理解的类比概念出发，逐渐深入探究，在思维层面透彻领悟物联网系统参考模型的内涵，从而在学生心中构建起关于物联网系统的系统化视角。

2. 关注数据流动视角，避免陷入技术细节

在教学过程中，教师应引导学生关注物联网系统的核心部分——"数据采集、计算、传输及应用"，理解数据在该系统中产生、被处理并进行流动的过程，同时可将其与大数据概念相联系，进而为后续的人工智能课程做铺垫。由于物联网技术的发展时间相对较短、发展并不充分，因此，在这一演进过程中，各层的技术实现标准并不统一，一个项目或系统内部可能需要整合多种物联网协议。因此，在教学过程中应尽量避免过于纠结各层的具体技术实现方式和标准，相较于专注于形而下的技术细节，更应当从物联网系统的参考模型出发，侧重于抽象出的数据流动视角，从系统的层面去剖析和理解"物"是如何与"物"互联的。

3. 搭建简易物联系统，促进学生合作体验

简易物联系统是指经过适当简化但仍保留构成要素完整性的物联网系统。例如，智能家居中的"智能感应灯"，其工作原理简洁明了，非常适合作为学生小组合作学习及动手实践的主题项目。学生在合作中动手实践，有助于促进学生之间的交流，思维的碰撞与互补有利于提升学习效果。选择难度适中的主题能有效增强学生的成就感，并通过加深他们对实际操作的直观体验，有力地促进学生对物联网信息系统理解的深化和提升。

4. 虚拟平台虚实交融，促进学生充分理解

对于在教学过程中确实存在实施困难的部分内容，可以采用仿真实验平台来构建简易物联模拟系统进行实验，或者通过仿真实验平台对学生设计的系统原型进行模拟验证。由于仿真实验平台相较于现实设备操作更容易，复现性能更好，这将有效地促进学生对物联网系统抽象概念的理解和掌握，有助于学生从系统的视角全面、充分地理解物联网的运作机制。

【案例参考】

物联网：远程天文台（第 2 课时）

"物联网：远程天文台"是一节以科学知识为引导，帮助学生理解物联网系统参考模型的信息科技课程。本节的主要内容是引导学生聚焦于天文台物联网系统的一个核心点，逐步分析推进，并以实验的形式从系统的视角理解物联网的运作机制。

教学过程节选：

① 基于上一课时对于物联网"感知层—网络层—应用层"的理解，细化天文台物联网系统的子系统。从一个较简单的"云量监控"子系统出发，从系统的视角引导学生运用计算思维中的分解和抽象的方法分析"天文台"子系统的各项任务，完善表 10-2。

表 10-2 "天文台"子系统任务表

一级子系统	二级指标	物联网系统				
		感知层	网络层	应用层		
				设备	控制方式	控制条件
气象条件监测	风速	（ ）	5G网络，Wi-Fi	圆顶	自动/手动	风速（ ）级 打开/关闭
	降水	雨量传感器	5G网络，Wi-Fi	圆顶	自动/手动	降水（ ）mm 打开/关闭
	云量	云量监测系统	5G网络，Wi-Fi	圆顶	自动/手动	云量（ ）% 打开/关闭
设备保存条件监测	温度	（ ）	5G网络，Wi-Fi	（ ）	自动/手动	温度（ ）℃ 开启/关闭
	湿度	（ ）	5G网络，Wi-Fi	（ ）	自动/手动	湿度（ ）% 开启/关闭

② 在完善表 10-2 的过程中，可以穿插展示传感器的概念，通过直观感受引导学生理解，传感器产生了什么。（将物理世界的物理量转换为可供计算机处理的数据。）

③ 引导学生建立数据的"生产者——传递者——使用者"的数据视角，建立物联网数据流动的参考模型。

> 传感器/设备——数据的生产者/加工者
> 网络——数据的传递者
> 手机 App/控制程序——数据的处理者/使用者

（分层教学：对于掌握程度较好的同学，可以引导其通过在线学习平台或网络资源，了解感知层所使用的不同协议，建立初步认知。）

④ 利用物联网仿真实验平台或伪代码工具，引导学生选取其中一项进行设计，建立算法思维。

> 例：
> While 天文圆顶的状态 = 关闭
>   If 湿度 >=60%
>   抽湿机 打开
>   运行 5 分钟
>   湿度 = 湿度传感器测试值
>   Else
> 抽湿机 关闭

⑤ 在学生完成上述课堂任务后，后续可以组织学生根据所选取的项目，使用物联网设备，进行动手制作。

> 问题27：如何引导学生抽象出物联网设计与开发的一般流程，并能够迁移运用于解决生活中的真实问题？

【问题分析】

物联网作为信息系统应用的典型代表，其设计和搭建本质上对应的是系统开发的过程。鉴于初中生在过往学习经历中较少涉及系统开发实践，如果仅依赖学生的自发理解，往往难以抽象出设计与开发的一般流程。因此，教师需要精心设计教学路径，引导学生建立起一套针对物联网设计与开发的思维模式，从而更好地理解和运用物联网技术。

构建这一思维模式通常需依托直观的项目实践活动，通过这些实践活动让学生逐步熟悉物联网信息系统的构成要素及其一般的设计步骤。在此基础上，借助分解和抽象的方法，教师可指导学生将这些理论知识内化为能够熟练掌握和运用的实际技能。

迁移是知识内化为能力的关键环节，在对系统开发的一般流程进行知识迁移并应用于解决现实生活中的真实问题时，学生需要具备较强的抽象和转化能力，教师要积极引导学生培养并发挥这种能力。在教师的指导下，学生应综合运用软硬件工具及实验平台，将现实世界中的事物转化为可以用计算机处理的对象，以解决真实场景下的问题为背景进行实践。

【问题解决】

1. 用简单但真实的项目主题激发学生的学习兴趣

学生对物联网的知识既熟悉又陌生，在纷繁芜杂的学习主题中，只有最贴近学生实际生活和学习情境的项目主题才能激发学生的学习兴趣。[1] 教师可以组织学生设计一些贴近学生生活的、简单的基于物联网应用的信息系统，开展项目式学习。通过激发学生的兴趣，不断引导学生拓宽能力边界，在任务完成过程中了解、熟悉物联网信息系统的基本结构，进而能够对其一般设计流程进行分解和抽象，从而在学生的思维模式中构建出一整套实践模式。

在基于真实项目的实践活动中，学生能够从知识储备中学习并掌握需求分析的方法，在教师的引导下运用多种方式将想法转化为直观、可视化的原型设计。通过不同阶段的多次迭代，由简单到复杂，由表面到核心，通过反复的功能落地、测试、优化，最终构建出一套成熟稳定的物联网产品运行机制。

---

1 喻晨亮，贺森. 基于项目式学习的初中物联网课程设计——以"RFID 助力班级图书管理"项目为例 [J]. 中国信息技术教育，2023(02):47-49.

2. 善用互联网平台，实现资源连贯互通

物联网设计与开发的一般流程往往难以在一两个课时内被学生顺利掌握。如果浅尝辄止，则难以起到引导学生将所学知识迁移运用于解决生活中真实问题的效果。因此，在进行多课时的项目式学习的过程中，学生的团队合作和课时安排之间的连贯性对项目实施产生了影响。要解决这些问题，教师需要善用互联网平台，在项目启动阶段就向学生明确介绍并指导其如何利用相关的在线共享平台，如网络学习空间、资源网盘，以及在线文档等工具。许多在线平台都可以实现文档的多人在线协作编辑，也可以提供流程图、思维导图等工具。通过这些互联网平台，学生能够实现团队间资料的高效共享与互通，而教师也能够实时在线查看并批改学生的学习内容。

3. 多元展示交流，实现正向评价反馈

项目式学习模式需要注重学习成果的交流展示，同时也注重学习过程的实时反馈与互动。在引导学生更好地利用物联网应用解决生活中的真实问题的过程中，教师可以通过多种方式组织展示交流活动，实现正向的评价反馈，促进学生能力的积极提升。交流的过程也是学生思维沟通、碰撞的过程，同时也有助于激活学生计算思维能力的正向发展。教师可以在课堂教学环节中组织学生进行成果评价或小组合作评价，也可以借助在线平台等数字化手段，开展优秀成果投票、最佳团队评选、杰出设计方案甄选等一系列评价活动。

4. 设计开放式的任务，引导和鼓励学生实现由技术理解者向技术创新者的转变[1]

教师采用项目式学习的模式，让学生分组合作，通过设计开放式的任务，给予学生自由探索的空间。在此过程中不用追求一次到位，而应鼓励学生在探索过程中通过多次迭代完善设计，引导学生探索不同的可能性，体验创造的乐趣。在开放式任务下持续探究的过程中，学生可以逐渐由对过往技术的模仿和重复，在对生活的观察和对技术的综合运用中积累和蜕变，从而具备解决生活中真实问题的能力，并能够迁移应用至新的领域。

【案例参考】

"共创智慧校园——物联网创新应用"教学过程规划供参考，如表10-3所示。

表10-3 "共创智慧校园——物联网创新应用"教学过程规划

课时	任务编号	教学过程
第1课时	任务1	确定项目子主题。围绕"智慧校园"主题项目，分小组提出子主题（如"智能安保系统""班级环境监测""智能阅览室"等）
	任务2	论证课题。搜集资料，了解研究方向的现状、论证课题的可行性，如可行则选择该课题，如不可行则可以参考已论证通过的课题或教师准备的课题。完善研究报告的研究背景、研究目的和意义等内容
	任务3	确定小组分工，确定课后资料收集计划

---

1 李锋. 新版课程标准解析与教学指导·初中信息科技 [M]. 北京：北京师范大学出版社，2022.09: 111-123.

(续表)

课时	任务编号	教学过程
第2课时	任务1	小组讨论，分解和明确子系统的主要功能，以"班级环境监测"子系统为例，可以考虑温湿度控制、空气污染物控制、紫外线辐射控制等
	任务2	根据讨论方向及所用软硬件平台，确定实现功能所需的组件
	任务3	学习组件的使用文档，明确设计方向
第3~5课时	任务1	明确设计方案，确认功能、组件和连接方法
	任务2	利用物联网平台，根据计划对组件模块进行测试和连接
	任务3	整合系统原型，完善功能调试
第6课时	任务1	测试原型功能，填写中期评价表
	任务2	阶段成果展示，评价和交流，教师点评和学生跨小组互评
第7课时	任务1	修改原型存在的问题，进行迭代和优化
	任务2	完善外观模块设计，选择合适材料进行制作
第8课时	任务1	展示小组设计与实践成果，包括课题背景、研究方法、功能设计和演示、技术难点、创新点和改进方向等
	任务2	倾听其他小组的展示交流，进行学生互评，讨论优缺点和改进方向
	任务3	寻找亮点，吸收长处，票选优秀成果、冠军团队、优秀方案等
	任务4	总结与反思

案例评析： 本案例以师生日常会接触到的"智慧校园"为大单元课题，通过拆分简单的"子课题""子任务"，引导学生将课题聚焦于一点。采用开放式学习、项目式学习的模式，给予学生充足的探索空间，引导学生在探索过程中进行迭代与完善，体验创造的乐趣。师生之间、生生之间的交流又会促进学生的思路进一步打开，实现知识的迁移和跨越。

问题28：如何引导学生从物联网运行中新发现的安全问题出发，对系统进行再分解，从而推进问题解决模型和方案的迭代与优化？

【问题分析】

物联网是一个信息空间、物理空间相融合的复杂系统。[1] 在物联网的实际应用中，所衍生出的信息安全问题具有独特的性质。这些问题有别于对物联网的基础概念、系统建构和研发等学习过程，需运用辩证的方法对其进行深入的剖析分解与抽象理解。这些新问题具有一定的复杂性，而对问题的再分解过程，有助于学生充分认识到这一点，并逐渐培养他们在信息安全、隐私保护等方面的问题应对与解决能力。

---

1 李锋. 新版课程标准解析与教学指导·初中信息科技 [M]. 北京：北京师范大学出版社，2022.09: 123-133.

在本学段之前的教学内容中，学生已学会运用分解、抽象的方法构建物联网信息活动中的问题解决方案模型，这些模型通常是基于具体的物联网应用场景建立的。学生能够基于这些模型设计出合适的解决问题的方案。然而，在面临如信息安全、隐私保护等安全问题时，原有的方案和模型是否依然适用，是否存在未曾关注到的问题，学生需要深入了解并予以关注。为了解决那些在原有的方案和模型中被忽视或未解决的问题，就需要引入新的方法进行迭代和优化。

本模块的名称中包含了"实践与探索"，这恰好反映了物联网领域本身尚处于发展阶段，具有一定的探索性、尝试性的特点。因此，有必要让学生了解和认识到这一特点。

【问题解决】

1. 推进真实问题、真实情境下的身份角色代入和认同

物联网作为连接物理世界与数字世界的桥梁，使得虚拟世界中的万物呈现出更加真实且立体的特性，其中所蕴含的安全风险、隐私问题也更加全面、精准且突出。这些源于现实世界的问题情境，更能引起学生的共鸣并强化其身份认同。因此，教师可以设计合理而真实的特定情境，引导学生理解物联网设备对个人虚拟身份塑造的关键作用，并鼓励他们从个人角度出发，拓宽思路，发表新的见解。

同时，教师还可以通过构建类似的真实情境，组织学生开展小组讨论、角色扮演或辩论等活动，以激发学生的思维活力，指导他们运用分解、抽象等计算思维方法，深入剖析对应情境，从而提出针对个人信息安全保护和隐私防护的新颖观点。

2. 构筑开放式思辨氛围，鼓励主动创新，促进问题解决方案的迭代和优化

在面对安全问题时，教师可以引导学生辩证地分析问题。一方面，教师应教育学生认识到有些义务和责任是必须承担的，如遵守法律法规所规定的权利与义务，学会自我行为约束，确保不侵犯他人的合法权益等。但另一方面，也存在可以主动探求问题的解决方法的发挥空间，如构建安全策略、对物联网系统进行迭代和优化，积极地提高安全防范能力等。

在揭示和解决新出现的安全问题时，教师可以激励学生尝试运用数字化工具来构建并优化解决方案，深入探究物联网安全技术等课题。同时，在对安全问题进行有效分解和抽象理解的基础上，逐步指导学生推进和完善问题解决方案的迭代和优化工作。

【案例参考】

物联网——好帮手还是隐患

"物联网——好帮手还是隐患"是一节基于真实情境和问题，帮助学生思考和理解物联网应用过程中所遇到的社会问题和技术迭代问题的信息科技课程。本课的主要内容是通过对真实案例的分析，引导学生以思辨的方式面对物联网，在应用物联网的同时理解其带来的问题并推进物联网的迭代和优化发展。

教学过程：

① 导入：播放与物联网安全相关的视频，如《利用低功耗蓝牙（BLE）协议漏洞进行中继攻击，10秒开走一辆特斯拉》《黑客：狩猎者第三集：当物联网设备攻击你》。

导入新课：随着物联网的普及，我们的生活越来越与物联网紧密联结，其中的安全问题也越来越受到人们的重视。我们的生活中存在着哪些与物联网有关的安全隐患？我们今天来探讨这样一个话题：物联网究竟是好帮手还是暗藏的"炸弹"或隐患。

② 活动1：观点表述。

教师：你的观点是什么？你更倾向于好帮手还是隐患/"炸弹"？为什么？

引导正反双方学生发言。

组织交流讨论结果：在听了反对者的发言后，你的观点动摇了吗？为什么？

学生发言总结。

教师总结：物联网的确给了我们很多帮助，但物联网出现的时间还短，存在着很多的漏洞，无论是在感知层、网络层、应用层都存在着不同程度的安全风险。

③ 活动2：物联网攻防战。

教师组织学生分组，可以拆分为用户组、黑客组、厂商组等，如表10-4所示。学生选定一个常见的物联网应用，分别选定代入的角色，站在角色立场上思考和发言。

表10-4 分组表

分组	观点表述
用户组	我为什么需要使用这个物联网应用？这个应用帮我解决了什么问题？这个物联网应用是否可以被取代？如果出现安全漏洞，我还会继续使用这个物联网应用吗？这个物联网应用收集了我的哪些信息？这些信息我愿意共享出去吗
黑客组	我（黑客）可以选择哪些切入点进行破坏？破坏的后果是什么？我（黑客）可以从中获得哪些利益，相应的法律责任是什么
厂商组	这个物联网应用中哪些隐患是可以避免的？应采取什么样的方式避免？哪些隐患是不可避免的？哪些是厂商应尽的义务和责任？黑客造成的破坏如何弥补
执法部门	……

④ 在学生发言三到五轮后，教师做初步总结评价，引导学生对不同组的表现进行讨论，并总结物联网安全小贴士。

⑤ 拓展思考：面对物联网安全问题，我们能做什么？

10.4　计算思维的测评和实践

1. 小明的爸爸在车站等车回家，他看到智能公交系统显示公交车 20 分钟后到达，于是他用手机打开了家里的空调，用手机下了个外卖订单，看了看外卖小哥的位置，打开 QQ 和工作伙伴聊天。这个过程中涉及多少次与物联网有关的活动？（　　）

　　A．1 次　　　　　　B．2 次　　　　　　C．3 次　　　　　　D．4 次

答案：C

解析：其中智能公交系统显示公交车位置、远程控制空调、查看外卖小哥位置等是与物联网有关的活动，手机下外卖订单、打开 QQ 与工作伙伴聊天等是一般的互联网应用。

计算思维相关知识：引导学生总结和提炼互联网与物联网的特征，对之进行抽象，从而理解物联网"万物互联"的特征，与普通的互联网进行区别。

2. 城市道路的十字路口采用电子警察摄像的方式监管车辆闯红灯的现象，首先要进行的是（　　）。

　　A．信息处理　　　B．信息采集　　　C．信息加工　　　D．信息储存

答案：B

解析：电子警察系统是一个便于学生理解客观实物与信息数据如何转化的典型物联网系统，这个系统首先需要对信息进行采集，然后才能够根据需要对信息进行加工处理或储存。

计算思维相关知识：运用具体的物联网应用场景，引导学生抽象和分解出应用场景中的信息流变化，引导学生发展系统化建模思维。

3. 农业物联网利用多种传感器设备检测环境中的参数。在温度控制系统中，（　　）获得大棚里的实时温度，通过网络设备传输给控制系统。

当温度过低时，控制系统发出指令启动大棚内的升温系统；当温度过高时，控制系统会发出指令，控制大棚的卷帘自动卷起，实现通风降温的功能。

　　A．触碰传感器　　B．温湿度传感器　　C．红外传感器　　D．超声传感器

答案：B

解析：温度控制系统需要采集实时的温度，在选项中只有温湿度传感器与温度有关，从而可以判断应选择温湿度传感器。

计算思维相关知识：通过农业物联网的具体应用案例，引导学生对物联网系统进行抽象和分解，从而理解物联网系统中传感器与逻辑控制模块的关系，更好地促进学生系统化建模思维的发展。

4. 小明家养了几条热带鱼，热带鱼适宜生活的水温是 20℃~30℃，水温低于 18℃，热带鱼容易生病甚至死亡。热带鱼对水温比较敏感，如果早晚的水温温差大于 2℃，它们也可能产生不适。此外，光照也很重要，养热带鱼的鱼缸中应有专门的鱼缸灯，让热带鱼每天接受 2~4 小时的光照。因此，小明想制作一个自动控制水温和光照的智能鱼缸。已知鱼缸在正常水量的情况下，加热器工作时，水温每分钟升高 4℃~5℃。在温控程序设计环节，下面哪个算法比较合理？（　　）

　　A. 每 1 分钟读取一次水温，当水温低于 20℃且不高于 25℃时，进行加热

　　B. 每 30 秒读取一次水温，当水温低于 20℃且不高于 25℃时，进行加热

　　C. 每 1 分钟读取一次水温，当水温低于 20℃且不高于 30℃时，进行加热

　　D. 每 30 秒读取一次水温，当水温低于 20℃且不高于 30℃时，进行加热

答案：B

解析：由于加热器工作时，水温每分钟升高 4℃~5℃，而热带鱼需要的水温温差应尽可能接近或小于 2℃，因此测温周期不应大于半分钟，如果到达适宜水温上限仍加热则会导致水温超出适宜温度，因此选 B。

计算思维相关知识：本题系统地检验了学生的分解抽象能力与算法思维，引导学生抽象出适宜温度、加热速度和时间的关系，在此基础上通过建模解决问题。

5. 物联网通信模块相当于运输信息的公路。不同的通信方式相当于水路、一般公路、高速公路，当然造价也不相同。一般在能满足通信基本要求的情况下，选择最经济的通信方式。图 10-3 是各类通信技术的比较示意图。如果要设计一个家庭智能鱼缸，实现自动温控，但是不要求远程控制和监控，可以选择哪种通信技术来组建智能鱼缸？（　　）

　　A. ZigBee　　　　B. 蜂窝网络　　　　C. 蓝牙　　　　D. Wi-Fi

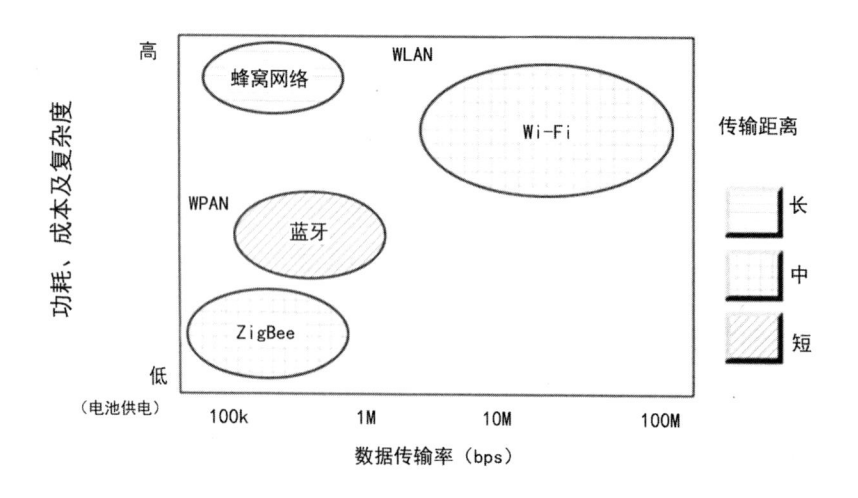

图 10-3　各类通信技术的比较示意图

答案：A

解析：家庭使用网络最优先考虑的是经济性，在不追求远程控制和监控的前提下，数据传输率不是有限选项，因此选择传输距离适中，功耗、成本及复杂度最低，数据传输率最低的 ZigBee 方案。

计算思维相关知识：在智能鱼缸的背景需求下，引导学生抽象出通信需求与经济性的关系，从而选择最优的选项，促进其抽象思维能力与建模能力的发展。

6. 判断与解析：

① 判断：智慧城市中的某个下水井盖松了，在城市系统端会立即发出维修提示和报警，这里主要运用了通信技术。（　　　）

② 解析上题中的物联网系统，可以如何设计？需要哪些模块？

答案：①错误。

②开放式问题，答案正确与否取决于是否言之成理。（参考答案：结合物联网的层级模型进行设计：感知层——闭合感应模块，如压感传感器、接近传感器；网络层——通信模块，如 5G 网络模块；应用层——判断和报警模块，如信号接收器、终端服务器等。）

解析：①智慧下水井盖作为现实物品，与系统进行通信需要有物联改造，因此使用的是物联网技术。②主要考虑能否分解物联网三大层级（感知层、网络层、应用层），并找准对应的功能模块，从而建立简单的系统模型。

计算思维相关知识：通过题目的层级递进，引导学生开拓思维，抽象出物联网层级的概念，并建立相应的模型。

7. 判断与解析：

① 用遥控器控制空调的温度属于物联网的应用。（　　　）

② 上题中的系统是否属于物联网应用？为什么？它是否具有物联网模型中的对应层级？

答案：①错误。②不属于，此系统没有包含感知层和网络层。

解析：遥控器能够控制空调，是属于比较容易混淆的一类机电系统的日常应用，但通过物联网模型可以了解到，物联网需要有"感知层—网络层—应用层"，而遥控器并没有这些层级，因此不属于物联网应用，但有一些手机 App 可以远程控制空调，这属于物联网应用的范畴，教师可以基于此在教学中进行扩展迁移。

计算思维相关知识：引导学生通过抽象、分解、建模的形式理解和巩固物联网系统参考模型的概念，对不属于物联网应用的系统进行甄别。

8.学生完成"物联网安全挑战解决方案"表格,如表 10-5 所示,其内容可以是对课堂内容的总结,也可以是自身经历的汇总。

表 10-5 物联网安全挑战解决方案

我选择的物联网应用:
我认为其中面临的安全问题:
可行的解决方法:
方法或资料的来源:

评价标准:从内容详略度、方案可行性、表达清晰性三个维度进行评价。

参考答案:本题参考答案可参见表 10-6。

表 10-6 "物联网安全挑战解决方案"参考答案

我选择的物联网应用:家用监控应用,如 360 摄像头、小米摄像头等
我认为其中面临的安全问题:在网络层容易被黑客入侵,导致隐私泄密
可行的解决方法:运用数据加密算法、网络节点认证等基于网络层的手段防止入侵和泄密,在应用层设置多次校验以避免泄密……
方法或资料的来源:百度、知乎、知网、Github 等

计算思维相关知识:引导学生全方位运用计算思维核心要素,系统化地从身边的物联网应用入手,对应用中的"不安全节点"进行分析,通过抽象、分解等方式解决大家关心的物联网应用中的潜在问题,训练与提升计算思维能力。

第 11 章
人工智能与智慧社会

本章主要内容

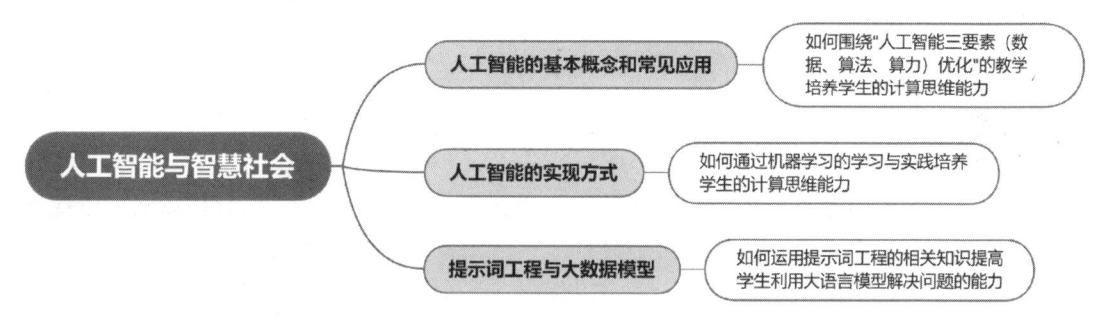

人工智能与智慧社会
- 人工智能的基本概念和常见应用 —— 如何围绕"人工智能三要素（数据、算法、算力）优化"的教学培养学生的计算思维能力
- 人工智能的实现方式 —— 如何通过机器学习的学习与实践培养学生的计算思维能力
- 提示词工程与大数据模型 —— 如何运用提示词工程的相关知识提高学生利用大语言模型解决问题的能力

课标内容要求

1. 通过认识身边的人工智能应用，体会人工智能技术正在帮助人们以更便捷的方式投入学习、生活和工作中，感受人工智能技术的发展给人类社会带来的深刻影响。

2. 通过分析典型的人工智能应用场景，了解人工智能的基本特征及所依赖的数据、算法和算力三大技术基础。

3. 通过对比不同的人工智能应用场景，初步了解人工智能中的搜索、推理、预测和机器学习等不同实现方式。

4. 通过分析典型案例，对比计算机传统方法和人工智能方法处理同类问题的效果。

5. 通过体验人工智能的应用场景，了解人工智能带来的伦理与安全挑战，增强自我判断意识和责任感，做到与人工智能良好共处。

6. 通过各个领域的人工智能应用，了解智慧社会是集成了多种具有人工智能基础设施和服务的智能生态系统的新型社会形态，认识到为保障智慧社会的安全发展自主可控技术的必要性。

11.1　模块概述

人工智能作为第四次工业革命的重要驱动力量，正深刻地改变着各行各业。《新一代人工智能发展规划》明确提出要"在中小学阶段设置人工智能相关课程"。"人工智能与智慧社会"模块是《义务教育信息科技课程标准（2022年版）》第四学段（7~9年级）的内容。本模块包含"人工智能的基本概念和常见应用""人工智能的实现方式""智慧社会下人工智能的伦理、安全与发展"三部分内容，主要介绍人工智能的基本概念和术语，通过生活中的人工智能应用，让学生理解人工智能的特点、优势和能力边界，知道人工智能与社会的关系，以及发展人工智能应遵循的伦理道德规范。

这一学段学生的思维模式正处于从具体实物向抽象概念过渡的时期。学生已初步具备一定的抽象思维能力，能够理解和运用数学、科学等学科中的抽象概念，如代数、几何、函数等，但其抽象思维能力仍处于发展阶段，故教师在教学过程中需结合具体情境以促进学生抽象思维能力的发展。学生的逻辑推理能力逐步提升，他们能够对问题进行分析，发现规律并给出合理解释。此外，这一学段的学生展现出更强的自主探究意识，乐于尝试新事物，并在解决问题时倾向于自主寻求解决方案。他们在学习过程中既能积极参与同伴合作共同解决难题，同时也表现出一定的竞争意识。因此，教师可借助项目式学习方式，使学生在小组合作探究的过程中深化对知识的理解。

学生在生活中对人工智能应用有了一定的体验，在进行人工智能教学时，教师要充分利用学生的生活经验，引导学生回归生活，感受人工智能的魅力，通过创设情境帮助学生理解和诠释人工智能的概念，并深入思考人工智能给社会带来的影响。数据、算法和算力是推动人工智能发展的三个核心要素，对它们的学习应贯穿人工智能的发展逻辑，如何在教授这三大要素的同时，有效培养学生的计算思维能力，是教师在进行教学设计时应当着重关注的问题。另外，在教授人工智能实现方式时，教师要以培养学生的思维能力和综合素养为目标，避免单纯教授操作步骤，落入技能训练的局限之中。

11.2　核心素养的培养

学生学习人工智能的过程实质上就是培养计算思维能力的过程。当学生尝试理解人工智能的基本概念时，他们需要从实际生活中接触到的人工智能应用出发，通过抽象、分解与建模等方法，深入剖析并理解人工智能所依赖的三大核心要素——数据、算法和算力之间的内在逻辑关系。在探究人工智能原理阶段，学生需要进一步对人工智能的实现机制进行抽象、分解与建模，从而实现理论与实践并举，这将有助于学生全面掌握人工智能的学习过程。

当学生运用人工智能技术搭建解决现实生活中的问题的系统时，他们必须反复经历抽象、分解和建模这一系列步骤。通过对具体问题的深入分析和算法设计，学生最终完成人工智能系统的搭建，从而在动手实践中锻炼他们的问题解决能力。在探讨人工智能对社会的影响时，学生应当结合真实情境，运用抽象与分解的方法，深度体验人工智能为人类社会带来的诸多便利及其潜在挑战，从而树立起以人为本、追求向善的人工智能价值观，并在此过程中不断提升自身的计算思维能力。

11.3　关键问题

> 问题29：如何围绕"人工智能三要素（数据、算法、算力）优化"的教学培养学生的计算思维能力？

【问题分析】

1. "人工智能三要素优化"的内涵及目标

数据、算法和算力构成了人工智能发展的三大基石。其中，数据是人工智能的基础，大量的数据能够让机器更好地认识和了解人类世界。算法是人工智能的核心，它能够有效地提升机器理解和处理问题的能力。算力是实现人工智能算法的基础，算力的支持让人工智能系统能够高效运行。纵览人工智能发展过程，我们可以看到，每一次数据质量的提升、算法效率的优化和算力的增强，都驱动了人工智能技术的飞跃式发展。人们在用人工智能技术解决生活中的问题的过程中，必然会涉及对数据、算法和算力三要素的分析和处理。要让学生真正理解人工智能的价值，就需要让他们在实际应用中反复调试并体验数据质量的优化、算法选择的策略，以及算力提升的效果。通过这样的优化过程来培养学生的计算思维能力。

2. "人工智能三要素优化"对培养学生计算思维能力的重要性

计算思维以"抽象、分解、建模、算法设计"为核心要素。在培养学生计算思维能力时，教师要引导学生在问题解决的过程中进行抽象、分解、建模、算法设计等思维活动。在对人工智能的三要素进行优化的过程中，为了使问题的解决能够达到任务量最少、运行速度最快、内存占用最少、效率最高等最佳效果，学生往往会不断产生优化需求，如对数据的收集、清洗与分析的优化；对所用算法的优化；对算力的迭代优化等。在这一系列优化的过程中，学生反复对问题进行抽象、分解、建模和算法设计，从而潜移默化地提升了自己的计算思维能力。

3. "人工智能三要素优化"的教学现状

在"人工智能与智慧社会"这一模块的教学过程中，针对人工智能三要素的优化教学很少被教师引入课堂，这主要有两方面的原因：

一方面，基于"人工智能三要素优化"的教学缺乏较成体系的经验论述。虽然教育领域有著名的《教学过程最优化理论》，但这一理论阐述的是教学过程的优化方法而非针对某一学科。数学学科对优化概念的探讨和应用较多，但也主要集中于解决数学问题，这些经验并不完全适用于"人工智能与智慧社会"这一模块的教学。

另一方面，当前的人工智能教学体系多围绕人工智能知识、人工智能技术来开展，而忽视了对人工智能三要素的分析。在这种教学模式下，教师可能会忽视对数据、算法和算力这三个核心要素的优化过程的教学，从而错失了利用这些内容培养学生计算思维能力的机会。

【问题解决】

1. 数据优化——数据清洗，摒弃干扰

数据是人工智能的基础，因此对数据的处理和优化非常重要。鉴于初中生的计算机技能和编程能力还比较有限，他们难以独立获取并妥善处理高质量的数据，因此，教师可以预先设计一些简单易学的数据采集方法，或提供一些经过初步处理的数据集以辅助学生获得所需数据。为进一步提高数据的质量和应用价值，学生可以通过实施数据清洗、预处理和特征工程等步骤，有目的地剔除无效或无关的数据，从而达到优化数据质量的目的。同时，教师还应向学生教授数据分布特性、相关性分析及异常值识别等与数据处理与分析相关的知识，帮助学生明确数据优化的目标，为后续算法的选择与优化奠定坚实的基础。

2. 算法优化——算法积累，推动创新

算法是人工智能的核心，人工智能技术创新的关键在于算法创新。不同的算法适用于不同的场景和问题，而算法的迭代更新是人工智能技术得以蓬勃发展的重要推动力量。初中生还没有接触到高等数学等较为抽象的概念，算法的学习不宜太深太难。

（1）积累常用算法

创新源于积累。学生可以掌握一些常用的机器学习算法（如线性回归、逻辑回归、决策树、支持向量机等），了解常用算法的原理、优缺点及适用场景，为后续的算法优化奠定基础。

（2）以需求为优化导向

教师在指导学生优化算法时，应鼓励他们从实际需求出发，明确优化目标。学生应当学会比较不同算法之间的优劣，并选择最适合当前需求的算法。以天气预报算法的优化为例，教师可以引导学生分析天气预报从粗略预测到精细化分区预测的演变过程，结合天气预报在日常生活中的应用需求，探究算法优化的方向与策略，从而有效地实现对算法的优化升级。

（3）形成算法思维

算法思维是将问题的解决方案转化为程序化表达的过程。王吉庆教授指出，技术学科类教育所强调的就是追求解决问题与完成任务的可实现、可操作的算法思维与创新精神[1]。算法思维要求从需求出发，设计并选择恰当的方法和步骤，通过合理的过程和方法实施解决方案，并在实践中进行调整与优化。具体而言，运用算法思维进行算法优化的流程图如图 11-1 所示。

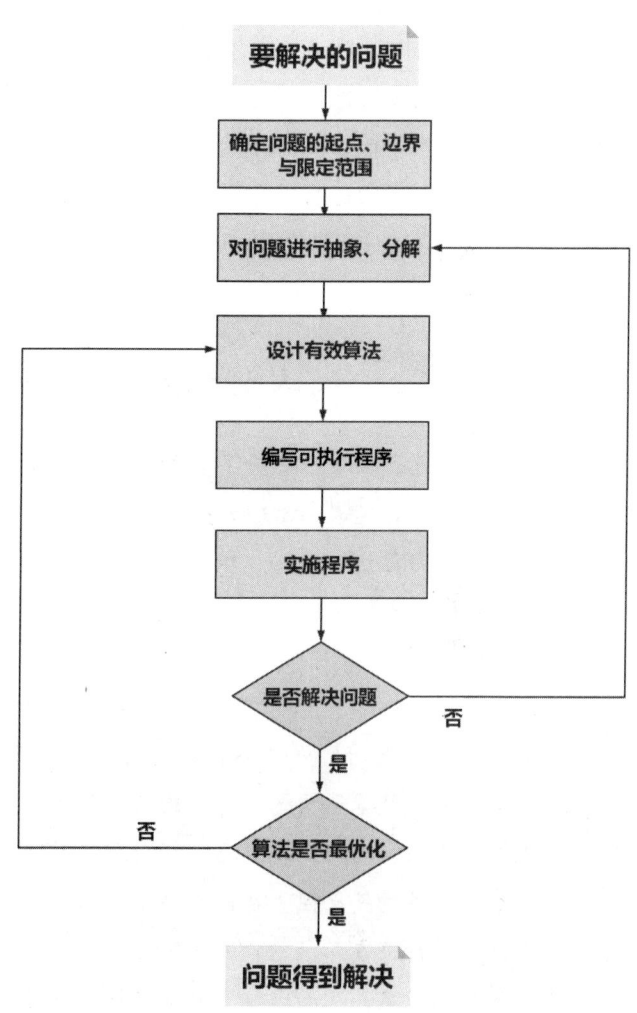

图 11-1 运用算法思维进行算法优化的流程图

---

[1] 王吉庆. 信息技术课程建设十年 [J]. 中国信息技术教育，2010(19):3.DOI:10.3969/j.issn.1674-2117.2010.19.003.

3. 算力优化——软硬并施，效率为先

算力作为衡量计算机执行算法和处理数据能力的重要指标，是确保算法高效运行的关键因素之一。在教学过程中，对算力的优化应先让学生了解常见的计算机硬件及其特点，如中央处理单元（Central Processing Unit，CPU）、图形处理单元（Graphics Processing Unit，GPU）、张量处理单元（Tensor Processing Unit，TPU），以及现场可编程门阵列（Field Programmable Gate Array，FPGA）等。学生通过实际体验，感受计算机硬件对于算法运行效率的影响。例如，面对一个需要进行大量计算才能解决的数学问题时，高性能计算机的优势在于能够在短时间内迅速得出答案。反之，当计算机性能较低、运算速度较慢时，解决问题所需的时间则会显著增加。通过这样的对比实验，学生能够直观地领悟到算力对计算任务完成的重要性。同时，教师可积极发掘并引入一些开源硬件及计算平台，借助云计算等先进技术手段，指导学生亲身体验如何通过优化算力来提高算法的运行效率。例如，学生可以利用多台计算机并行处理或云资源来加速计算过程，从而深入理解算力优化对于人工智能发展的关键价值。

【案例参考】

"人工智能三要素优化"之天气预报

现代天气预报技术应用了很多人工智能技术。首先，借助观测卫星、雷达和传感器网络，我们可以持续采集影响天气的重要数据，如气温、湿度、风速等。然后对这些丰富多样的数据进行筛选、清洗，抽象出数据的本质特征。基于这些特征，建立天气预报模型，利用已知信息进行推断，结合专家的知识经验，提高天气预报的平均预测水平。

1. 数据优化

在数据优化环节，我们主要关注两个方面：数据的数量和质量。

一方面，我们需要优化数据的数量。天气预报模型预测的准确性与所采集的多维度的气象数据的数量和质量有着密切的关系，一般来说，数据量越庞大，维度越丰富，预报结果就越精确。因此，我们应当努力扩充并完善数据集，系统地采集包括气温、湿度、风速、气压等多种气象因素在内的详细数据。早期的气象观测主要依赖人工记录，预报员需亲赴现场进行巡查，通过口述和笔记等传统方式记录信息，这种方式主观性大且难以实现全面的数据覆盖，从而限制了天气预报的准确率。如今，借助人工智能技术支持的气象监测网络，利用各种传感器实时、多角度采集数据，并自动传输至气象站进行高效筛选与清洗处理，显著提升了数据采集的精度和效率。在教学过程中，教师可以让学生亲自分析现有的天气预报数据集，实际体验决定天气预报准确性所需的数据维度和数量。

另一方面，我们要优化数据的质量。并非所有采集到的数据都对天气预报具有同等价值，因此，教师应引导学生从气象科学基础知识出发，明确识别出对天气预报起关键作用的气象数据。对于已获取的数据，要树立数据清洗意识，依据预测目标的具体需求，有针对性地筛选和清除无效或干扰性数据，通过提高数据质量来提升天气预报的准确率。

2. 算法优化

（1）积累常用算法

教师应引导学生掌握一些常见的算法，理解不同算法的工作原理及其适用场景。

① 优化天气预报算法：为了提高天气预报的准确性，我们可以使用优化算法寻找最佳的气象模型参数。常见的优化算法包括遗传算法和粒子群优化算法。在实际应用中，中央气象台自主研发了基于卷积神经网络技术的雨带校正方法和雾霾精细化预报技术，这些技术进一步拓展到了对冰雹、短时强降水、雷暴大风等强对流天气的短期精准预报领域。

② 模型构建和优化：天气预报模型利用数学方法对天气变化进行模拟，基于统计学、机器学习等算法，我们可以构建出更加准确、可靠的天气预报模型，并通过不断优化模型参数和算法结构，提高模型的预测精度和稳定性。

③ 智能决策支持：运用算法对复杂的天气系统进行深入分析和精确模拟，为气象部门提供智能化决策支持，助力他们制定更为科学合理且高效的天气预报方案。

④ 多源数据融合：将来自不同来源的气象数据进行融合，利用算法对这些数据进行整合和分析，以提高天气预报的准确性和可靠性。

（2）以需求为优化导向

在教学过程中，教师应指导学生明确核心任务，即基于历史气象数据构建准确的天气预报模型。为完成该任务，学生需要利用现有气象数据建立天气预报模型，并以提高预报准确性为目标。预报准确度越高，模型的表现越优秀。明确了这一需求后，在后续的优化阶段，无论是对所用数据集进行优化，还是对算法本身进行优化改进，其终极目标都是为了提升天气预报模型的整体准确度。明确并把握住这一核心需求，优化工作就有了明确的方向和动力源泉，从而能够在不断优化的过程中持续取得突破与创新。

（3）运用算法思维

从预测未来天气情况这一实际问题出发，我们首先确定其研究范畴属于气象领域，其中不同的气温、湿度、风速等气象因素的组合会形成各种不同的天气状况。进一步对问题进行深度抽象和逻辑分解，我们可以发现，要解决这一问题，首要步骤是收集大量影响气象变化的相关数据，构建一个完整的数据集。再运用合适的算法对数据进行特征提取、模型训练等，建立一套天气预报模型，并对未来天气情况进行预测。因此，在这个过程中，选择合适的算法、编写程序并实施运行至关重要，同时还需要判断该天气预报模型是否准确地预报了天气现象，以及所采用的算法是否实现了最优化。

为了帮助学生更好地理解和应用这些概念，教师可以借助开源硬件平台，引导学生在已搭建好的框架基础上进行实践操作与调试。这样,学生能够实时体验到不同算法在运行结果上的差异,并根据结果反馈进行调整和完善,通过反复实验和分析,逐步培养学生的计算思维能力和问题解决能力。

3. 算力优化

在大规模数据集上进行天气预报时,需要使用并行计算和分布式计算技术,以加速数据处理和模型训练的速度,同时提高系统的可扩展性和可用性。

问题30:如何通过机器学习的学习与实践培养学生的计算思维能力?

【问题分析】

1. 机器学习的含义

机器学习是基于数据学习的科学技术,它帮助机器从现有的大量数据中总结规律、训练模型,并基于模型预测未来的行为结果和趋势。机器学习是人工智能的核心,是使计算机具有智能的根本途径。

具体来说,机器学习通过模型学习和模型拟合两种方法来解决问题。模型学习是指通过算法不断优化系统的构建;模型拟合则通过调整模型参数,最大限度地减少训练数据的错误。

当前,机器学习已被广泛应用于社会各个领域。在医疗领域,医疗诊疗系统能够帮助医生诊断患者病情,实现高效分诊;在交通领域,导航软件能够实时预测未来某一时间点的路况,更好地帮助人们规划出行路线;在天气预报领域,天气预报系统能够预测未来几天的天气状况。

2. 机器学习对培养学生计算思维能力的重要性

在当今的人工智能教育领域,培养学生的计算思维能力和提高学生运用人工智能技术解决问题的能力,已经成为课程设计的核心目标。机器学习作为一种实践性很强的学科,对于培养学生解决实际问题的思维模式和方法,具有不可忽视的作用。

首先,机器学习为学生提供了丰富的数据和模型,帮助学生探索问题、形成假设并进行实证研究。通过分析大量的数据和模型,学生可以锻炼观察力、分析力和推理能力,从而培养批判性思维和问题解决能力。

其次,机器学习的实践过程可以激发学生的创新思维。学生通过机器学习的训练和实践,能够了解各种算法和模型的原理,并将其应用于实际的问题解决过程中。这样的学习过程可以激发学生的想象力和创造力，鼓励他们尝试新的解决方案和方法。

此外，机器学习的实践过程还可以引导学生形成系统思维。机器学习涉及数据的整理、特征的提取、模型的构建等一系列过程，这就要求学生全面考虑问题，注重数据之间的关联和相互影响，从而有助于培养学生综合分析能力和进行系统管理的能力。

总的来说，机器学习在培养学生批判性思维、创新思维和系统思维方面具有无可替代的作用，这些能力对于学生在未来社会中的发展具有极其重要的意义。

3. 机器学习的教学现状

在当前的机器学习教学实践中，教师面临着一系列挑战和问题。

一方面，传统的教学模式往往过于强调技术层面的知识，将机器学习简化为复杂的技术和模型概念，过多的数学模型让教学内容深奥复杂，容易让学生对机器学习产生畏惧心理，从而不愿意主动学习这一领域。

另一方面，学生对机器学习的理解普遍不充分，许多学生未曾接触或对其基本概念和技术掌握不够深入。在实际应用中，学生难以准确把握如何针对具体应用场景合理选择算法，如何有效地优化模型，以及如何妥善解决过拟合与欠拟合等问题。

机器学习作为一个相对复杂的学科领域，其中的模型常被喻为"黑盒"，即其内部决策过程较难直观解释。涉及的知识点比如线性回归、逻辑回归、决策树等较为抽象且理解难度较大，这可能降低学生对所构建模型的可信度，进而影响他们在解决实际问题时运用机器学习的能力。因此，如何探寻更为适应学生认知特点的教学方法，以培养他们运用机器学习解决问题的技能，是教师亟待思考并解决的重要课题。

【问题解决】

1. 借助"联想"策略培养抽象思维能力

计算思维中的"联想"策略是指通过将不同的知识和经验联系起来，从而产生新的思路和解决问题的方法。这种策略可以追溯到人类智能的发展历程中。人们在面对问题时，正是通过不断地联想、对比、类比等手段，对问题进行抽象化处理并找到解决方案的。

运用"联想"策略能够助力学生更深入地理解和掌握人工智能，并逐渐培养他们的抽象思维能力。借鉴人类智能的思考方式和方法论，我们可以通过"联想"设计与开发出具有类似智能特性的计算机系统及应用程序。例如，在理解生活中的扫地场景时，人类通过联想，从实际扫地过程中抽离出诸如导航技术、吸力控制等关键特征，进而构建了智能导航扫地机器人的模型，创造出能替代人工完成扫地任务的机器人设备。将这种方法进一步扩展至其他家务场景，如洗碗、洗衣及送餐等，人们再次借助"联想"，提取核心要素，创新性地设计出了"洗碗机器人""炒菜机器人""送餐机器人"等智能化产品。

2. 借助数学常识培养建模能力

建模是理解现象之间的关系的一种方法，它通常会涉及许多数学模型，如线性回归模型可以用来确定两种或两种以上变量之间的相互依赖关系。机器学习可分为无监督学习、有监督学习和强化学习三种主要类型。顾名思义，无监督学习是对没有标签的数据集进行训练和分析，常见的应用包括聚类和降维等。有监督学习则是对有特征、有标签的数据集进行训练，通过训练机器找到特征与标签之间的联系，从而在面对没有标签的数据时，机器能根据模型判断出该数据的标签，常见的有监督学习包括回归和分类。强化学习是机器基于环境给予的奖励或惩罚反馈，通过逐步学习形成能够获得最佳奖励的行为。

3. 借助实验探究培养算法设计能力

实验探究能够让学生直观地感受对某个变量的操作对其他变量的影响，从而体验该变量对过程的影响效果。实验探究还可以通过回溯过程、反复调试来明晰机器学习的关键过程，帮助学生更好地理解背后的原理性知识。

在教授机器学习的基本流程时，教师可以结合实际操作演示与理论讲解，利用第三方教学平台，引导学生进入简易的人工智能开发环境，体验机器学习的实践过程。例如，在图像识别技术的教学中，教师可以让学生体验计算机是如何解析并识别图像内容的，通过使用诸如 TensorFlow 等工具进行手写数字识别实验，使学生全程参与数据预处理、模型训练、评估模型性能、保存训练成果，以及最终测试模型准确率等完整过程。

同时，为了适应学生的认知发展特点和学科基础，教师应选择适宜的机器学习方法作为实验案例，如线性回归、逻辑回归等算法。通过设计和实施这些实验，学生能够更加深刻地领会这些算法的实际应用方式。例如，在预测房价走势或销售额变化这类连续数值问题时，可以运用线性回归算法进行分析；在购物网站的商品推荐场景下，可以根据用户的购买历史记录、浏览行为、收藏偏好、关注商品等多元信息构建用户画像，并借助逻辑回归等算法实现个性化推荐。

【案例参考1】

水果识别中的"联想"策略

为了帮助学生理解机器进行水果分类的过程，在初始阶段，教师可以运用动画图解、视频展示和让学生亲自体验的方式，生动地讲解人类识别物品的一般过程。学生通过仔细观察不同水果的特征，并将这些特征与记忆中各类水果的特征进行比较，最终找出最相似的类别并做出判断。接着，教师引导学生类比日常生活中的物品识别经验，得出机器识别图像的基本过程为：获取图像——数据表示——特征提取——分辨类别。

随后，基于生活经验的联想，教师解释机器如何从大量数据中学习，寻找规律，提取特征，进行分类。同一事物可以呈现出各种不同的特征，以苹果为例，"红色，扁圆形，两端有凹陷，有果柄……"均为其特征。然而"颜色"这一特征可以很好地区分苹果、西瓜和橙子，却很难区分出红苹果与红色球，"两端有凹陷，有果柄"这两个特征则可以有效地区分苹果和球。通过这样的图片直观对比，学生可以厘清"特征"与"有效特征"的概念区别，明确特征提取的过程是提取"有效特征"（见表11-1）。最后，教师强调机器将这些有效特征聚集在一起形成一个自动的分类器，当有新的图片输入时，机器就在分类器中寻找最接近的那一类并做出判断，最终输出最相似的那一类结果。这样，学生就能更加清晰地理解机器如何进行水果分类，以及特征提取在整个过程中的重要性。

表 11-1 各种水果的特征

序号	水果名称	基本特征（有效特征）				其他辅助特征		
		颜色	形状	大小	两端			
1	苹果							
2	西瓜							
3	橙子							

【案例参考2】

身高与体重里的"数学常识"

在生活中，身高与体重之间常存在关联关系，教师可以借助这一常识开展机器学习过程教学，如表11-2所示的"身高体重里的'数学常识'"教学过程供参考。

表 11-2 "身高与体重里的'数学常识'"教学过程

【任务】 通过机器学习，使机器能够根据一个人的身高自动预测其体重。 【教学准备】 教师提供一个数据集或者学生自己准备，数据集中包含身高和体重两个变量。 【使用算法】 使用线性回归算法。	
数据收集	我们需要收集一组样本数据，至少包括50个样本。每个样本应该包括一个人的身高和体重。可由学生收集身边同学的数据，也可以直接利用教师提前准备好的数据集
数据预处理	在进行分析前，我们需要对数据进行预处理，包括去除异常值、标准化数据等操作。我们可以进行如下操作。 ① 去除异常值：有一些极端值，如一个身高超过3米或体重超过200公斤的人，那么他们的数据对分析结果没有意义，需要去除。 ② 标准化数据：对于所有的身高和体重数据，我们需要将它们转换为相同的尺度。我们可以使用z-score标准化方法，即将每个数据点减去平均值并除以标准差

（续表）

选择模型参数	线性回归模型有两个参数需要选择，即斜率和截距。 斜率表示身高每增加一个单位，体重会增加多少； 截距表示身高为 0 时的体重。我们可以通过最小二乘法来确定这两个参数的最优值

训练模型	在选择了最佳的模型参数之后，我们就可以开始训练模型了。在 Python 编程语言中，我们可以使用 scikit-learn 库来进行线性回归分析。下面是一个简单的代码示例：
	　　from sklearn.linear_model import LinearRegression
	　　# 训练模型
	　　regressor = LinearRegression（）
	　　regressor.fit（X_train, y_train）
	　　# 预测新数据的体重
	　　new_data = [[170, 60]] # 假设这是一个新的人的身高和体重数据
	　　prediction = regressor.predict（new_data）# 返回预测值
	　　print（prediction）# 应该输出这个人的预测体重值

评估模型性能	通过计算评估模型的性能

【案例参考 3】

决策树算法的实验探究

决策树算法是一种简单而有效的分类和回归算法。它通过将数据集分成不同的节点来构建一棵决策树，每个节点都代表了一个属性的取值范围，并根据该属性的取值进行分类或回归。表 11-3 是一个使用决策树算法进行分类的实验过程。

表 11-3 "基于决策树算法对图片进行分类"实验过程

目标：基于决策树算法对图片进行分类。 规则：教师给学生准备一些图片，学生需要观察一组图片，包括动物、植物、食物等，然后根据图片的特征选择合适的分类标签。在每个分类标签下，学生需要选择一个答案，并解释为什么选择了这个答案	
数据收集	收集一组图片数据集，包括不同种类的动物、植物、食物等。同时，还需要准备一些问题，如"这是什么？""它属于哪个类别？"等
特征提取	从图片中提取特征，如颜色、形状、纹理等。可以使用机器学习算法来自动提取特征，也可以手动提取特征
训练决策树算法	使用收集的数据和提取的特征来训练决策树算法。可以选择朴素贝叶斯算法或随机森林算法来训练算法
测试算法	使用测试数据集来测试算法的性能，并计算其准确率、召回率和 F1 分数等指标
游戏体验	将训练好的决策树算法实现到游戏中，让学生通过观察图片的特征选择合适的分类标签。同时，设计一些交互界面和提示信息来帮助学生更好地理解游戏规则和玩法

【案例参考4】

图像识别的实验探究

在如今的机器学习教育中，学生不需要从零开始搭建机器学习模型，而是可以基于开源的人工智能平台，进行参数调整与搭建体验，并根据调试的结果修改对应模块，在反复的实验探究过程中，学生的算法设计能力能够得到有效提升。

以物体识别为例，学生通过人工智能平台，广泛收集与特定物体相关的大量图像数据，并对每一份数据进行标签标注，从而构建出完整的数据集。随后，学生将数据集划分为训练集和测试集，利用相关算法，在人工智能平台上对所获取的数据进行模型训练。教师也可以直接提供已准备好的数据集，以降低实验操作的难度。然后，学生采用测试集来检验训练得到的模型性能，并依据测试结果进行反馈，对模型参数进行调整与优化，这个过程需要学生反复进行实验操作，以确定最优化模型方案。在这个不断反复实验的过程中，学生将持续深入思考和改进算法，同时根据实时获得的结果反馈优化方向，无形之中提升了学生的算法设计及优化的能力。如图11-2所示为识别物体的参考程序与实验结果。

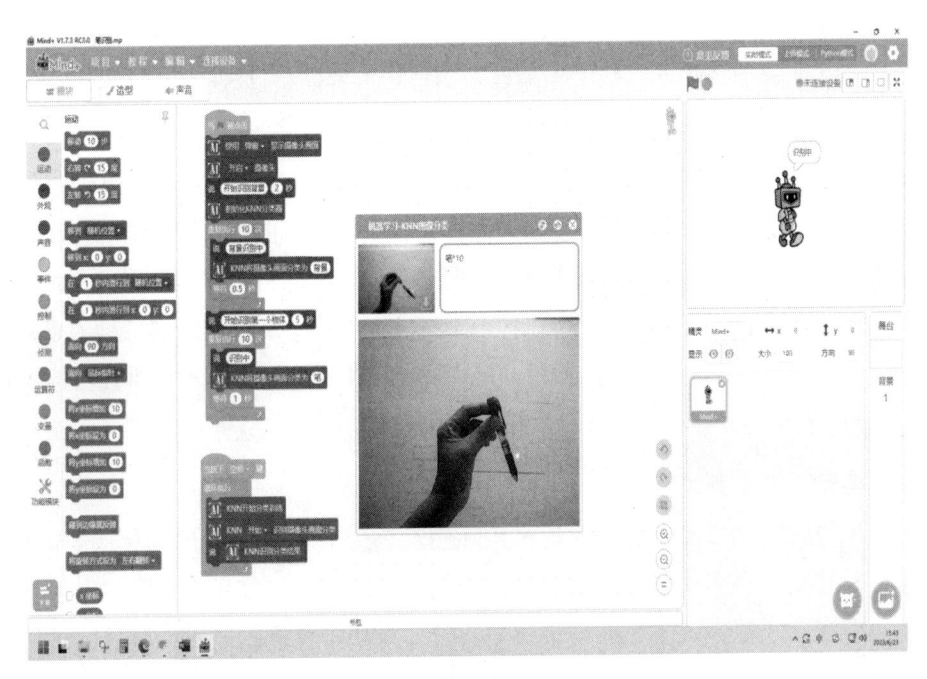

图 11-2 识别物体的参考程序与实验结果

> 问题31：如何运用提示词工程的相关知识提高学生利用大语言模型解决问题的能力？

【问题分析】

1. 提示词工程的含义

提示词工程（Prompt Engineering）是一种人工智能技术，它应用于开发和优化提示词（Prompt），以帮助用户有效地利用语言模型解决各种应用场景和研究领域中的问题，从而提高人工智能系统的性能。通过提示词工程，人们可以创建高效且可控的人工智能系统。开发人员可以通过提示词工程设计和研发出强大的技术工具，实现与大语言模型或其他生态工具的高效对接。

2. 提示词工程对培养学生计算思维能力的重要性

好的提示词会得到高质量的答案。学习提示词工程的相关知识，能够帮助学生在理解大语言模型的功能及其局限性的过程中，同步锻炼抽象思维、问题分解和算法设计等计算思维能力。学生通过实际操作体验提示词工程背后的运行机制，掌握改进提示词对大语言模型预测效果的影响规律，从而能够更好地针对现实生活中的复杂问题进行抽象概括、层次分解，并提炼出关键且有效的提示词，进而利用大语言模型得到更为精准的解决方案，以实现问题的高效解决。此外，学生学习提示词工程也有助于培养人机协作的创新性思维。

3. 大语言模型在教学中的应用现状

在很多教学案例中，我们观察到许多教师已经将大语言模型引入教学活动中，如让学生借助这些模型写诗、绘画等。这种做法虽然能让学生直观地体验人工智能的应用，但这种体验过程往往停留在较浅的层次，未能充分挖掘对学生思维能力的培养。因此，教师应更深入地利用大语言模型进行教学，让学生在实践中探究影响模型输出结果的各种因素，并通过不断调整与优化模型参数以提升输出质量，从而深化学生对相关知识和思维技巧的理解。

【问题解决】

1. 对比实验，总结策略

教师可以设置对比实验，让学生通过实际体验感受不同提示词下大语言模型所得出的不同结果，总结出获得高质量结果的提示词输入策略。在这一过程中，学生需要通过认真分析、反复调试、反复验证，才能得出行之有效的策略，这样的过程能够有效地锻炼学生的抽象思维能力和问题分解的能力。

2. 项目驱动，从做中学

教师通过设置项目，鼓励学生在完成项目的过程中探索提示词工程背后的原理，理解提示词在训练大语言模型中的重要性，以及提示词对大语言模型所产生结果的影响。教师要引导学生在完成项目的过程中主动思考、主动总结，从而培养学生的计算思维能力。

【案例参考】

人工智能绘画提问小妙招

导入环节：教师向学生展示一张预先由人工智能绘画工具生成的图片，如图 11-3 所示。要求学生根据这张图片，选择并编写恰当的提示词，以便利用人工智能绘画工具尽可能地再现相似的画作。

小组探究：学生以小组为单位进行实践和猜想验证。起初，各小组提出的提示词往往显得杂乱且缺乏针对性。为了能够引导人工智能绘画工具系统地绘制出尽可能相似的画作，学生开始深入思考提示词的具体性、范围的明确程度等因素，如图 11-4 所示。于是，各个小组内部展开了积极讨论，在这一过程中逐步形成更为合理的提示词方案。

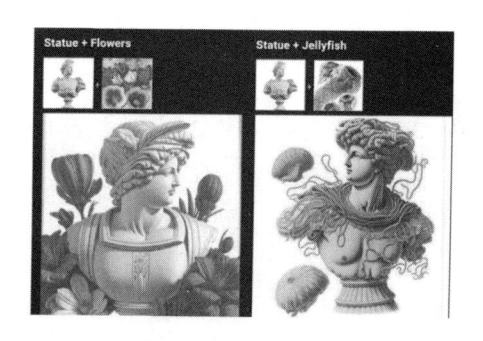

图 11-3　由人工智能绘画工具生成的图片

图 11-4　提示词细节

提示词规则总结：教师介绍提示词的基本规则和填写范式，如表 11-4 所示的正向提示词，并给出相关案例供学生参考，让学生能够对提示词的优化有更加明确的方向，达到具体可操作的效果。学生也可以继续将优化后的提示词输入到人工智能平台中进行验证，体验优化后的提示词对所生成作品的质量带来的影响，进一步明确优化提示词的方向。

表 11-4　正向提示词

属　性	描　　述
人物	人、动物等
环境	室外、水下、天空、夜间、客厅、房间等
服饰	西装、配饰、衣裙、色彩、标识等
表情	冷酷、笑容、毫无表情、低沉等
动作	站着、坐着、跳舞等
镜头	远景、近景、特写等
光照	明亮光、逆光、柔和光、夜光、星光等
风格	油画风格、素描风格、卡通风格、抽象主义、现实主义等
质量	高分辨率、高质量、风格相符、比例协调等

拓展任务：教师可在最后给出进阶任务，为诗句"孤舟蓑笠翁，独钓寒江雪"作画。学生也可以选择其他有意境、容易产生画面感的诗句来完成画作。在这一任务中，学生需要在调整优化提示词的过程中，促使人工智能绘画工具生成最接近自己想象的图片，实现拓展提升。

11.4 计算思维的测评和实践

1. 在图 11-6 所示的环形棋盘上可以进行圆环游戏，两个玩家分别持有两枚棋子并轮流移动棋子。当轮到你的时候，你需要将其中一枚棋子移动到空白格子上。你可以随意向左侧或右侧的空白格子移动你的棋子，但在移动过程中，你不能跨越其他棋子（包括自己的棋子）。当任何一名玩家无法移动自己的棋子时，他就输掉了这一局游戏。在两名玩家都具有丰富游戏经验，且水平相当的情况下，如果按图 11-5 所示的状态开局，会发生下列哪种情况？（　　）

A. 先手的玩家必胜

B. 后手的玩家必胜

C. 执白色棋子的玩家必胜，与先手或后手无关

D. 执黑色棋子的玩家必胜，与先手或后手无关

答案：B

解析：先手的玩家将输掉游戏。

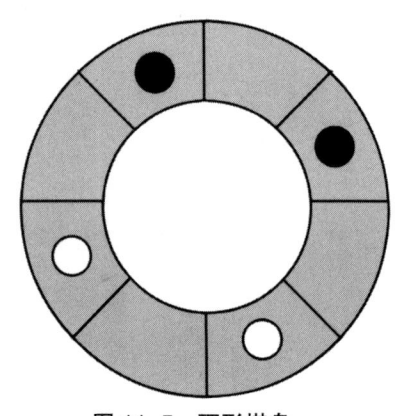

图 11-5　环形棋盘

在游戏过程中将出现两种不同的发展情况。我们称先手玩家为 A，后手玩家为 B。玩家 A 执白子，玩家 B 执黑子。基于以上设定来复盘游戏过程。

情景 1：玩家 A 操作 5 点钟（或 8 点钟）方向的白子，向黑子方向移动；玩家 B 操作 11 点钟（或 2 点钟）方向的黑子，向白子方向移动。此时玩家 A 的两枚棋子都已经被黑色棋子堵截，只能向反方向后退。每当玩家 A 后退时，玩家 B 就会向前紧逼，直至玩家 A 无路可退而输掉游戏。

情景 2：玩家 A 操作 5 点钟（或 8 点钟）方向的白子，向另一枚白子方向移动；玩家 B 操作与所移动白子相邻的黑子，向相同方向移动。之后两枚白子相邻，玩家 A 不得不操作白子向黑子方向移动。此时，游戏的局面将再次变为情景 1 描述的那样，最终玩家 A 无路可走而输掉游戏。

计算思维相关知识：在圆环游戏中需要进行大量的"如果→那么→否则"的推理，玩

家需要对游戏中的各种情况进行抽象、分解，找出所有的可能性，并从结果倒推行为，最终获得游戏的胜利。人工智能系统在学习的过程中也包含了大量的"如果→那么→否则"的推理过程。

2. 一个怪物藏在地牢里，地牢的地图如图 11-6 所示。灰色格子是怪物无法通过的墙壁，黄色格子是怪物可能躲藏的地方。

如果你想抓住怪物，可以通过点击格子，在格子里放置红色格子来阻断地牢的通路和怪物。当怪物只能藏在一个格子里（无法通向其他格子）时，你就抓住了怪物。

请问最少需要放置几个红色格子就能够抓住怪物？（　　）

A.2　　　　　　B.4　　　　　　C.6　　　　　　D.8

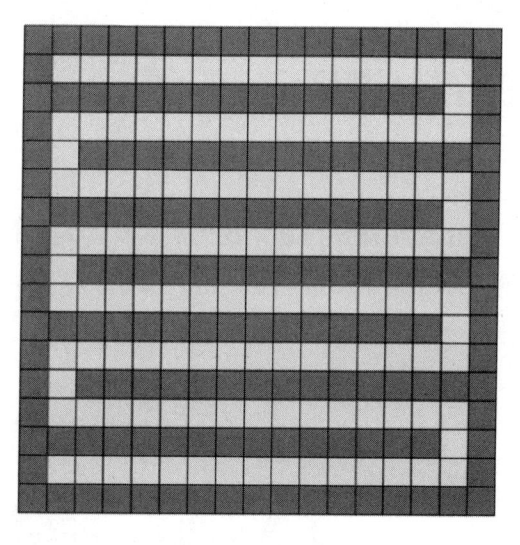

图 11-6　地牢地图

答案：C

解析：我们在本题中使用二分算法进行搜索。在每一步的搜索中，我们通过放置一个红色格子将可能藏有怪物的空间减少一半。

开始时，怪物可能藏在 127 格子里的任意一个里，它们形成了一条路径。通过阻断路径的第 64 个格子，我们得到两条长度为 63 的路径，其中一条路径中有怪物。然后我们将其中一条路径再除以 2，得到由 31 个格子组成的两条路径，然后依次是第 15、第 7、第 3 个格子，最后是第 1 个格子。这样就得到了最小红色格子数为 6，如图 11-7 所示。

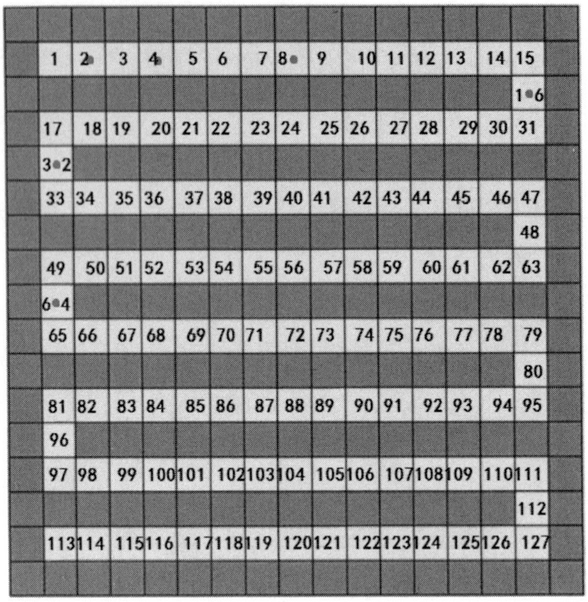

图 11-7　地牢题目解析

计算思维相关知识：为了最快抓住怪物，我们需要对问题进行抽象、分解和建模，理解问题的要求，找到最适合的模型来解决问题。经过分析，我们可以使用二分算法来进行搜索，每搜索一次可以排除一半的可能性，并快速找到解决方案。人工智能系统中也常使用二分算法来训练模型，进行决策。

第12章
数据与计算

本章主要内容

```
                    ┌─ 算法初步 ─── 如何建立抽象算法和学生现实生活的联系
数据与计算 ─────────┤
                    └─ 算法的程序实现 ─── 如何有效地提升学生的算法细化能力
```

课标内容要求

1. 在具体感知数据与信息的基础上，描述数据与信息的特征，知道数据编码的基本方式。

2. 在运用数字化工具的学习活动中，理解数据、信息与知识的相互关系，认识数据对人们日常生活的影响。

3. 针对具体学习任务，体验数字化学习过程，感受利用数字化工具和资源的优势。

4. 通过典型的应用实例，了解数据采集、分析和可视化表达的基本方法。

5. 根据任务需求，选用恰当的软件工具或平台处理数据，完成分析报告，理解对数据进行保护的意义。

6. 从生活实例出发，概述算法的概念与特征，运用恰当的描述方法和控制结构表示简单算法。

7. 掌握一种程序设计语言的基本知识，使用程序设计语言实现简单算法。通过解决实际问题，体验程序设计的基本流程，感受算法的效率，掌握程序调试与运行的方法。

8. 通过人工智能典型案例的剖析，了解智能信息处理的巨大进步和应用潜力，认识人工智能在信息社会中的重要作用。

12.1 模块概述

"数据与计算"是高中信息技术课程的初始学习模块,涵盖了"数据与信息""数据处理与应用""算法与程序实现"三部分内容。通过本模块的学习,学生能够理解数据与信息之间的关系;掌握一种简单的程序设计语言的基本原理,并能够运用该语言实现简单的算法;体验完整的程序设计流程,熟练掌握程序调试和运行的方法;能够对数据进行有效分析与处理,并将其以可视化的形式呈现出来。在这个过程中,学生的数据分解与抽象理解能力将逐步得到提升。

在高中阶段,学生的问题解决能力逐渐从处理简单问题的求解模型发展到能够对复杂问题进行系统性思考的高级计算思维阶段。通过学习和实践数据计算,学生的数据分析能力得以增强。在数据计算过程中,他们通常能形成对数据进行有效分析与合理分解的能力,能进一步提炼、总结数据背后的规律,进而进行符号化的表述。教师在项目教学中应着重强调那些隐藏于数据和计算背后的要素,引导学生经历从具体项目到抽象问题再到算法设计的完整思维过程,以强化学生的问题分解、抽象分析能力,以及将算法细化和编程实现的能力。

12.2 核心素养的培养

"数据"和"计算"是信息技术学科的两大核心,也是当今大数据时代的核心概念。对数据的理解和对数据的计算能力,是身处大数据时代的人们必备的基本素养。在"数据与计算"模块的教学中,教师要结合学生的学段特征和知识水平,将计算思维能力的培养渗透其中。

高中生能快速地思考问题,能抓住问题的本质和特征迅速而准确地作出决定、解决问题。例如,在学习"算法"的过程中,教师可以结合经典数学问题,引导学生经历设计算法、解决问题的过程,提升学生的计算思维能力。

1. 抽象并量化,挖掘问题中"可计算"的部分

计算思维的本质是抽象化和自动化。计算思维是一种问题解决的过程性思维,它的发生可以以数学思维做基础,但两者又在模型建构、数据处理与表达方式上有所不同,两者相辅相成、优势互补。找准实际生活与算法之间的联系,是计算思维训练的重点。许多问题来源于生活,将生活中的实际问题进行抽象,提炼出问题的"可计算"部分,利用数学的方法进行建构，从而转化为计算机可处理的流程。这是一个转化与创造的过程，教师需要培养学生分解、抽象、构建算法的能力，即将所有问题都变得"可计算"的计算思维能力。[1] 例如，在设计算法解决"鸡兔同笼"问题时，教师要引导学生抽象出问题的关键要素（已知条件）：总头数 heads、总脚数 legs、兔子数 tu 和关系表达式 legs=4*tu+2*(heads−tu)。这样就将实际问题量化为计算机能够理解并执行的表达式。

2. 构造与化简，挖掘数据的关系，构建问题解决模型

计算思维是一种过程性思维，其过程主要是：先将实际问题抽象为数学上的已知条件，再将其量化为计算机能够理解与执行的表达式，通过分析问题中蕴含的关系，建立结构模型，从而设计出算法，并通过编程实现。在"鸡兔同笼"问题中，根据问题中蕴含的关系，也就是兔子数和总头数的关系，构建一个问题解决过程的模型，也就是将 tu 的总数从 1 到总头数 −1 的可能性逐个遍历，判断关系表达式 legs=4*tu+2*(heads−tu) 是否满足，最后输出满足的条件。在教学中，教学目标不仅是让学生能像计算机科学家一样会编程，更要求学生能对问题抽象，能多方面、多维度地思考问题。计算思维能力的形成与提升，就是在学生分析问题、解决问题的过程中实现的。算法的教学实际更应是学生思维能力的训练、思维方法的培养，以算法思想促成计算思维的运用[2]。

12.3　关键问题

问题 32：如何建立抽象算法和学生现实生活的联系？

【问题分析】

算法的特征与要素具有高度的抽象性和理论深度，学生学习起来可能觉得较为枯燥。尽管学生具备一定的逻辑思考能力和抽象思维能力，但如果教学时直接进入纯理论教学，易导致所学内容与实际生活脱节，学生难以理解算法的实际意义和价值，进而可能会丧失学习兴趣。传统的算法教学由于过度强调抽象性，所呈现的问题多偏向于纯数学领域，这种与现实生活的脱离无疑阻碍了学生计算思维能力的发展。因此，在本模块的"算法与程

1　郭维艳. 抽象并量化，构造与化简——由一道断案题寻求计算思维的发生 [J]. 中国信息技术教育，2022(12):56-58.

2　杨男才. 基于计算思维的高中信息科技《算法与程序设计》教学探究 [D]. 上海师范大学，2013(12).

序设计"部分的入门课程中，不仅要让学生扎实地掌握基础知识，更要注重培养其学习的兴趣。教师应当基于真实的生活情境，关注学生的最近发展区，充分挖掘并展示他们身边与算法相关的实际问题，使学生在亲身经历利用算法解决问题的过程中，逐步提炼、抽象出算法的要素和核心思想。

【问题解决】

① 游戏化教学能够有效地提升学生的学习热情并维持其学习动力。在"算法与程序设计"的首堂课中，教师可以借助"走迷宫"等游戏进行教学，让学生通过闯关挑战的方式参与"走迷宫"游戏。在有限的游戏时间内，一部分学生能够成功通过较简单的关卡，从而培养起对学习的信心和持续动力；少部分学生甚至能顺利完成所有关卡，沉浸于游戏体验的心流状态中。这时，教师应适时引导，鼓励学生用自然语言总结归纳他们在"走迷宫"游戏中所运用的游戏策略，并以此为契机引入并解析算法的特征、要素等相关内容，实现从具体游戏情境到抽象算法知识的过渡与融合。

② 遵循认知科学原理。教师应注重引导学生从具象感知逐步过渡到理性理解。在课程初始阶段，教师要充分挖掘并展示生活中的实际案例，让学生意识到算法无处不在，并能通过可视化的方式将抽象的算法具象化。例如，教师可以让学生尝试描绘生活中所接触到的智能停车场找车位策略、智能电饭煲煮饭流程等背后的算法逻辑，并将其转化为易于理解的流程图。这一过程旨在帮助学生理解算法的概念，并逐渐学会运用自然语言和标准流程图来表述与解析这些算法，从而为他们后续学习更复杂的算法打下坚实的基础。

③ 设计具有难度梯度的练习题，以帮助不同层次的学生培养算法设计能力。例如，题目1："输入三个数，输出其中最小的数。"题目2："输入三个数，按从小到大的顺序依次输出这三个数。"题目3："歌唱大赛评委评分统计，有10个评委，要在评委的打分中去掉最高分和最低分，将剩余分数的平均分作为总评分。输入10个评委的分数，输出选手的成绩。"题目1引导学生用自然语言描述算法，再用程序语言表达，将数据抽象成计算机能识别并计算的"变量"。通过两次比较，最终求解最小的数。题目2的解题逻辑更复杂，教师通过引导学生使用自然语言描述算法，从三个数的排序开始，引导学生归纳多数排序的一般化计算模型，即冒泡排序法，然后让学生自主完成流程图的算法描述和程序设计。基于题目2完成数据的排序后，再完成题目3，结合实际情境，教师可以事先编写好程序，让学生感受算法的实用性，再让学生设计一个解决问题的算法，训练学生的算法设计能力，让学生感受同一问题可以用不同的算法来解决。通过比较不同的算法，感受算法的多样性。在讲解作业时，教师要强调从真实问题中抽象出特征、构建问题模型、设计算法这几个环节，以此强化学生的算法设计能力。

【案例参考】

以数据为导向的深圳市气候变化分析

数据作为数字经济时代最核心且最具有价值的生产要素，正在深刻改变着人类社会的生产和生活方式。本案例针对大数据在信息社会中的关键价值，深入分析数据与信息之间的内在联系，重点阐述数据处理的基本方法，并借助程序设计语言实现简易算法，旨在提升学生运用计算思维解决实际问题的能力。

引人入胜的项目学习问题能够有效地激发学生的学习兴趣，唤醒其内在的学习动力。学生在项目实践中不断成长，自信心也随之逐步增强，学习兴趣得以提升，并转化为持久的乐趣。他们自主思考、探究，并从学习反馈中获得成就感。

项目背景的选择应注重真实性，基于现实世界的环境设定、任务挑战、工具应用或潜在影响，同时兼顾学生个人生活中的关注点、兴趣爱好和面临的问题。例如，案例中选取的"深圳市气候变化分析"项目既具有本土特色又富含现实意义。项目应当围绕一个或一系列具有挑战性的问题展开，学生在界定、分析并解决这些有意义的问题过程中，积极搜集资料，勇于挑战自我，接纳反馈意见，以此培养计算思维能力。其大单元设计流程图如图12-1所示。

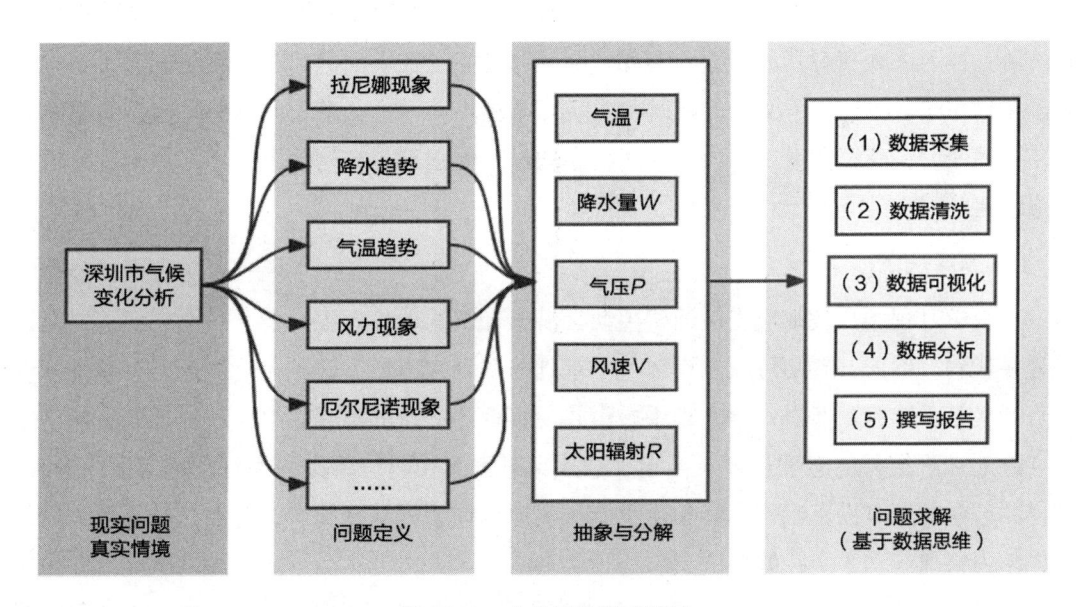

图12-1 大单元设计流程图

案例评析：经过精心设计的教学活动，为整个单元设定了一个明确的总体任务目标——以数据为导向的深圳市气候变化分析。这个总任务被系统地分解为多个相互关联的子任务。学生从兴趣出发，以需求为导向，积极主动地开展探究学习。例如，首先聚焦于本组关注的核心问题是什么；其次，该核心问题具有哪些关键特征；接下来探讨如何获取与这些关键特征相关联的数据；获取到的数据是否可以被直接使用；有哪些合适的数据可视化表达方式；应该选择哪种模型或算法进行深入的数据分析。这一系列小任务环环相扣、层层递进，最终促使学生自然而然地解决总任务。

新的任务完成之后会引发新的思考，带来新的挑战，使学生在解决问题的过程中不断积累新的知识与技能，并借此培养其计算思维能力和信息素养。在教学活动中，任务明线与暗线交织，旨在快速提升学生的各项能力，拓展他们的思考高度与深度。"基于实际问题，整体设计教学活动"的优势恰恰体现在通过这种方式能够高效地培养学生的综合素质与创新能力。

问题33：如何有效地提升学生的算法细化能力？

【问题分析】

本学段的学生通常具备较强的接受能力及广泛的兴趣爱好，正处于从熟练掌握图形化编程向代码编程过渡的关键阶段，因此他们需要一定的时间去适应这种转变。当学生表现出程序设计能力欠缺时，教师常常把问题归咎于学生不熟悉编程语法。然而，学生设计出算法后，若无法顺利对其进行编程实现，则问题的关键在于他们的算法细化能力不足。因此，教师在注重教授编程语法的同时，更应当重视培养学生的基于问题解决模型的思维方式，帮助他们在理解和设计算法、编写程序的过程中建立起结构清晰且详尽的问题分析与解决框架。

【问题解决】

在教学过程中，教师应当从简明生动且易于理解的项目入手，而非一上来就探讨复杂的程序代码。例如，教师可以先设计一个基础的"画六边形"任务，这类任务对学生来说既直观又易于接受。通过让学生动手操作并观察程序运行的实际效果，教师首先引导学生建立起对编程结果的感性认知，再逐步过渡到对程序代码的结构和编写逻辑的深入理解。这样的教学顺序有助于确保所有学生都能扎实地掌握编程基础知识，并在此过程中激发他们的学习兴趣与动手实践的热情。

在教授Python编程语言时，学生确实有必要学习程序代码的基本语法格式和程序报错的调试方法。这些基础知识对于初学者来说极为重要，它们是构成有效、易于维护的程序代码的基础。例如，在用Python编程语言编写的程序中，缩进规则用来区分不同的代码块。这是Python编程语言区别于使用花括号明确界定作用域的其他程序语言的一大特色。正确理解和应用缩进规则能够极大地提升程序代码的可读性和结构化程度。此外，利用集成开发环境中的颜色系统（如语法高亮功能），学生可以直观地区分关键词、函数名、注释等各种代码元素，进一步增强对程序代码的理解力。同时，熟悉并掌握常见错误信息的识别与处理是学习编程语言的关键环节，教师应当指导学生如何解读 Python 编译器或解释器返回的错误提示，并教会他们如何运用这些信息进行有效调试，以消除潜在的逻辑错误或语法错误。总之，扎实掌握这些基础知识，将有助于学生扫除在编程过程中可能遇到的各种障碍，让他们更有信心步入高级编程概念和技术的学习阶段。

在教学实践中，教师应当积极培养和加强学生的算法细化能力。算法和程序设计的核心在于从实际问题中提炼出数据计算的规律，并将这些规律转化为符号化的程序代码。在项目讨论环节，教师应重点突出项目所蕴含的数据结构、运算逻辑等关键要素，引领学生经历从具体项目到问题抽象，再到形成算法的过程。通过一系列的教学实践活动，教师应适时引导学生进行归纳总结和抽象思维训练，使他们学会分析问题、挖掘内在规律，并将这些规律转换为可执行的算法步骤，从而全面提升学生的算法细化能力和抽象思维能力。

在教授编程课程时，教师应当积极鼓励学生养成"自顶向下"、模块化的编程习惯。这种习惯首先体现在问题分解的能力培养上，即指导学生把复杂的问题分解成若干个更小、更容易解决的小问题。同时，培养学生"自顶向下"的编程习惯也至关重要。例如，在讲解"输入—计算—输出"这一计算过程时，教师可以带领学生逐步将一个大的程序设计任务分解为三个步骤：首先解决数据的输入问题，确保程序能准确获取所需数据；其次关注如何对输入的数据进行有效处理，以实现预设的功能；最后，确定程序应如何输出处理结果，以满足实际应用场景的需求。通过反复实践这种自顶向下的分析和设计过程，学生会逐渐养成良好的编程习惯，学会从整体架构到局部细节进行思考，这将进一步提高学生的算法细化能力，从而提升程序代码的可读性和维护性。

【案例参考】

"三种控制结构"项目设计

算法的控制结构是指程序中的流程控制语句。这些语句能够根据预设条件改变程序的执行路径，构成了算法运行的基础框架。对控制结构的学习与应用是学生构建逻辑清晰的程序框架和提升计算思维能力的重要途径，这将有力地促进学生在项目实施过程中提高解决问题的能力。

本案例以"学生功能室预约系统设计"这一贴近生活的实践项目为核心内容，旨在通过实际情境展示控制结构在不同场景下的应用价值，进而帮助学生提升算法设计和解决实际问题的能力。

本案例的核心在于引导学生通过具体情境深入理解并掌握算法的三种控制结构的内在逻辑，并学会区分不同结构间的差异，让学生认识到选择恰当的控制结构的关键在于对问题的精准分析和分解。该案例源自学生的校园生活，与现实生活情境紧密相关。同时，它又通过抽象提炼真实生活中的问题，让学生面对真问题、做真分析，从而增强学生的问题分解能力和洞察力。在自主探究过程中，学生能体验到"问题分析"的重要，并通过设计算法锻炼抽象思维能力，如领会"循环即为重复执行某一操作"的核心概念。

本项目的实践探索流程如图12-2所示，分解思维贯穿始终，以结构化原则作为主线，切实落实对学生抽象思维能力的培养。在教师的指导下，学生采用结构化分析方法，针对需求对问题进行合理归类和分组，以避免因思维混乱导致逻辑重叠或遗漏的问题。在实践中，学生充分运用流程法和要素法，将复杂问题细分为不同的组成部分，在分解要素时确保维度的一致性，保证了整个流程设计的严谨有效。

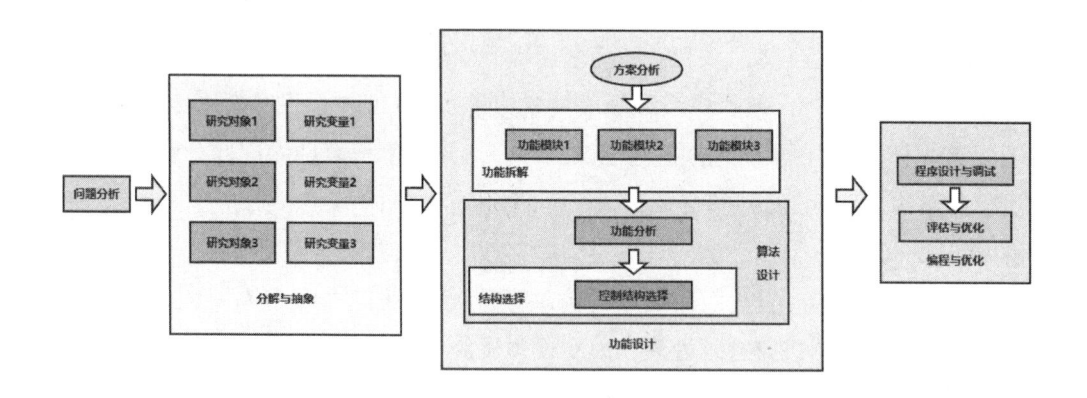

图 12-2　项目实践探索流程

案例评析：借助以培养抽象思维能力为目标的任务设计，学生能够提炼和概括出事物的本质特征，并据此选取适宜的方法进行处理。算法设计必须严格遵循结构化原则，这不仅对学生的逻辑思维能力和问题分解能力提出了较高的要求，也是对学生计算思维实践应用能力的考验。本案例以"学生功能室预约系统设计"为背景，对学生的实践能力提出了新的挑战。在这个过程中，分析、分解、抽象、选择、实践与优化等环节紧密相连，既符合算法设计的一般流程规律，也契合工程实践的基本过程。一个具体问题包含多个环节和不同的功能需求，学生需要灵活运用不同的控制结构来实现。在项目实践中，学生深入挖掘问题本质，积极开展探究，逐步建立起自身的知识框架体系。

12.4 计算思维的测评和实践

1. 以下哪一项不是大数据的特征？（　　）
A. 高速生成和获取数据　　　　B. 多样化的数据类型
C. 高度结构化的数据　　　　　D. 单一来源的数据

答案：D

解析：大数据的特征通常涵盖数据的四个方面，即4V特征：Volume（数据量大）、Velocity（数据产生速度快）、Variety（数据类型多样化）和Veracity（数据真实性和可信度）。其中，高速生成和获取数据、多样化的数据类型，以及高度结构化的数据都是大数据的典型特征，但单一来源的数据并不属于大数据的特征，故选D。

计算思维相关知识：在本题中，我们可以通过运用计算思维来分析和归纳大数据的特征，通过排除法来确定不属于大数据特征的选项。计算思维能力能够帮助我们厘清问题的逻辑关系，并运用相关知识进行推理和判断，从而正确解答问题。在处理大数据时，计算思维能力的运用可以帮助我们更好地理解大数据的特征，从而更好地处理和分析大数据。

2. 学生成绩管理系统需要根据学生的分数判断其等级，分数大于或等于90分的学生将被标记为优秀，分数大于或等于80分且小于90分的学生将被标记为良好，分数大于或等于60分且小于80分的学生将被标记为及格，分数小于60分的学生将被标记为不及格。以下选项中最适合实现这一功能的是（　　）。
A. if 语句　　　　B. for 循环　　　C. while 循环　　D. break 语句

答案：A

解析：本题需要根据学生的分数判断其等级，并标记相应的等级。使用 if 语句最适合实现这一功能，因为 if 语句可以根据不同的条件执行相应的代码块。根据分数的范围逐个进行判断，标记对应的等级，故选A。

计算思维相关知识：if 语句是一种条件判断语句，通过判断条件的真假执行不同的代码块。在本题中，我们使用 if 语句根据学生的分数范围判断其等级，并进行相应的标记，体现了计算思维中对条件的判断和根据条件执行不同操作的能力。

3. 在一个游戏中，玩家需要连续猜数字，直到猜中为止。以下选项中最适合实现这一功能的是（　　）。

A. if 语句 　　　　B. for 循环 　　　　C. while 循环 　　　　D. break 语句

答案：C

解析：本题要求玩家连续猜数字，直到猜中为止。使用 while 循环最适合实现这一功能，因为 while 循环可以重复执行一段代码块，直到条件不满足为止。在本题中，当玩家没有猜中数字时，循环会一直执行，故选 C。

计算思维相关知识：while 循环是一种重复执行代码块的循环结构，它在满足条件的情况下反复执行代码块。在本题中，使用 while 循环可以实现玩家连续猜数字的功能，直到猜中为止。体现了计算思维中的循环控制和条件判断的能力。

4. 在一个学生信息管理系统中，需要遍历学生列表并输出每个学生的信息。以下选项中最适合实现这一功能的是（　　）。

A. if 语句 　　　　B. else 语句 　　　　C. continue 语句 　　　　D. for 循环

答案：D

解析：本题需要遍历学生列表并输出每个学生的信息。使用 for 循环最适合实现这一功能，因为 for 循环可以遍历集合中的元素，并执行相应的代码块。在本题中，我们需要遍历学生列表，并输出每个学生的信息，故选 D。

计算思维相关知识：for 循环是一种遍历集合中元素的循环结构，使用它能够逐个访问集合中的元素，并执行相应的操作。在本题中，使用 for 循环可以遍历学生列表，并输出每个学生的信息，体现了计算思维中的遍历和操作集合元素的能力。

5. 在一个游戏中，玩家需要通过按键控制角色的移动。如果玩家按下空格键，则角色跳跃；如果玩家按下方向键，则角色向对应方向移动。以下选项中最适合实现这一功能的是（　　）。

A. if 语句 　　　　B. else 语句 　　　　C. elif 语句 　　　　D. while 循环

答案：A

解析：本题要求玩家按下按键来控制角色的移动。使用 if 语句最适合实现这一功能，因为 if 语句可以根据条件的真假执行相应的代码块。根据玩家按下的不同按键，执行相应的移动操作，故选 A。

计算思维相关知识：if 语句是一种条件判断语句，通过判断条件的真假执行不同的代码块。在本题中，我们使用 if 语句判断玩家按下的按键，并根据不同的按键执行不同的移动操作，体现了计算思维中对条件的判断和根据条件执行不同操作的能力。

6. 大数据分析的目的是（　　）。

A. 存储和管理海量数据　　　　　　B. 提供网络安全保护措施

C. 从大数据中提取有价值的信息　　D. 进行数据传输和通信

答案：C

解析：大数据分析的目的是从大数据中提取有价值的信息。大数据通常包含大量的复杂的、多样化的数据，包括结构化数据和非结构化数据。通过运用各种数据分析技术和工具，可以对这些数据进行处理、挖掘和分析，从而发现其中的模式、趋势和关联性，提取有价值的信息，为决策制定、业务优化、市场预测等提供支持和指导，故选 C。

计算思维相关知识：计算思维在大数据分析中起着重要的作用。在解答这道题时，我们可以运用计算思维，对大数据分析的目的进行分析和归纳。通过运用计算思维的思考方式和方法，我们可以更好地理解和应用大数据分析的目的和价值。

7. 大数据的应用领域包括（　　）。

A. 社交媒体分析　　　　　　B. 金融风控和欺诈检测

C. 医疗健康管理　　　　　　D. 所有以上选项

答案：D

解析：大数据的应用领域非常广泛，其中包括但不限于社交媒体分析、金融风控和欺诈检测、医疗健康管理等。大数据技术的发展使得我们能够处理和分析大规模的数据，从而在各个领域中发现模式、关联性，为决策制定、业务优化和创新发展提供数据支持，故选 D。

计算思维相关知识：计算思维在理解大数据的应用领域方面具有重要意义。通过运用计算思维的思考方式和方法，我们可以分析大数据的特点，从而确定在不同领域中应用大数据的适用性。运用计算思维，我们能够理解和应用各种数据分析技术和工具，如数据挖掘、机器学习和人工智能等，以实现对大数据的挖掘和洞察。在大数据应用的过程中，计算思维能够帮助我们合理组织和分析数据，并从中提取有价值的信息和知识，为各个领域的决策和创新提供支持。

8. 大数据的挖掘技术主要包括（　　）。

A. 数据加密和隐私保护　　　　B. 数据清洗和预处理

C. 数据传输和通信　　　　　　D. 数据存储和管理

答案：B

解析：大数据的挖掘技术主要包括数据清洗和预处理。大数据通常包含大量的、复杂的、多样化的数据，这些数据中可能存在噪声、缺失值、异常值等问题。数据清洗和预处理是对原始数据进行处理和转换的过程，旨在去除噪声、填补缺失值、处理异常值，以及进行数据的规范化、标准化等操作。这些处理步骤可以为后续的数据分析和挖掘提供干净、准确的数据集，故选 B。

计算思维相关知识：运用计算思维的思考方式和方法，我们可以理解大数据挖掘的过程和技术，如数据清洗、数据预处理、特征提取、模型构建等。计算思维能够帮助我们分析和解决大数据挖掘中的问题和挑战，如处理大规模数据、挖掘隐藏的模式和关联性等。在大数据挖掘的过程中，计算思维能够帮助我们合理组织和分析数据，并运用相关的算法和技术来发现数据中有价值的信息。

9. **实践项目**：你正在参与一个旨在改善交通管理的智能城市项目。如何利用大数据和物联网技术实现这个目标？请举出两个具体的例子，说明如何收集和分析物联网设备的数据，以优化交通流量。

答案：开放性题目，答案仅供参考。例如，利用交通传感器的数据来检测拥堵情况并调整信号灯时间，或分析 GPS 设备的数据以识别交通模式并优化路线。

第13章
信息系统与社会

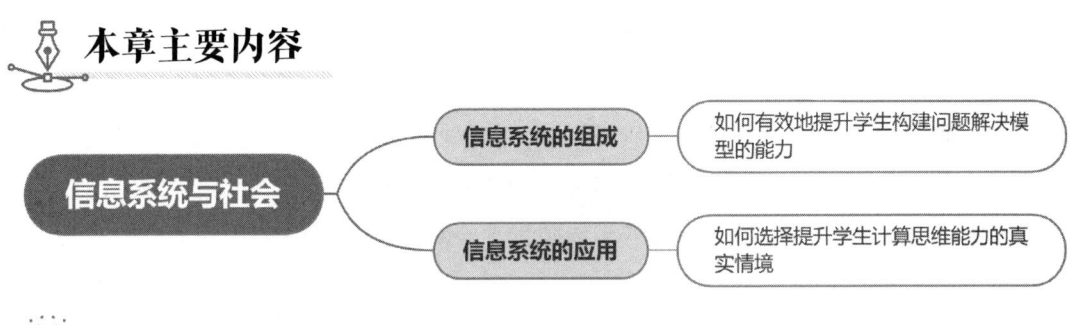

本章主要内容

```
                    ┌─ 信息系统的组成 ─── 如何有效地提升学生构建问题解决模
                    │                    型的能力
  信息系统与社会 ──┤
                    │
                    └─ 信息系统的应用 ─── 如何选择提升学生计算思维能力的真
                                         实情境
```

课标内容要求

1. 探讨信息技术对社会发展、科技进步以及人们生活、工作与学习的影响，描述信息社会的特征，了解信息技术的发展趋势。

2. 通过分析典型的信息系统，知道信息系统的组成与功能，理解计算机、移动终端在信息系统中的作用，描述计算机和移动终端的基本工作原理。

3. 通过分析物联网应用实例，知道信息系统与外部世界的连接方式，了解常见的传感与控制机制。

4. 观察日常生活中的信息系统，理解计算机网络在信息系统中的作用，通过组建小型无线网络，了解常见网络设备的功能，知道接入方式、带宽等因素对信息系统的影响。

5. 通过分析常见的信息系统，理解软件在信息系统中的作用，借助软件工具与平台开发网络应用软件。

6. 在日常生活与学习中，合理使用信息系统，负责任地发布、使用与传播信息，自觉遵守信息社会中的道德准则和法律法规。

7. 认识到信息系统应用过程中存在的风险，熟悉信息系统安全防范的常用技术方法，养成规范的信息系统操作习惯，树立信息安全意识。

8. 通过搭建小型信息系统的综合活动，体验信息系统的工作过程，认识信息系统在社会应用中的优势及局限性。

13.1　模块概述

在高中信息技术课程标准中，"信息系统与社会"是紧随"数据与计算"之后的第二个重要的学习模块。本模块涵盖了三个核心主题："信息社会特征""信息系统组成与应用""信息安全与信息社会责任"。通过这一模块的学习，学生不仅能深刻理解信息系统的内在构造和运行机制，还能充分认识到其在当今社会生产、生活各个领域的广泛应用价值。学生将学会根据信息系统的优点与局限性，合理选用恰当的信息系统以解决日常学习、生活和未来工作中遇到的问题。此外，这个过程也将逐步培养学生构建信息系统模型的能力，使他们能够运用数据建模的方法去解决实际问题。

在高中阶段，学生对数据的处理能力逐渐增强，他们开始逐步培养起对数据进行有效分解与抽象的能力，并在此基础上逐渐形成更为高级的数据建模思维方式。面对生活中复杂的问题，学生能够从中提炼出核心问题，进而从这些问题中抽取出关键要素及其相互间的关联。在这个过程中，学生能够选择或设计恰当的数学模型来构建信息系统，以解决现实生活中的各类问题。

在问题分析、概念抽象、模型构建、程序设计、测试迭代的过程中，学生不断学习并熟练运用数字化工具表达自己的思想和建构知识体系，这有助于他们养成利用数字化工具进行学习和创新的习惯。如此一来，学生的计算思维能力得以向更高层次发展，除了基础层面的数据处理方面，在解决实际问题时也会展现出深度理解和创新能力。

13.2　核心素养的培养

在"信息系统与社会"模块的学习过程中，教师应设计真实的情境，让学生在真实的情境中体验信息技术对日常生活的影响，通过实践与探究有效地提高自己的计算思维能力。例如，可以让学生分析如何使用社交媒体获取和分享信息，探究其背后的信息系统是如何工作的，深入体会问题分析、概念抽象、模型构建、程序设计和测试迭代等环节。

1. 问题分析：理解问题的本质

教师应鼓励学生对实际问题进行深入的探究，通过各种方法如信息检索、文献查询、问卷调查等，识别问题的关键点，讨论问题的本质。例如，学生面临的问题是"如何设计一个自动化的植物浇水系统？"在问题分析阶段，学生需要深入探讨植物的浇水需求，如浇水的量、频率、时间等，可以通过市面上的商品或实验进行探究，从而了解问题的实际需求。

2. 概念抽象：提炼关键信息

教师应指导学生从具体的问题中提炼关键信息，摒弃不必要的细节，从而更好地理解问题。例如，在设计植物浇水系统时，学生可以抽象出几个关键要素：土壤湿度、浇水时间、水箱容量等，而对于具体的植物种类、土壤种类等则可以忽略。

3. 模型构建：构建解决问题的框架

教师应鼓励学生使用图形、数学公式或逻辑结构来构建问题解决模型，从而为解决问题提供一个清晰的框架。例如，学生可以设计一个自动浇水系统的流程图，描述植物浇水系统的工作流程，如首先检测土壤湿度，如果土壤湿度值低于某一阈值，则启动浇水装置，直至土壤湿度达到设定值。

4. 程序设计：形成解决方案

教师应指导学生使用编程语言或工具，将设计方案转化为可执行的程序。例如，基于前置的程序设计知识与技能，学生可以使用 Arduino 或其他编程语言，编写相应的程序来控制浇水系统的启动和停止。如当土壤湿度传感器检测到的值低于设定阈值时，则启动浇水装置。

5. 测试迭代：完善方案

教师应鼓励学生测试他们的解决方案，并根据测试结果进行调整，不断完善设计方案。例如，在实际应用植物浇水系统时，学生可能发现在某些情况下，浇水过多或过少。通过记录实际情况，学生可以回溯程序设计阶段，调整代码，直到系统运作正常。

教师创设的实际问题情境是计算思维能力培养的基础和前提，在系统性的情境与问题解决中，学生经历了从问题分析到问题解决的全过程。系统设计的任务可以引导学生深度思考与探究创新，在这个过程中，教师是引导者和激发者，发掘学生的潜能，培养学生的创新思维和问题解决能力。

13.3 关键问题

问题 34：如何有效地提升学生构建问题解决模型的能力？

【问题分析】

学生在掌握编程语言的语法后，常常发现自己仍不具备独立进行程序设计的能力。其背后关键原因之一在于：在面对实际问题时，学生对如何构建问题解决模型缺乏清晰的理解，导致难以进行程序设计。问题解决模型是指学生在面对一个问题时所采用的系统化思维方式或解决问题的逻辑框架，通常包括问题分析、概念抽象、模型构建、程序设计和测试迭代等步骤。尽管学生普遍具有强烈的求知欲、广泛的兴趣爱好、活跃的思维，以及良好的创新意识与发散思维能力，对于一些基础问题也具备一定的分析和解决能力，但在面对生活中较复杂的实际问题时，他们的分析能力和选择合适算法解决问题的能力显得相对较弱，无法有效地将所学编程和算法知识应用到具体情境中。学生在目前的学习过程中，往往侧重于理论学习，缺乏实践性的算法设计经验。若能引导学生熟悉并亲身经历运用常见的计算思维框架去解决各类问题，则将有助于学生在解决问题的过程中形成更为清晰、准确的问题解决模型，并提升他们从问题分析到算法实现的综合能力。

【问题解决】

① 教师应当重视解析算法解决问题的思路及其重要性。教师通过列举常见的枚举法和解析算法等实例，帮助学生建立并理解问题解决模型的思维方式。尤其在解析算法的实际应用与实现过程中，"抽象与建模"环节往往成为解决实际问题时的挑战所在。因此，在教授解析算法时，教师需要详细阐述其基本理念：即根据问题所给出的前提条件和期望得到的结果之间的内在联系，深入分析问题，提炼出能够描述问题本质的数学表达式，并最终利用这些数学表达式的计算来解决原问题。这样不仅能引导学生掌握解析算法的核心思想，更能锻炼他们在面对复杂问题时运用抽象思维、构建问题解决模型的能力，从而提升他们对问题的整体解决水平。

② 教师应当高度重视教材中提供的程序代码和案例。鉴于学生在此阶段可能缺乏构建算法的实践经验，教师应从学生的共同认知基础出发，采用通俗易懂的方式对案例进行细致解读和深入分析。教师通过带领学生逐步剖析案例，引导他们体验并理解算法设计的具体过程，从而逐渐培养他们从问题识别到算法构建的思维习惯和能力。这一方法旨在让

学生在阅读和实践的过程中积累经验，提升其独立设计与实现算法的能力。

③ 教师应积极引导学生全面地体验计算思维的全过程。教师应有意识地安排项目实践活动，让学生亲身经历从分解、抽象、建模到算法设计等一系列计算思维过程，逐步构建起问题解决模型的框架。例如，教师在指导学生设计超市收银系统的算法时，不仅要让学生掌握和应用控制结构等编程基础知识，更重要的是培养他们能够从实际问题出发，学会界定问题边界，对复杂问题进行有效抽象与逻辑建模，并最终运用所学知识设计出解决问题的算法。这样，学生将逐步具备将现实生活中的问题转化为用一定的计算模型来解决的能力，从而深化其计算思维能力。

④ 教师可以有目的地引入计算思维框架，帮助学生构建系统的问题解决方法。例如，在编程课程中融入输入（Input）、处理（Process）和输出（Output）这一IPO框架，以生活中的实例为依托，加强学生对真实问题进行分解与解决的能力。

例如，教师可以设计一个贴近生活的案例——做饭。假设有四个灶台、各种烹饪工具和各类食材原料，目标是准备一顿包含一道肉菜、一道素菜和一份甜点的餐食，同时需要考虑食物美味度、保持温度适宜和合理搭配素食等因素。在此基础上，教师引导学生运用IPO框架来描述这个问题：输入（Input）——提供的有限资源，包括四个灶台、各种烹饪工具及各种食材原料；处理（Process）——如何高效地统筹规划并行的烹饪流程，合理安排每道菜品的制作顺序和时间，确保最终菜肴满足好吃、温度适宜且荤素搭配的要求；输出（Output）——根据规划好的流程完成烹饪任务，得到最终成果，即色香味俱全的一道肉菜、一道素菜、一份甜点。通过这种方式，教师能够将抽象的计算思维框架与具体的生活场景相结合，从而有效地提升学生的计算思维能力，使他们学会利用此类框架分析和解决实际问题。

⑤ 教师可以借助"工程类编程案例"培养学生的工程思维模式，并强化其对"抽象"和"自动化"表达的掌握。具体而言，抽象的核心在于将实际问题提炼转化为数学上的已知条件，为此，教师应引导学生学会如何将生活中的复杂情境逐步简化、抽象成数学模型，然后进一步量化为计算机可识别与执行的逻辑表达式。

通过深入挖掘问题中蕴含的各种关系，构建出相应的结构模型，进而设计出解决问题的有效算法。在此基础上，学生运用编程语言实现这些算法，从而在实践中深化理解并锻炼工程思维模式。这一过程不仅能够提升学生的计算思维能力，还能让他们在面对真实生活的挑战时，更好地利用计算机科学知识去解决实际问题。在教学过程中，教师可以采用具体实例来培养学生的工程思维模式，并锻炼他们的抽象思维能力。例如，利用蒙特卡罗方法求解圆周率的问题就是一个很好的实践案例。首先，教师向学生介绍如何通过模拟实验估算面积：在一个内含圆的正方形区域内随机撒豆子，并统计落入圆内的豆子数与总面积的比例，从而间接估计出圆的面积，进而计算圆周率的近似值。具体的实施步骤包括运用随机数生成器模拟豆子的位置，利用欧式距离公式判断豆子是否位于圆内，最后根据圆内外豆子的数量比例推算出圆周率的大致值。接下来，教师指导学生用 Python 编程语言实现这一过程，通过循环结构不断产生随机点并计算其位置，以自动化的方式得出圆周率的近似值。

另一个例子是运动员竞技分析模拟项目。教师引导学生将实际的体育竞技规则转化为数学模型：设想两位乒乓球运动员 A 和 B 进行比赛，每位运动员有两次发球权，每局比赛在一方无法成功回击时结束，先达到 11 分者赢得比赛。学生可以用 0 到 1 之间的小数表示运动员在发球局和接球局的赢球概率，并利用随机数模拟每次击球的结果。通过多次模拟对局，统计各局胜负情况，最终求得运动员 A 和 B 各自赢得比赛的概率。这两个实例都强调了从实际问题出发，将其抽象成数学模型，再借助计算机编程语言进行模拟和求解的过程，这正是建立学生工程思维模式、锻炼抽象思维能力和算法设计能力的重要途径。

【案例参考】

小型无线网络的设计与搭建

无线网络在日常生活与学习中的作用日益显著。本案例以实际问题为导向，将"小型无线网络的设计与搭建"作为主线任务，引导学生从理解无线网络的接入方式开始，逐步掌握根据不同接入方式选取相应的网络设备进行有效连接的方法，以满足现实生活中的各种需求。

本案例特别强调培养学生的系统设计能力和构造性思维，融合计算思维与工程思维的思维模式，利用计算与仿真手段预判并模拟可能出现的问题，并通过系统的自动化运行来避免故障的发生。在教师的引导下，学生首先深入分析各类无线网络接入方式，提炼其核心本质——"资源共享"。然后，在情境分析中识别影响无线网络使用的关键因素及重要变量。进一步对设定的模拟环境进行个性化解析，明确关键要求。针对这些关键要求，学生需要进行权衡抉择，设计出既符合工程规范又能满足个性化需求的项目实施方案。

本案例进阶的要求在于"权衡分析"，即运用量化方法分析人类行为和系统性能。其中，"建模"是实现这一目标的关键步骤，需将动态演化系统转化为离散符号系统，以便采用形式化的规则进行描述。建立的模型要能揭示系统演化的规律，并支持实时控制系统的运作及其自动执行功能。创建一个适用的评估函数是对学生建模创新能力的考验，这要求学生对用户需求和系统功能有深刻的理解。数学变量关系的选择是决定模型质量优劣的核心，尤其是关键变量的选择及其权重设置，它们对模型的整体效果会产生重大影响。在整个过程中，学生将在不断的尝试与优化中体验建模过程的魅力，并通过实践验证来感受系统的容错与纠错能力。

案例评析：本案例旨在培养学生的计算思维能力，尤其在问题解决和系统设计方面，对学生抽象思维能力和构造思维能力进行综合考查。经过一系列项目实践的锻炼与磨砺后，学生应当具备较强的分析与应用能力，而本项目正是对学生高层次评估思维的一次深度检验，并为学生未来真正参与工程实践探索打下坚实基础。在项目实施过程中，学生运用量化方法成功地构建起连接物理世界、精神世界与人工世界的思维桥梁，亲身体验了系统设计中考虑"最坏情况"的思维模式，深入理解并感受到了预防故障、保护机制、冗余设计、容错策略和纠错过程等系统运行的核心工作机制，这一过程充分体现了数学思维、计算思维与工程思维的深度融合。

问题35：如何选择提升学生计算思维能力的真实情境？

【问题分析】

在本模块的项目式教学过程中，教师通常会先向学生介绍软件设计的一般流程，随后提出一个结构合理且具有针对性的问题，激励学生通过编写软件来解决现实生活中的实际问题。然而，在学习过程中，学生往往容易在需求分析阶段浅尝辄止，未能对现实世界中存在的复杂问题进行深入细致的剖析。他们普遍习惯于直接应用现成的、预先设定好的软件，而对于这些软件所要解决的核心问题、设计思路及其应用场景与局限性的理解并不充分。计算思维中的"建模"理念强调从事物中提炼本质特征，关注如何运用数学和计算手段表述问题并构建通用解决方案的能力。其中，需求分析环节对于整体建模过程及软件设计的成败起着决定性的作用，掌握有效的需求分析方法对于提升学生的建模能力至关重要。

为了激发学生深入探究需求的积极性，精心设计的情境与问题起到了至关重要的作用。只有当学生对所创设的情境产生浓厚兴趣，认为解决问题具有切实的现实意义时，他们才更有可能主动参与对真实问题的建模实践。因此，设计出符合计算思维原则、紧密联系真实世界的情境，并从中提炼出富有意义的问题，是引导学生学会针对复杂问题进行恰当建模的关键步骤。

【问题解决】

① 在项目式教学过程中，选择与学生生活紧密相关的情境是一个至关重要的环节。教师在设计项目的问题时，应确保创设的情境能够符合学生的实际生活经验或个人兴趣点，能引起学生的情感共鸣。当项目情境与学生的日常生活紧密相连时，他们将更容易认识到所探讨问题的现实价值和意义，从而更加积极地投身到解决问题的过程中。

举例来说，如果教师计划通过设计一款软件解决交通拥堵问题，就可以创建一个基于学生上下学路线优化的情境，让学生思考：如何运用算法设计一款软件，帮助同学们规划最优出行方案。这种情境不仅贴近学生生活，还能让他们亲身体验计算思维在现实生活中的应用价值。因此，在教学实践中，教师需深挖那些能触动学生"利益"（此处的利益可解读为学生的实际需求、关注点和成就感）的情境，将抽象理论知识与具体实践相结合，以此激发学生的学习热情和内在动力，进而提升他们在软件设计过程中的需求分析能力和建模能力。

② 教师在教授计算机程序设计时，要特别强调构建问题解决模型的三个核心步骤。计算机程序实质上是对算法的具体化和形式化表达，初学者学习程序设计的核心任务就是将抽象的算法转化为符合特定编程语言规范的程序代码。

在教学过程中，教师可以通过对比演示，使学生深刻理解构建问题解决模型的重要性。在整个问题解决过程中，要始终强调以下三个关键阶段：第一，识别并提炼问题基本特征与要素，要求学生全面理解并把握问题的本质，明确并提取出问题的核心元素及特点；第二，利用符号进行抽象化表示，引导学生运用符号、变量或数据结构等方式对上述要素进行抽象化表示，使其脱离实物形态，转换为计算机可处理的形式；第三，采用形式化方法表述问题关系，指导学生运用数学公式或其他形式化手段来描绘各个要素间的关联，如使用数学公式明确数据间的运算逻辑和关联规则，形成一个可供计算的问题解决模型。

如此一来，学生就能逐步学会从实际问题到算法设计再到程序实现的方法，运用问题解决模型来指导其计算机程序设计实践。

③ 在教授计算机程序设计时，教师必须着重强调"自顶向下"的结构化编程设计理念。这意味着在解决问题和编写程序时，首先应当从全局出发，对问题进行高层次的抽象和分解，并进一步细化为一系列可执行的子任务。

在教学实践过程中，教师应引导学生亲自体验并深入理解"自顶向下、由粗到细"的程序设计思路，即先构思程序的整体框架，再逐层深入细节，完善每个模块的功能。这一思想强调了将复杂问题层层分解，通过"分而治之"的策略，对每个部分独立地进行分析、设计和实现。

同时，在抽象和分解过程中，教师需要注重培养学生的逻辑思维能力和问题分解能力，使他们认识到任何复杂的难题或系统都可以通过明确组成部分及其相互关系的方式来解决。这不仅能提升学生的编程技能，还有助于提升他们在面对生活中的其他复杂问题时，运用结构化的思维方式有效地解决问题的能力。

④ 在项目式教学过程中，教师应当推广并实施小组合作模式。教师需要向学生详细阐述项目学习的方法和评价标准，指导他们进行高效的分工与协作。为了确保项目的顺利启动，可设置一些简单易懂且易于操作的小任务作为热身活动，帮助学生逐渐进入状态。

小组合作不仅能提高团队协作能力，还能有效地带动学习进度较慢或信心不足的学生。小组成员之间的互助、讨论和交流可以激发所有小组成员的潜能，所有成员共同参与解决问题，提升整体学习效果。此外，小组合作也有利于培养学生的沟通协调能力和团队精神，让每位学生在项目实践中得到成长和发展。

【案例参考】

基于物联网的智能交通系统

凭借传感器、云计算、大数据分析和移动通信技术的集成应用，物联网已经能够实现硬件自动采集与数据分享，使物理世界与数字世界无缝衔接并相互作用。本案例基于物联网技术，要求学生设计一套综合性的智能交通解决方案，将知识积累、技能训练与思维创新能力有机融入利用数字化工具解决实际问题及完成任务的各个环节中。该方案旨在培养学生的跨领域思维能力，引导他们学会分析问题、提炼问题本质到最终解决问题。

面对特定的任务，学生需要运用计算机可处理的方式来界定问题边界、抽象出关键特征，并识别核心要素；构建逻辑清晰的结构模型，合理组织和管理相关数据。在此基础上，通过审慎判断、深入分析与整合各种信息资源，运用适宜的算法形成有针对性的问题解决方案。

由于计算机具备对信息和符号进行高效处理的能力，使得海量数据的处理、复杂系统的模拟，以及大型工程的组织与实施，都能够借助计算机技术实现从创意构思到产品实现全过程的自动化、精确化及可控化操作。在教学过程中，教师指导学生遵循"问题分析→分解与抽象→建模与算法设计"的逻辑路径深入探究问题解决之道，从而构建起"需求分析→模型构建→功能分析→机制探讨→硬件选择→系统搭建→评估与优化"的实践框架，以切实推动学生从传统的解决问题思维向以形式化、程序化和机械化为特点的计算思维转型。智能交通系统项目的关键过程及模块功能结构示意图如图13-1所示。

案例评析：如今，机器可以替代人们完成部分智力活动，基于此，人们对智力活动机械化的研究热情高涨，这不仅突显了计算思维的重要性，也进一步促进了对计算思维的本质、内容及其表达方式的深入探究。在此背景下，学生可以另辟蹊径，探寻如何整体性、结构性且综合性地运用计算机解决各类问题，并将这些方法迁移到解决相关联的其他问题中。

相较于传统项目，学生在应用计算思维解决实际问题时，需要不断经历分析思考、实践验证和反馈调整等循环过程。而计算思维的全过程实质上构成了项目式学习内在的脉络主线，"对问题特征与相互关系的挖掘""对系统整体与局部关系的探析"，正是培养高层次、系统化解决问题能力的关键环节。通过这样的训练，学生在面对不同问题时可以灵活应对，其建模能力也将得到显著提升。

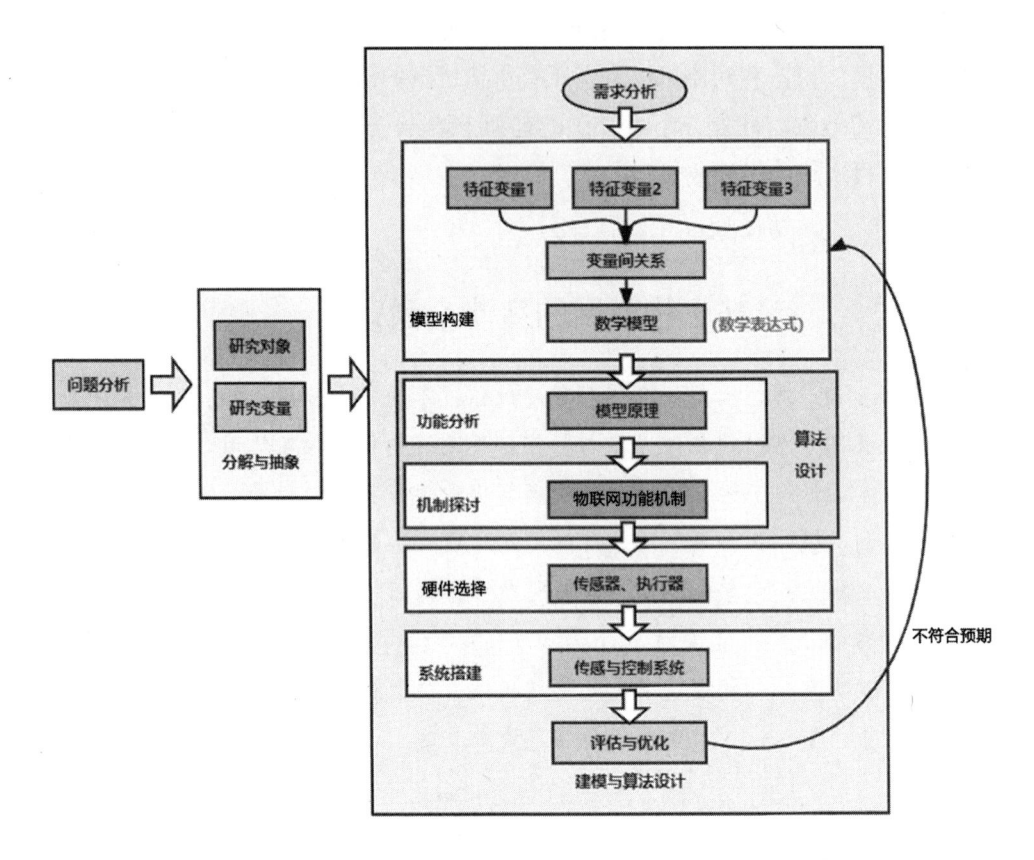

图 13-1　智能交通系统项目的关键过程及模块功能结构示意图

13.4　计算思维的测评和实践

1. 物联网是指（　　）。

A. 云计算技术在工业领域的应用

B. 通过互联网连接的各种物理设备和对象

C. 人与机器之间的交互系统

D. 在虚拟现实环境中进行操作和交流

答案：B

解析：物联网是指通过互联网连接的各种物理设备和对象之间的互联互通系统。物联网技术使得不同的物理设备（如传感器、执行器、智能设备等）能够相互连接和通信，实现数据的采集、传输、存储和分析，从而实现智能化、自动化和远程控制。物联网的概念强调的是物理设备之间的互联互通，而不是单纯的云计算、人机交互或虚拟现实，故选 B。

计算思维相关知识：在解答本题时，我们可以运用计算思维理解物联网的概念。通过对物联网的定义和特点的分析，我们可以排除与物联网不相关的选项。还可以运用计算思维帮助我们理解物联网的原理和应用，以及它对社会、经济和科技发展的影响。物联网是计算思维的一个重要应用领域，我们可以运用计算思维的思考方式和方法更好地理解和应用物联网技术。

2. 物联网的核心技术包括（　　）。
A. 传感器技术、无线通信技术和云计算技术
B. 人工智能技术、机器学习和深度学习
C. 区块链技术、加密算法和密码学
D. 数据存储技术、数据库管理和数据挖掘技术

答案：A

解析：物联网的核心技术主要包括传感器技术、无线通信技术和云计算技术。传感器技术用于感知和采集物理世界的信息，无线通信技术用于实现设备之间的互联互通，而云计算技术提供了强大的计算和存储能力，支持大规模的数据处理和分析，故选 A。

计算思维相关知识：我们可以运用计算思维的思考方式和方法理解物联网技术的组成部分及它们之间的相互关系，并分析和解决复杂的问题，如选择适当的技术来支持物联网的发展和应用。在物联网的设计和实现过程中，可以运用计算思维帮助我们从整体和细节的角度考虑问题，制订有效的解决方案，并优化系统的性能和可靠性。

3. 物联网的发展对社会和经济产生的影响包括（　　）。
A. 提高生产效率和质量　　　　B. 改变城市管理和公共服务方式
C. 推动创新和创业　　　　　　D. 所有以上选项

答案：D

解析：物联网的发展对社会和经济发展产生了广泛的影响，包括提高生产效率和质量、改变城市管理和公共服务方式、推动创新和创业等。通过物联网技术，设备和对象之间可以实现高效的互联互通，促进了生产过程的自动化和智能化，提升了生产效率和质量。同时，物联网技术的应用也改变了城市管理和公共服务的方式，如智慧城市的建设，提供了更便捷、更高效的公共服务。此外，物联网的发展也为创新和创业提供了新的机会和领域，促进了经济的发展和增长，故选 D。

计算思维相关知识：我们可以运用计算思维理解物联网对社会和经济发展的影响。运用计算思维的思考方式和方法，我们可以从整体和细节的角度分析物联网技术的应用，评

估其对生产、城市管理和创新的积极影响。我们还可以运用计算思维分析和解决与物联网发展相关的问题和挑战，如隐私保护、安全性和可持续性发展等。通过计算思维的运用，我们可以更好地理解和应用物联网技术，促进社会和经济的可持续发展。

4.物联网的安全和隐私问题包括（　　）。
A.数据传输的稳定性和可靠性　　B.物理设备的损坏和故障
C.数据泄露和信息安全　　　　　D.网络带宽和速度的限制

答案：C

解析：物联网的安全和隐私问题主要涉及数据泄露和信息安全。由于物联网中涉及大量的数据传输和共享，存在着数据被非法获取、篡改、泄露的风险。此外，物联网中的设备和系统也需要被保护，免受恶意攻击和破坏。因此，确保物联网中数据的安全性和隐私性，采取适当的安全措施和加密技术至关重要，故选C。

计算思维相关知识：计算思维在理解物联网的安全和隐私问题方面发挥着重要的作用。运用计算思维的思考方式和方法，我们可以分析和评估物联网中的安全风险和隐私问题，并设计相应的解决方案。我们也可以运用计算思维理解和应用各种安全技术和加密算法，以保护物联网中的数据和系统的安全。在解决物联网安全和隐私问题的过程中，可以运用计算思维帮助我们识别潜在的风险，提出相应的防护措施，并评估其有效性和可行性。

5.你的朋友正在举办一个生日派对，希望提供无线网络供客人使用，以下选项中最适合实现这一功能的是（　　）。
A. if 语句　　　　　　　　　　B. for 循环
C. while 循环　　　　　　　　 D. break 语句

答案：A

解析：本题要求选择适合实现无线网络的控制结构。最适合实现这一功能的是 if 语句，因为 if 语句可以根据条件的真假执行相应的代码块。在本题中，需要判断是否提供无线网络，并根据条件执行相应的代码块，故选 A。

计算思维相关知识：if 语句是一种条件判断语句，通过判断条件的真假执行不同的代码块。在本题中，使用 if 语句可以根据条件判断是否提供无线网络，并根据结果执行相应的代码块，体现了计算思维中对条件的判断和根据条件执行不同操作的能力。

6. 你家的无线路由器突然失去了信号，以下步骤中首先应该尝试的是（　　）。

A. 重启无线路由器　　　　　　B. 更换无线适配器

C. 连接有线网络　　　　　　　D. 调整无线路由器的位置

答案：A

解析：本题要求在无线路由器失去信号的情况下，选择首先尝试恢复信号的步骤。最合适尝试的步骤是重启无线路由器，因为重新启动无线路由器可能解决临时出现的信号问题，故选 A。

计算思维相关知识：在解决无线网络问题时，常见的第一步操作是尝试重启无线路由器。通过重启无线路由器，可以尝试恢复其正常功能，解决可能出现的临时信号问题。这体现了计算思维中的问题解决和尝试解决方案的能力。

7. **实践项目**：你正在设计一个智能家居系统，要求集成各种物联网设备，以提高舒适度和能源效率。在这个背景下，如何应用大数据分析各设备收集到的数据？收集和分析不同设备的数据如何有助于个性化的家居自动化和能源优化？

答案：开放性题目，答案仅供参考。例如，利用智能恒温器、照明传感器和人员检测传感器的数据，根据用户的偏好创建个性化的家居环境，或分析能源消耗模式以识别节能机会并进行自动调整。

第 14 章
计算思维评价

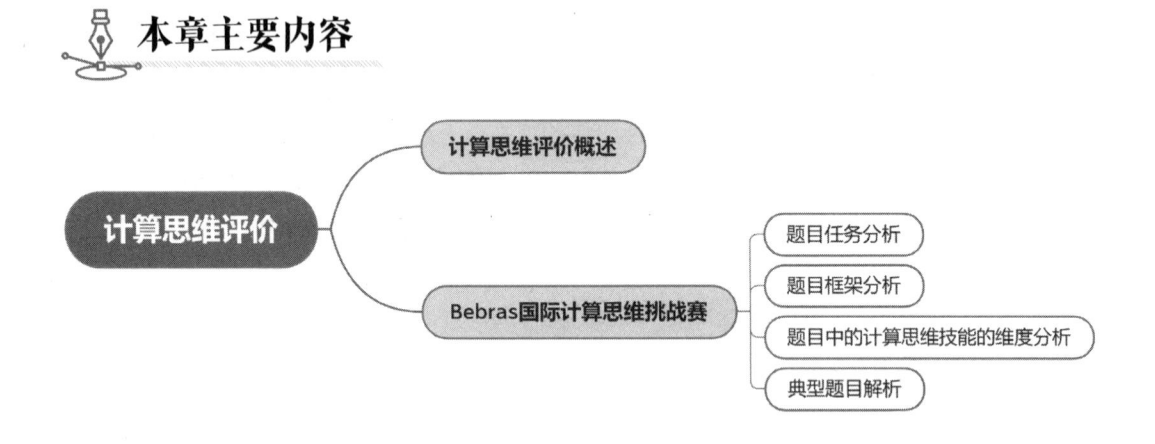

本章主要内容

- 计算思维评价
  - 计算思维评价概述
  - Bebras国际计算思维挑战赛
    - 题目任务分析
    - 题目框架分析
    - 题目中的计算思维技能的维度分析
    - 典型题目解析

14.1 计算思维评价概述

人工智能新一轮的崛起正在推动人类社会各领域向智能化转型。为了确保在人工智能时代保持竞争优势，我国已在中小学阶段开设人工智能课程，并将其视为提升全民人工智能整体认知和应用能力的关键举措。在此背景下，计算思维作为一种能帮助学生理解和驾驭计算世界，并有效地利用和创新技术的能力，不仅被认为是人工智能时代高素质人才必备的素养，也被视为与读、写、算同等重要的基本素养。

尽管计算思维尚未有统一的定义，但它已广泛渗透至人们的观念中，相关的理论研究和实践经验层出不穷。在理论层面，已有研究详细阐述了计算思维的内容与本质，进一步剖析了计算思维发展的过程和阶段，并且将计算思维的概念具体化以便更好地应用于教学实践中。

随着计算思维理论研究的繁荣发展，其实践方面也取得了显著进步。

首先，全球范围内响应了将计算思维教育重心转向基础教育阶段的倡议，在计算思维测评方面，随着计算思维教育的普及，如何评价计算思维，以及如何借助评价机制推动学生计算思维能力的发展，已经成为计算思维教育不可或缺的重要组成部分。

其次，测评不仅是教学活动的关键环节，也是检验教学效果的重要依据。它具有诊断性、针对性、客观性、严谨性和发展性等特点。测评内容有助于精确把握计算思维培养的核心要素，而测评结果则可以客观地反映计算思维培养的实际效果及可能的发展趋势。

现阶段，针对国外 K-12 学生的计算思维测评方法主要包括六类：①试题测试法，如计算思维技能迁移测试；②编程测试法，程序错误测试与调试；③作品分析法，如编程作品自动化分析工具；④问卷调查法，如计算思维水平量表等；⑤图形分析法，如流程图评价法；⑥观察访谈法，如基于项目的访谈法。

以上各种方法各有侧重，试题测试法和编程测试法主要考查基本概念和操作技能；作品分析法和图形分析法则侧重于对问题解决与作品创作的整体评价；问卷调查法和观察访谈法则主要用于评价计算思维的非认知因素。由于计算思维涵盖多元能力，其复杂的内涵决定了不能仅依赖单一评价方法，所以在实际操作中需结合多种评价方法，才能更全面、深入地了解学生对计算思维概念的理解。此外，计算思维的培养注重思维发展过程，因此评价体系应包含多元评价类型，形成性评价与总结性评价两者不可或缺。

一些研究表明，如果缺乏可靠有效的评估工具，计算思维很难真正融入教育课程。为此，有些研究尝试将总结性评估工具 CTt 与形成性迭代工具 Bebras Tasks 等相结合，构建综合评价方法。另外，也有研究采用课堂作业与期末项目相结合的方式，以揭示 CS Unplugged 活动对学生计算思维提升的影响程度，找出存在的问题和改进点，进而采取有效措施，助力更多学生高效地发展并娴熟地运用计算思维。

回顾我国中小学生计算思维评价领域的研究成果，结合国外计算思维评价经验进行本土化实践与转化是一条明确的研究路径。不过，我国目前在这方面的研究成果数量相对较少，且尚无具有广泛应用价值和影响力的代表性成果。

首先，计算思维评价的本土化理论体系尚待完善。当前，针对多数中小学生计算思维评价的研究多基于国外的评价理论框架和评价工具，并在实践中加以应用和本土化改造。部分学者在借鉴和应用国外评价理论和工具时，未能充分考虑其在不同情境下的适应性和适用对象，直接套用于自身教学实践中。另一些学者虽着手扩展计算思维评价指标并设计本土化评价工具，但还未形成一套完整、创新的计算思维评价理论体系。

其次，以发展为导向的计算思维评价研究相对匮乏。评价中小学生的计算思维发展水平通常存在两种价值取向。一是针对学习结果的评价，旨在验证信息科技（信息技术）课程对学生计算思维能力培养的效果，衡量学生的计算思维发展水平，并以此作为学生学业成就认证和选拔的依据，如通过计算思维评价微认证来确认学生是否达到预期的发展水平。二是以发展为导向的评价，旨在辅助教师及时了解学生的计算思维发展水平，从而设计出个性化教学方法和策略，促进学生计算思维学科核心素养的持续发展。目前，以促进学生计算思维发展为导向的评价实践及其研究成果相对较少。未来，一线教师应当结合具体课程内容，常态性地运用表现性评价和增值性评价，合理设计评价内容，以评价结果促进和引导学生计算思维能力的不断提升。

最后，数字化赋能计算思维评价的实践探索仍有较大发展空间。中共中央、国务院发布的《深化新时代教育评价改革总体方案》中提出，鼓励创新评价工具，充分利用人工智能、大数据等现代信息技术。在计算思维评价的研究实践中，信息技术赋能评价实施的研究空间依然广阔。未来，教育工作者可进一步关注中小学生计算思维评价过程中的数据采集、数据分析、数据可视化等各个环节，有效利用评价数据，探索数据驱动的精准教学模式[1]。

14.2 Bebras 国际计算思维挑战赛

Bebras 国际计算思维挑战赛是信息学领域推动计算思维教育的非营利性的国际组织主办的国际赛事。该赛事始于 2004 年，并定于每年的 11 月中旬的国际 Bebras 周（World Wide Bebras Week）举行。挑战赛通过浅显易懂的方式呈现题目，每道试题均为情境性任务，让学生利用已有知识通过计算思维完成挑战性任务。

1. 题目任务分析

一个优秀的 Bebras 任务应当满足以下标准：体现信息学核心概念；能有效地激发学生的计算思维能力，激发学生对信息学的学习热情；为学生打开新的知识视野，促进他们对技术原理的深入理解；题目设计简洁明了，确保学生在 3 分钟内可以完成解答，并且具有趣味性，以提升学生参与的积极性。

2. 题目框架分析

题目框架由两部分组成：

① 任务表述部分：包括标题、文本（叙述的故事）、图像及问题。

② 元数据部分：涵盖内容有目标年龄组、难度等级、信息学关键词列表、所需计算思维技能列表、标准答案及详尽解释，特别阐述此任务如何关联于计算机科学领域。

---

[1] 季金杰. 我国中小学生计算思维评价研究综述 [J]. 教育传播与技术, 2023(03):91-96.

元数据对于教育工作者、未来任务的设计者与研究者具有重要意义。关键的一点在于，基于何种计算机科学概念对特定任务进行清晰的解读。这样的解读有助于使用者构建宏观视角，解答"信息学概念如何在这项任务背后起作用"的核心问题。

解决任务可以被认为是一个系统的过程，在这一过程中，学生能够深化对信息学概念的理解，同时也有助于推动教学方法在课堂上的变革，提升学生的参与度与学习的积极性。另外，通过解决小型任务，可作为一种有效策略吸引和激发学生深入学习的兴趣，进而培养其更高层次的思维能力。

3. 题目中的计算思维技能的维度分析（见表 14-1）

表 14-1　题目中的计算思维技能的维度分析

计算思维技能的维度	如何发现技能的使用
抽象化能力 能够专注于关键信息，主动摒弃无关的细节，实现对非必要细节的有效隐藏	省略不必要的细节； 发现问题的关键因素； 选择恰当的表达形式
算法思维 制订解决特定问题的分步方案，或在解决问题时所遵循的一系列规则和逻辑过程	培养算法思维，从理解和设计有序的、规则化的角度进行思考；学习如何执行算法，并尝试自己创建算法
分解 将复杂的问题或系统分解为更小、更易于管理的小问题	将任务进行分解； 从零部件的角度出发思考问题； 具备通过整合各个子任务以作出决策的能力
评估 确保解决方案是可行的	寻找并确定最佳解决方案； 决策是否能够有效利用资源； 考察方案的适用性
模式识别 模式识别旨在发现并分析问题之间及问题内部存在的相似性	识别并分析模式、相似性及其相互联系，进而判断模式何时才能有效建立； 对数据进行外推或插值处理； 将重复执行的指令整合到循环结构或函数中，以实现代码优化

4. 典型题目解析

典型题目 1——建造海狸的家（小学 1~2 年级）

海狸建造巢穴需要用到不少树木，每棵树都需要按照特定的 3 个步骤进行加工。首先，海狸父亲负责啃断一棵树（这一过程耗时 30 分钟）；接着，海狸母亲将这棵树拖拽到河边堤坝处（这一过程同样需要 30 分钟）；最后，小海狸们共同协作，将所有新砍伐树木的枝条啃掉（这一过程总计需要 30 分钟）。那么，请问按照这样的工序，准备 3 棵树所需的最短时间是多少？如图 14-1 所示。

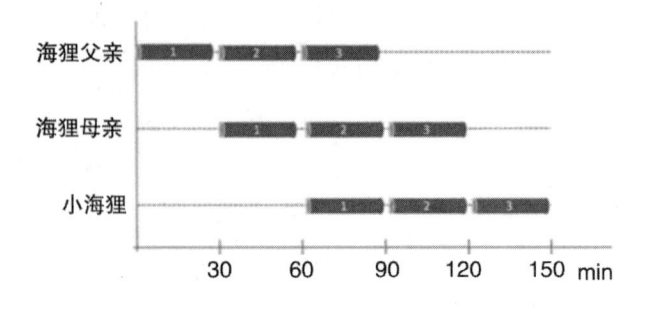

图 14-1 建造海狸的家

答案：150 分钟。

解析：当海狸父亲啃断第一棵树时，海狸母亲开始拖树到河边堤坝上。此时海狸父亲开始啃第二棵树。当海狸母亲将第一棵树拖到河边堤坝上时，小海狸们开始啃树枝。

计算思维相关知识：并行化。并行计算技术允许不冲突的任务能够被同时执行，这一特性使得并行处理成为一种重要的算法手段。

典型题目 2——将图像转换成数字（小学 3~4 年级）

一张用 6×5 网格绘制的红白相间的图片如图 14-2 的左图所示。对于每一行，有多少个连续的涂成白色的网格，有多少个连续的涂成红色的网格，有多少个连续的涂成白色的网格，将它们的数量分别用数字表示，直到这一行中的所有网格都被表示出来，如图 14-2 的右图所示。每行中的第一个数字总是对应这一行初始的白色网格的数量。最后，将每行中的所有数字连接到一个序列中，如图 14-2 的左图将产生以下序列：1，3，1，0，1，3，1，0，1，4，0，1，2，2，0，1，3，1，1，3，1。

根据上面的示例，描述图 14-3 中的数字序列为（　　）。

A. 0，1，3，4，1，1，3，1，0，2，2，1，0，1，3，1，2，2，1
B. 1，3，1，4，1，1，4，0，1，3，1，0，1，3，1，1，3，1
C. 1，3，1，0，1，4，1，4，0，1，3，1，0，1，3，1，1，3，1
D. 1，3，1，4，1，1，4，1，3，1，1，3，1，1，3，1

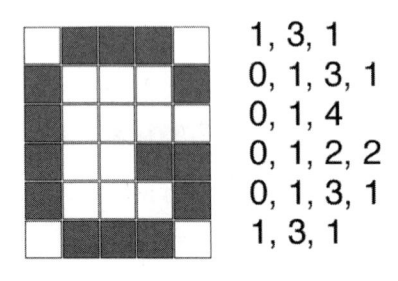

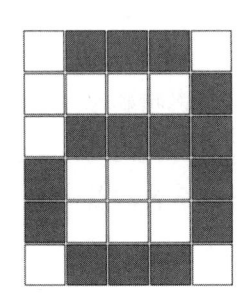

图 14-2 图像转换成数字　　　　图 14-3 需转换为数字的图像

答案：B

解析：为了找到正确的答案，我们将图像的网格转换成数字，如图14-4所示，然后将数字连接起来，得到的序列是：1，3，1，4，1，1，4，0，1，3，1，0，1，3，1，1，3，1。因此答案选B。

计算思维相关知识：为了在电子设备之间有效地存储或传输图像，我们需要将其转换成

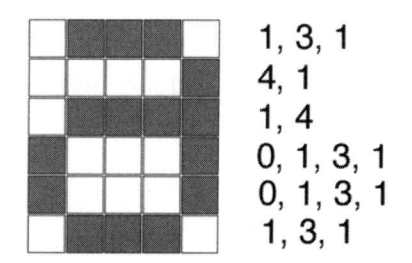

图 14-4 图像转换成数字解析

数字格式。实现这一转换有许多途径，而本题采用了一种被称为游程长度编码的技术，这是老式传真机传送文件内容时使用的编码方式。这种技术通过用单一数字代表连续出现的一串相同颜色像素，能够有效地对图像数据进行编码。

该编码方法存在多个潜在改进方向。例如，用单个数字编码跨越多行、为连续相同颜色的正方形块进行编码。自从电子计算机诞生以来，寻求高效的数据表示方法始终是人们面临的一项挑战，因为所选择的方案将直接影响到信息处理与传输所需的时间。

如今，在互联网环境下，研发新的图像、视频及其他多媒体文件的编码技术以提升用户的浏览体验，依然是摆在人们面前的一个亟待解决的问题。

典型题目3——钞票的数量（小学5~6年级）

海狸所在国家的货币单位为"BRA"，他们有1BRA、2BRA、4BRA、8BRA、16BRA和32BRA等6种面值的钞票。海狸在购物时需要支付50BRA，至少需要多少张钞票？

答案：3张。

解析：为了以最小的钞票张数支付50BRA，要从最大面值的钞票用起。先拿一张32BRA面值的，再拿一张16BRA面值的，加起来是48BRA，接下来用一张2BRA面值的钞票就可以了。

计算思维相关知识：算法及优化。在解决问题的过程中，算法及优化方法往往追求在当前状态下做出最佳选择。然而，贪心算法并不适用于解决所有问题，无法保证都能得出全局最优解。实施贪心算法时，必须确保其具备无后效性特征，也就是说，后续的状态和决策不影响之前的状态，仅与当前状态相关联。

贪心算法得以适用的前提条件在于：采取的局部最优策略能够逐步构建出全局最优解。因此，在运用贪心算法时，务必对其进行深入细致的分析，以判断其是否真正满足无后效性特征。

典型题目 4——折纸（初中组）

小海狸为折纸发明了一种编程语言，用于说明如何对齐直边进行折纸的步骤，其中有一个命令是 fold。例如，有一张长方形纸，边分别为 a，b，c，d，如图 14-5 的左图所示。e=fold(a,b) 表示折叠纸张，使 a 边完全贴合 b 边，产生一条新边 e，如图 14-5 的中图所示。f=fold(a,e) 表示将 a 边完全贴合 e 边，产生一条新边 f，如图 14-5 的右图所示。

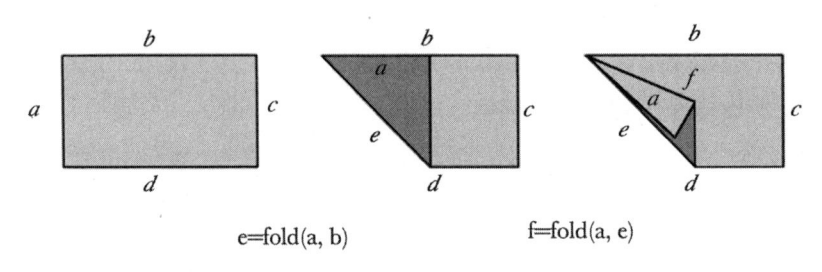

图 14-5 折纸

在连续使用下面三条折纸命令后，原来的长方形纸会变成什么样子？（　　）（注意：长方形纸的 b 边长度是 a 边长度的两倍，在折纸过程中纸始终贴于桌面。）

e=fold(c,a)

f=fold(c,d)

g=fold(a,f)

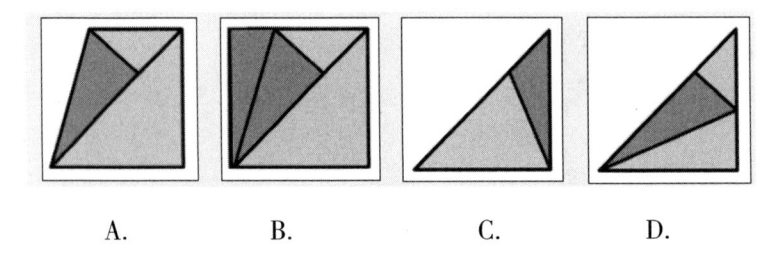

A.　　　B.　　　C.　　　D.

答案：A

解析：我们逐步解析折纸的过程。第 1 步：e=fold(c,a) 就是将 c 边和 a 边贴合；第 2 步：f=fold(c,d) 就是将 c 边和 d 边贴合；第 3 步：g=fold(a,f) 就是将 a 边和 f 边贴合。故选 A。

计算思维相关知识：

① 分解：将复杂任务分解为具体的小任务，实现问题的求解。

② 模式识别：每个任务都可以通过包括评估识别和应用熟悉的算法模式和逻辑来解决。

③ 算法思维：通过算法（一系列有序步骤）设计问题的解决方案。

第 15 章
计算思维与信息学奥赛

本章主要内容

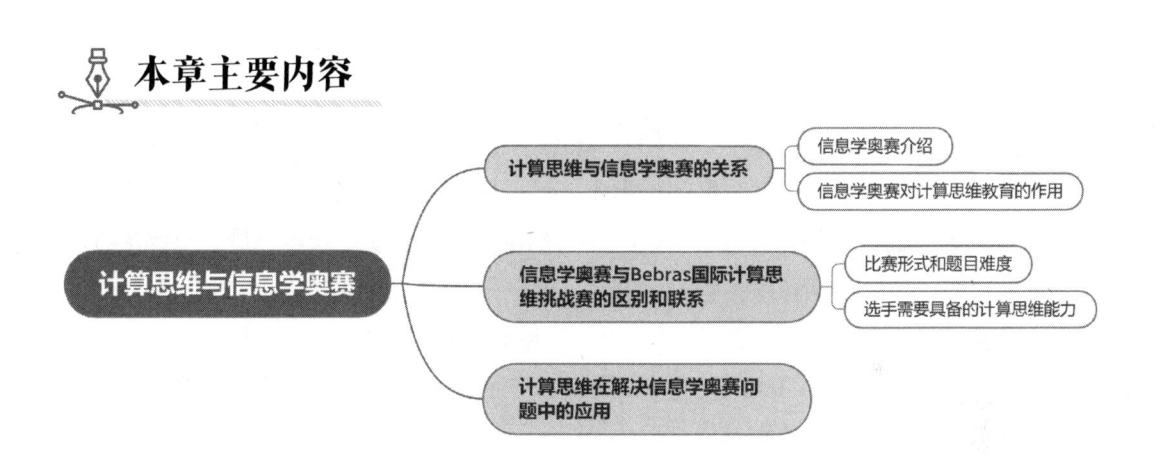

- 计算思维与信息学奥赛的关系
  - 信息学奥赛介绍
  - 信息学奥赛对计算思维教育的作用
- 信息学奥赛与Bebras国际计算思维挑战赛的区别和联系
  - 比赛形式和题目难度
  - 选手需要具备的计算思维能力
- 计算思维在解决信息学奥赛问题中的应用

15.1 计算思维与信息学奥赛的关系

15.1.1 信息学奥赛介绍

信息学奥林匹克竞赛（Olympiad in Informatics，OI，简称信息学奥赛）是全球范围内最具声誉和影响力的青少年计算机科学与信息学赛事。这一国际性盛事自 1989 年起源，至今已发展为一项每年吸引来自超过 80 多个国家和地区优秀高中生参与的重大比赛。

信息学奥赛是一项基于计算机科学与信息学知识的竞赛活动，其目标是通过解决实际问题、编程实践和算法设计等途径，检验参赛学生在计算思维、解决问题的能力及计算机科学素养等方面的水平。它为全球才华横溢的高中生搭建了一个展示和发展他们在计算机科学和信息学方面才能的重要舞台，在全球计算机科学教育推广、学术交流等方面发挥着关键作用，并对参赛学生的学术成就和未来职业生涯产生深远、积极的影响[1]。

信息学奥赛的题目涵盖了算法设计、数据结构、图论分析、逻辑推理和编程技术等计算机科学与信息学核心领域的知识，参赛学生需要在规定时间内设计并实现高效算法以解决一系列问题。这些题目往往具有较高难度和挑战性，要求参赛学生具备扎实的计算机科学基础知识、灵活的计算思维能力和高效的问题解决能力。

信息学奥赛可以在学校、地区、国家乃至国际层面举办，各类比赛组织和机构会设定不同的比赛规则和评分标准。参赛学生依据比赛成绩的排名和评价来衡量自己在计算思维与信息学领域的技能和水平。其中，一些知名的信息学奥赛包括国际信息学奥林匹克竞赛（International Olympiad in Informatics，IOI）、全国青少年信息学奥林匹克竞赛（National Olympiad in Informatics，NOI）、美国计算机奥林匹克竞赛（USA Computing Olympiad，USACO）和英国信息学奥林匹克竞赛（British Informatics Olympiad，BIO）等。

全国青少年信息学奥林匹克竞赛（NOI）作为我国中学生五大学科竞赛之一，其内容包含大量关于算法的考核，尤其注重算法在现实问题中的应用。面对信息学奥赛中的问题，参赛学生首先需要通过观察理解问题本质，抓住题目关键特征，结合已有的知识储备和实践经验，对问题进行分解、模型构建、确定整体解题思路或切入点，最后将解决方案转化为程序代码。这是计算思维在解决信息学奥赛问题中的具体体现。

参与这类信息学奥赛有助于激发参赛学生对计算机科学的兴趣，提升他们的学习积极性和主动性，培养他们的计算思维能力、问题解决能力和创新能力，并进一步提高他们的编程和算法设计水平。

15.1.2 信息学奥赛对计算思维教育的作用

1. 促进计算思维在基础教育阶段的发展

信息学奥赛通过一些有趣的谜题、游戏或与现实生活相关的情境（如石子游戏、旅行问题等）激发参赛学生的兴趣和好奇心。信息学奥赛通常要求参赛学生运用编程技术和算法设计来解决实际问题。通过实际的编程操作，不仅能加深参赛学生对计算机科学概念的理解，还能锻炼其解决问题的实际能力。他们需要发挥计算思维的创新性，探索新的算法和程

---

1 Valentina DAGIENE, E.Zur, and T. Benaya. International Olympiad in Informatics: Team selection, training, and statistics-The tale of two countries[J]. Olympiads in Informatics, (2014):49-61.

序设计方案。通过参与信息学奥赛,参赛学生的创新思维能力得到培养,计算思维能力也得到提升。

此类竞赛通常设有各类奖项与荣誉,为参赛学生提供了参赛的动力源泉。这种竞争与奖励机制有效地激发了参赛学生的积极性与努力程度,他们在与其他优秀选手的较量中不断提升自己的计算思维能力,并有机会赢得荣誉和奖励。

同时,信息学奥赛为参赛学生搭建了一个锻炼与展现自己的重要平台。比赛题目具有一定的思维难度,要求参赛学生灵活运用计算思维的核心理念和技术。因此,参赛学生自然而然地汇聚在一起,形成了如 OI WIKI、洛谷 luogu 等学习交流社区。在这些平台上,来自不同学校和地区的参赛学生、导师和专业人士,共同构建了一个积极进取的学习创新环境,他们分享各自的经验和知识。这样的交流使得参赛学生能够从他人的实践经验中不断学习与进步,有力地推动了计算思维教育的传播与发展。

信息学奥赛以一种积极且富有吸引力的方式为学生打造了一个能从中受益的平台与环境。通过参与此类竞赛,不仅有力地促进了计算思维教育的发展,提升了学生的问题解决能力和创新思维能力,而且也通过激发学生的兴趣与好奇心,培养了他们对计算机科学的热爱,进一步推动了计算思维教育的普及与深化。

2. 选拔优秀人才

信息学奥赛通过一套严谨的选拔流程和评判体系,有效地发掘计算思维能力出众的学生。此类竞赛通常包含理论测试环节,用以检验参赛学生对计算机科学基础概念和技术方法的掌握程度。考试题型以程序设计和实际编程题为主,这种考查方式能够客观评价学生的计算思维能力、问题解决能力和对计算机科学知识的实际应用能力。

此外,在大多数信息学奥赛中,会设置一些复杂的算法挑战题目,要求参赛学生运用分析、设计算法和编写程序等方法来解决问题。通过对参赛学生解题思路的梳理、算法设计方案的有效性、代码质量与正确性的考量,能够深入了解其计算思维能力、逻辑推理能力和实际解决问题的能力[1]。

信息学奥赛依据参赛学生的比赛得分及其在排行榜上的位置,进而甄选出其中的优秀人才。参赛学生在竞赛中取得高分并名列前茅,这有力地证明了他们在计算思维领域的卓越表现。除了单纯的比赛成绩,组委会还会综合评估学生的其他素质,如参与态度、团队协作精神、创新意识和问题解决能力等。这种全方位的评价机制对参赛学生计算思维能力和潜在才能的衡量更为全面。

综上所述,信息学奥赛凭借这一系列选拔机制和评分标准,成功筛选出了具备强大计

---

1 杨显霞. 信息学奥林匹克竞赛教学模式初探[J]. 西南农业大学学报(社会科学版), (2008):169-171.

算思维能力及突出问题解决技能的优秀学生。他们在比赛中展现的出色计算思维实力和在计算机科学领域的深厚潜力，使他们从众多选手中脱颖而出，并为未来深入学习和研究计算机科学提供了更多的机会和发展可能。

3. 提升计算思维的社会影响

信息学奥赛作为一种计算思维教育的有效载体，通过举办各类比赛引起了社会的广泛关注与积极参与。这种竞赛形式有力地促使学校和教育机构将计算思维教育内容融入课程体系，并为学生提供相应的培训和指导。随着信息学奥赛的普及与推广，计算思维教育在全社会范围内得到了更广泛的普及[1]。

同时，信息学奥赛积极倡导并鼓励参赛学生运用计算思维来解决复杂问题，这种能力的培养不仅对学生的个人成长具有长远意义，也为社会储备了能够有效应对现实问题的潜在人才资源。信息学奥赛激励学生在计算机科学领域追求卓越成就，这既有助于推动科技进步和技术创新，又激发了青少年的创新精神和创业意识。通过参与比赛，学生得以掌握关键的计算思维能力和技术知识，从而为他们未来的职业发展奠定坚实基础。

总结来说，信息学奥赛对计算思维教育的发展起到了积极推动作用。它吸引了广大中小学生踊跃参加，锻炼了他们的创新思维能力、问题解决能力和团队协作精神，加速了计算思维教育在中小学教育阶段的普及化进程，并从中选拔了一批优秀的早期计算机科学人才。这些深远影响最终汇聚成一股强大的力量，共同推进了社会的科技进步、创新发展和高素质人才培养。

15.2　信息学奥赛与 Bebras 国际计算思维挑战赛的区别和联系

信息学奥赛与 Bebras 国际计算思维挑战赛虽同属计算机科学与信息学相关的竞赛活动，但两者在目标定位、内容设置和形式上存在一定的差异性和关联性。

15.2.1　比赛形式和题目难度

Bebras 国际计算思维挑战赛通常以在线比赛的形式开展，参赛学生需在限定的时间内完成一系列独立题目，允许他们按照个人的学习节奏逐一攻克。与此相比，信息学奥赛则

1　陈乐. 信息学奥赛活动中教学方法的实践与探索 [J]. 中国校外教育, 003(2011):129-129.

要求学生在规定时间内解决一组逐步递增难度的问题。在信息学奥赛中，学生需要根据题目需求设计并优化算法，编写程序，并通过专门的评测系统进行验证。

Bebras 国际计算思维挑战赛的题目内容涵盖了计算思维的各种概念，如逻辑推理、模式识别、图像处理、计算机网络原理、数据表示等基础知识。这些题目多以选择题或填空题的形式呈现。相反，信息学奥赛的题目主要聚焦于算法和数据结构层面，通常采用程序设计题的方式呈现。参赛学生必须通过编程的方式实现算法，设计并编写出完整的程序来解决具体的计算机科学问题。

Bebras 国际计算思维挑战赛的题目设计侧重于培养学生的计算思维能力和信息技术素养，目的是提升其问题解决能力、逻辑分析能力、算法理解能力及信息处理与数据分析技能。题目难度适中，更注重对基本概念的理解和应用，且通常寓教于乐，具有启发性和趣味性，适合较低年级的学生。而信息学奥赛的题目则更强调对学生算法设计和编程实现能力的锻炼，题目难度相对较高，重点在于对实际问题的解决和程序的有效实现，常常涉及较为复杂、高级的算法和数据结构知识，更适合具备一定编程基础的高中生及以上阶段的学生[1]。

尽管 Bebras 国际计算思维挑战赛与信息学奥赛在比赛形式和题目难度上有所差异，但两者均为推动学生在计算机科学和信息技术领域发展的有益活动。Bebras 国际计算思维挑战赛能够为学生提供一个初步接触和测评计算思维及信息技术实践的平台，帮助他们掌握扎实的基础知识与技能。而信息学奥赛则更加专业地致力于培养学生在算法设计和编程方面的深层次能力，为那些有意深入探究计算机科学和信息技术领域的学生提供了更具挑战性且深入细致的比赛和训练机会。

15.2.2　选手需要具备的计算思维能力

1. Bebras 国际计算思维挑战赛

① 抽象能力：Bebras 国际计算思维挑战赛的题目旨在培养参赛学生的抽象思维能力与概括能力，鼓励他们将复杂问题简化为更易处理的形式。参赛学生需具备识别问题核心及关键要素的能力，能够剥离无关细节，聚焦问题的本质，这有助于他们在后续阶段更加高效地分析问题、设计算法并优化解决方案。

② 分解能力：在解答 Bebras 国际计算思维挑战赛的问题时，通常涉及逻辑推理和复

1　Valentina DAGIENE, and Gabriele STUPURIENE. Bebras – a Sustainable Community Building Model for the Concept Based Learning of Informatics and Computational Thinking[J]. Informatics in Education, 15.1(2016):25-44.

杂问题解决过程。参赛学生需要深入理解题目的约束条件，精准判断逻辑关系，并进行合理推断。他们必须具备将大型复杂问题分解成若干个较小、易于处理的子问题的能力，这种逐层递进的方式有利于参赛学生逐步攻克难题。

③ 建模能力：Bebras 国际计算思维挑战赛中的许多题目要求参赛学生辨识出规律性、重复性和变化性等模式，以便进行预测和推断结果。参赛学生应能运用数学、逻辑或计算机科学的方法来解决问题，将实际问题转化为可以被计算机模型所处理的形式，从而借助计算机工具进行有效解析。

④ 算法设计能力：Bebras 国际计算思维挑战赛的题目特别强调对解决问题的步骤和算法的设计思考。参赛学生需能够构思并清晰表述解决问题的具体方法和流程，包括考虑问题的输入、处理过程和输出结果。在这一过程中，他们将运用算法设计和分析的各种技巧，如顺序结构、循环结构、条件判断、迭代算法等，根据前期的抽象、分解和建模成果，制订具体、明确且可执行的操作步骤，以形成针对问题或子问题的实际解决方案。

2. 信息学奥赛

除了上述提及的抽象、分解、建模和算法设计这四个计算思维的核心能力，信息学奥赛还要求参赛学生掌握一系列相关技能[1]。

① 编程技能：信息学奥赛要求参赛学生具备扎实的编程技能，能够运用一种或多种主流编程语言（如 C++、Java 或 Python）将设计的算法转化为可实际执行的计算机程序。

② 数据结构与算法知识：信息学奥赛的题目通常涵盖各种数据结构（如数组、链表、栈、队列、树、图等）和各类算法（如排序算法、搜索算法、动态规划算法、分治算法、贪心算法等）。参赛学生需要熟知这些基本概念，并能灵活应用它们设计出高效的解决方案，满足题目对时间复杂度和空间复杂度的要求，以解决实际问题。

③ 逻辑思维与数学能力：信息学奥赛对参赛学生的数学素养也有一定要求，包括但不限于组合数学、概率论、数论等领域。这种数学背景有助于他们在面对比赛中的问题时进行严谨的逻辑推理和数学分析，进而将实际问题抽象为数学模型并求解。

④ 调试与优化能力：参赛学生需要具备调试程序及查找错误的能力，确保编写的程序顺利通过编译并能正确解决问题。同时，在信息学奥赛中，同一道题目的得分点通常会根据程序效率而设置，考查参赛学生对于时间复杂度和空间复杂度的理解和控制能力。越低的时间复杂度和空间复杂度意味着更高的运行效率和更优的算法设计。因此，参赛学生必须不断地提升自己的优化能力，在比赛中不断调整和完善算法方案，优化代码实现，以期获取更多的得分点，从而提高比赛总成绩。

---

1 Amaroli,Nadia,G.Audrito,and L.Laura.Fostering Informatics Education through Teams Olympiad[J].Olympiads in Informatics, 12(2018):133-146.

综上所述，信息学奥赛无论是在比赛形式的设计、题目难度的设定，还是对答案程序的优化标准方面，对计算思维的要求更为严苛，它深入考查了高级别的计算思维和计算机科学深层次的内容。信息学奥赛是高层次计算思维竞技的典型代表，其成果展现了参赛学生在计算机科学领域的深厚潜力。同时，通过信息学奥赛也能够选拔出具有卓越才华和发展潜力的计算机科学领域人才。

15.3　计算思维在解决信息学奥赛问题中的应用

计算思维运用的过程是一个循序渐进、反复迭代的动态过程，需经历理解问题、分解问题、模式识别、抽象思考、算法设计、选择合适的数据结构、编写程序、调试优化等多个阶段，最终成功解决问题。

举例来说，规划在游乐园游玩时如何以最少的行走距离和最短的排队等待时间完成所有项目，便是一个可以运用计算思维解决的问题。例如，在环球影城中，目标是在走最少的路、等待时间最短的前提下，玩完整个园区的所有设施。明确了任务后，我们进一步细化目标："走最少的路"，意味着我们需要提前制定游览路线，避免重复行走；"等待时间最短"，意味着我们需要收集资料，了解不同时间段各项目的热度，以便错峰体验；"玩完整个园区的所有设施"，意味着我们要充分考虑开闭园时间、花车巡游时间和各项表演的时间安排。通过综合分析并规划错峰体验顺序，同时为应对可能发生的突发情况设定备用方案。这个看似简单的任务，经过抽象化的思维流程表现为：明确任务目标——问题细分——逐项解析——整合优化——实时关注变化并适时调整策略。

接下来，我们将详细阐述如何运用计算思维的抽象、分解、建模和算法设计四个核心要素，解决信息学奥赛中最常见的问题——最短路径问题。

最短路径问题是图论中的一个经典问题，它的目标是在给定的图中找到两个节点之间的最短路径。从某节点出发，沿图的边到达另一节点所经过的路径中，各边上权值（边权）之和最小的一条路径称为最短路径。

问题1：一个骑自行车的人要寻找从 A 点到 Z 点的最短路线，如图 15-1 所示，车道是单向车道，她知道有一种方法（算法）能找到最短的行驶路径，她将提示写在纸上，放在每个路口，请问她在 E 点处写的是什么数字？（　　）

A. 34　　　　　　B.35　　　　　　C.44　　　　　　D.32

图 15-1 最短路径问题

（Bebras 国际计算思维挑战赛最短路径问题 2016-LT-06）

问题 2：Alice 和 Bob 要乘飞机旅行，他们选择了一家相对便宜的航空公司。该航空公司一共在 n 个城市设有业务，将这些城市分别标记为 0 到 $n-1$，一共有 m 种航线，每种航线连接两个城市，并且航线有一定的价格。

Alice 和 Bob 现在要从一个城市沿着航线到达另一个城市，途中可以转机。航空公司对他们的这次旅行也推出了优惠条件，他们可以免费在最多 k 种航线上搭乘飞机。那么 Alice 和 Bob 这次出行的最少花费是多少？

（[JLOI2011] 飞行路线问题）

要求解 Alice 和 Bob 这次出行的最少花费，也就是求解 Alice 和 Bob 这次出行的最短路径问题。问题 1 的本质在于在 E 点处填写的数字就是从 A 点出发到达 E 点的最短路径的长度。根据推论，易得答案为 A，但问题 2 的区别在于可以合理地使用边权为 0 的边 k 次，使得最短路径更短。

以上两个最短路径问题的识别难度是依次提升的，参赛学生运用计算思维的抽象能力可以深入分析信息学奥赛问题，找到问题的本质和规律。

1. 抽象

将问题 1 中路线上的点和问题 2 中的城市都看成点，将点与点之间的路（航）线设成边，则可以将问题抽象成"如何在各点之间寻找最少的花费问题"，即最短路径问题，此时可以运用图论的知识来解决。

2. 分解

在识别出信息学奥赛问题是最短路径问题后，首先需要明确图的类型（有向图或无向图），并确定边的权重属性（正权重、负权重或无权重）。接下来，我们需要根据问题的具体要求确定是求解单源最短路径问题（即从一个特定节点到图中所有其他节点的最短路径），还是求解两点间的特定最短路径问题（即从一个给定节点到另一个指定节点的最短路径）。

问题 1 是简单的最短路径问题，问题 2 涉及更复杂的构图过程，因此需要进一步细化解决。

3. 建模

根据问题 1 的原图，我们可以构建一个如图 15-2 所示的简单图模型来解决最短路径问题。

问题 2 的飞行路线问题，则需要构建如图 15-3 所示的多层图模型。图中的节点为城市，图中的边为原题中的航线，图中的边权代表花费。建 $k+1$ 层图，并添加一条到下一层边权为 0 的单向边（走了这条边就表示用了一次优惠的机会）。建图后，我们可以找到使用 k 次优惠机会的最少花费，即 s 到 $t+k \times n$ 的最短路径。

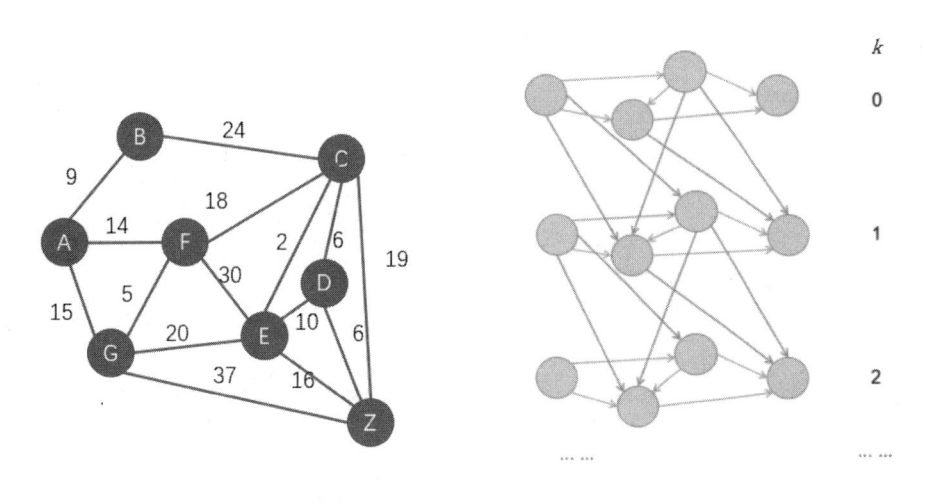

图 15-2　简单图模型　　　　图 15-3　多层图模型

在编程过程中，计算思维的建模能力对于理解问题和找到合适的解决方案至关重要。

4. 算法设计

（1）选择合适的算法

根据图的类型和问题的需求，我们可以选择不同的最短路径算法。常见的最短路径问题有以下几种形式。

① 确定起点的最短路径问题，即已知起始节点，求从该节点到其他节点的最短路径。

② 确定终点的最短路径问题，与确定起点的问题相反，该问题是已知终结节点，求图中其他节点到该节点的最短路径。在无向图中该问题与确定起点的问题完全等同，在有

向图中该问题等同于把所有路径方向反转的确定起点的问题。

③ 确定起点、终点的最短路径问题，即已知起点和终点，求两节点之间的最短路径。

④ 全局最短路径问题，即求图中所有的最短路径。

第①、②、③类问题称为单源最短路径问题，第④类问题称为多源最短路径问题。

常见的最短路径算法有：

Dijkstra 算法：适用于单源最短路径问题，要求边的权重为正。

Bellman–Ford 算法：适用于单源最短路径问题，可以处理负权重边，但不能处理负权重环。

Floyd–Warshall 算法：适用于求解所有节点对之间的最短路径问题，可以处理负权重边，但不能处理负权重环。

A^* 算法：适用于求解两个特定节点之间的最短路径问题，需要一个启发式函数来估计从当前节点到目标节点的距离。

（2）算法实现

使用基础的最短路径算法虽然能够解决信息学奥赛中的最短路径问题，但在实际应用中，还需要根据数据规模对算法进行时间复杂度和空间复杂度的优化，并据此设计出高效的最短路径算法。

例如，Dijkstra 算法的基本策略是每次从源点出发找到距离最近且未确定最短路径的节点，然后以此节点为中心逐步扩展搜索范围，最终得到从源点到其余所有节点的最短路径。其算法的基本步骤如下：

① 设置标记数组 vis[]：将所有节点分为两部分，已知最短路径的节点集合 P 和未知最短路径的节点集合 Q，很显然最开始集合 P 中只有源点一个节点。vis[i] 为 1，表示在集合 P 中。

② 设置最短路径数组 dis[] 并不断更新：初始状态下，令 dis[i] =edge[s][i]（s 为源点，edge 为邻接矩阵），很显然此时 dis[s]=0，vis[s]=1。此时，在集合 Q 中可选择一个离源点 s 最近的节点 u 加入 P 中，并以 u 为新的中心点，对每一条边进行松弛操作（松弛是指由节点 s 到 j 的途中可以经过点 u，并令 dis[j]=min{dis[j], dis[u]+edge[u][j]}），令 vis[u]=1。

③ 在集合 Q 中再次选择一个离源点 s 最近的节点 v 加入 P 中，并以 v 为新的中心点，对每一条边进行松弛操作（即 dis[j]=min{dis[j],dis[v]+edge[v][j]}），令 vis[v]=1。

④ 重复步骤③，直至集合 Q 为空。

图 15-4 展示了一个算法的实例。

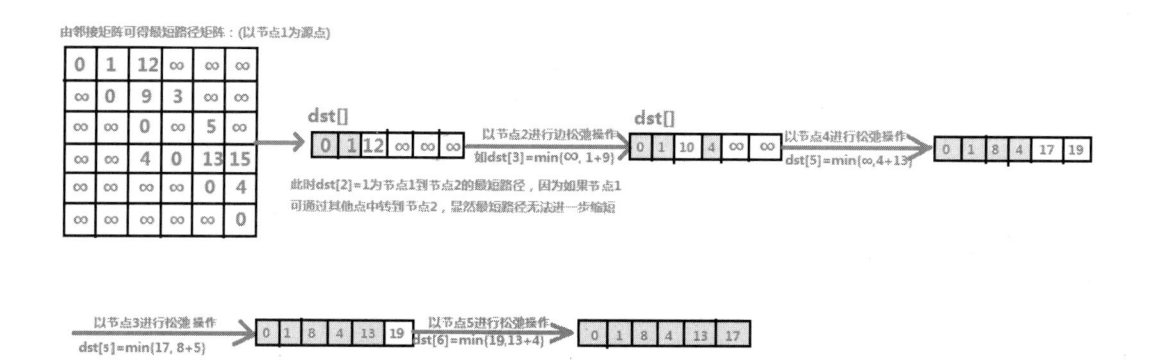

图 15-4 算法实例

Dijkstra 算法的伪代码如图 15-5 所示。

```
DIJKSTRA(G, w, s)
1   INITIALIZE-SINGLE-SOURCE(G, s)
2   S = ∅
3   Q = G.V
4   while Q ≠ ∅
5       u = EXTRACT-MIN(Q)
6       S = S ∪ {u}
7       for each vertex v ∈ G.Adj[u]
8           RELAX(u, v, w)
```

图 15-5 Dijkstra 算法的伪代码

Dijkstra 算法的时间复杂度为 $O(n^2)$，当数据规模比较大时，需要使用堆或优先队列来优化算法。在集合 Q 中可选择一个离源点 s 最近的节点 u 加入 P 的过程中，将时间复杂度降为 $O(m\log m)$。但当图中的边比较少时，可以使用邻接表存储图的方式来降低图的存储空间。

在解决本节的最短路径问题的过程中，我们可以感受到计算思维中的算法设计能力。它是指在面对特定问题时，能够恰当地选择和设计有效的算法以解决问题的能力。具备这种算法设计能力将有助于我们探寻最合适的方法和实现策略，从而更高效地解决问题。

后记

本书由吴良辉负责选题策划、框架设计和主持编写。在编写的过程中，得到了李艺、王荣良、李锋、张进宝等学者专家的支持与指导，本书同样凝聚了他们的实践经验与思想智慧。参与撰写本书的人员有：赵焱焱（第1章），吴良辉（第2章），熊潞颖（第3章），邹方清（第4章），马瑞、赵振因（第5章），谢莉、李小敏、徐威振（第6章），吴晓茜、汤筱玙、唐明东（第7章），周莉萍、袁裕中、邢爽（第8章），王西凯、陈碧莹（第9章），王西凯、胡震寰（第10章），郭恒武、王西凯、彭燕（第11章），卓桂煌、谷任昕、李辉波、陈俊鑫（第12、第13章），吴雨新（第14章），谭金旺、刘溯（第15章）。

本书中提出的问题、方法与案例，均为编写人员与案例作者在信息科技（信息技术）学科中开展计算思维教育时曾疑惑、思考、实践、提升的真实问题和真实解决方案。我们希望同行能够通过阅读此书有所启发、有所收获。教育教学研究如同长跑，感恩长跑路上有你们同行。我们诚挚地希望读者多提宝贵建议，多分享实践心得，让计算思维教育在中小学课堂扎深根、开繁花、结硕果。